라틴아메리카
종속의
MATRIX Ⅱ
국가 형성과 근대

"이 저서는 2008년 정부(교육과학기술부)의 재원으로
한국연구재단의 지원을 받아 수행된 연구임(NRF-2008-362-A00003)."

라틴아메리카 종속의 MATRIX Ⅱ

국가 형성과 근대

중남미지역원 엮음

이담 Books

소개의 글

중남미지역원은 2008년 인문한국 지원사업 해외지역연구분야에 선정된 이후 중남미지역연구를 수행하기 위해 세미나와 콜로키엄, 정기학술대회 등의 학술활동을 주체적으로 진행하며, 라틴아메리카 사회변동의 매트릭스 연구를 진행하였고, '종속의 매트릭스'의 어젠다에 맞춘 주요 연구 성과를 내놓을 수 있게 되었다. 본 저술은 1단계 사업의 주요 학술적 결과물로서, 사회·문화·역사·정치/경제 각 분야를 관통하는 학제적 시각에서 중남미 연구를 수행한 결실의 의미를 지닌다. 본권은 '국가 형성과 근대'라는 부제를 통해 씨줄과 날줄의 시선으로 중남미 사회를 바라보는 학문적 시점을 제공한다.

민족주의 이론은 원초주의와 근대주의로 대표되는 두 이론이 팽팽히 대치하고 있다. 두 이론 중 어느 한쪽을 지지하는 학자들은 민족이 실재하는가 혹은 허구인가를 놓고 논쟁 중이다. 라틴아메리카의 민족주의, 특히 파라과이의 민족주의는 어느 한쪽의 이론으로 명쾌하게 설명이 되지 않는다. 앤더슨의 주장처럼, 라틴아메리카의 민족주의는 19세기 초 크리오요의 정체성으로 말미암아 형성되었다는 것이 정설이다. 그렇다면 파라과이 민족주의의 근원으로 작동하고 있는 과라니어는 어떻게 해석을 할 것인가? 근대주의 시각의 민족주의는 근대 이전의 문화적 요소, 예컨대 원주민 문화 혹은 기층문화가 민족주의 형성에 어떤 역할을 했는가에 대한 해답을 밝히기에는 적합하지 않다. **구경모**의 「**파라과이 민족국가 형성에 있어 과라니어의 역할**」은 바로 이런 문제의식에서 출발한다.

이런 맥락에서 앞서 언급한 근대주의적 민족주의 시각의 한계를 보완할 이론으로서 에스노 심벌리즘은 주목할 만하다. 에스노 심벌리즘은 근대주의적 민족주의 분석의 시기적·계층적 한계를 지적하면서 장기지속적이며 에스닉적인 측면을 강조하고 있다. 동 논문은 바로 에스노 심벌리즘의 관점에서 과라니어가 파라과이 민족국가 형성에 어떤 역할을 했는지를 살핀다.

장기지속적인 관점에서 과라니어가 민족주의의 상징으로 성장할 수 있었던 것은 식민시기 파라과이 지방의 지리적·사회적 조건 때문이었다. 특히 예수회는 과라니어가 파라과이에서 일상 언어의 지위를 확보하는 데 큰 역할을 담당하였다. 파라과이의 지리적 폐쇄성은 예수회가 본국의 영향에서 벗어나 자유롭게 활동하는 계기가 되었다. 이러한 지리적 요인은 고등교육기관 설립을 더디게 하였고, 이로 인해 스페인어 보급이 활발하지 못하였다. 이러한 식민시기의 파라과이의 여러 조건들은 과라니어가 성장할 수밖에 없는 분위기를 형성하였다.

민중의 일상 언어로 자리 잡은 과라니어는 19세기 초 라틴아메리카의 독립과 함께 파라과이의 정체성을 대변하였고, 파라과이는 아르헨티나보다 먼저 독립을 쟁취하였다. 파라과이의 독립의 선언과 문서 작성은 크리오요가 했지만, 파라과이의 문화적 경계를 규정할 수 있었던 동력은 민중이 사용한 과라니어라 할 수 있다. 이러한 역사적 과정으로 인해 파라과이는 라틴아메리카에서 유일하게 거의 모든 국민들이 일상에서 원주민 언어를 사용하는 국가가 되었으며, 그 언어는 민족주의의 상징으로 작용하고 있다. 식민 시기부터 지속된 과라니어를 통한 '아래'로부터의 민족의식은 19세기 정부의 과라니어 탄압 정책에 대항할 수 있는 동력이 되었으며, 20세기에는 공식적인 민족 언어임을 증명하는 국가 공용어로서 과라니어가 지정되는 것이다.

인종주의는 브라질뿐만 아니라 서구 문명의 근간을 이루고 있다. 대항해시대 이후 서구문명은 여타 문명에 접근하는 과정에서 우월성에 기초해 다양한 접촉을 시도했으며 이 때문에 만나는 모든 인종과 문명은 교화의 대상이었다. 이런 시각은 인종적인 측면뿐만 아니라 모든 사안에 대해 서구문명이 바라보는 관점이라 할 수 있다. **김영철**은 「**브라질의 인종적 유토피아와 킬롬비즘**」에서 킬롬보 사례를 통해 브라질의 경우도 동일한 역사적 경험을 가지고 있었음을 보여 주고 있다.

서구문명이 만든 사탕수수 농장에서 노예인 흑인은 이런 관계를 그대로 반영한다고 할 수 있다. 반대로 도망 노예들이 만든 킬롬보는 서구 문명이 직접 지배하는 억압적인 제도 속에서 흑인들이 자신들만의 해방구를 찾고 영토성을 통해 정체성을 유지시키고 형성해 가는 과정이었다. 노예제 폐지 이후 나타난 도시지역의 파벨라는 브라질 흑인들뿐만 아니라 사회, 경제적으로 소외된 집단이 독특한 문화 양식을 형성하며 기존의 사회 질서와 격리되어 영토성을 형성하는 또 다른 형태라 할 수 있다. 이런 과정은 산업화와 도시화가 지속되면서도 끊임없이 제기되는 문제이기도 하다. 브라질 백인들이 꿈꾸는 인종적 유토피아를 실현하는 데 장애가 되는 요소들을 어떻게 주류 문화에서 배제시킬 것인가를 고민하는 논의로 확대되었다. 혼종성, 혼혈성, 백인화, 인종 민주주의는 결국은 백인들의 인종적 유토피아를 실현하기 위한 정치사회적 기제였음을 알 수 있다.

킬롬비즘에서 인종은 환경적·역사적인 요인의 복합적인 구성에서 비롯된 육체적 특징을 지닌 인간집단으로 정의된다. 외형적인 모습만큼이나 성격, 특성, 감성과 같은 심리학적인 요소들이 유전학적, 사회·문화·지리·역사적인 요인들이 집합된 복합체에 영향을 미친다. 오랜 역사적 경험 속에서 알 수 있는 바와 같이 백인과 흑인의 조화, 대립과 갈등은 브라질의 사회관계를 설명해 줄 뿐만 아니라, 정치·경제적 관계를 설명하고 분석하는 하나의 틀이 되고 있다. 백과 흑의 권력관계의 변화가 브라질 사회를 변화시키기도 하지만 변화된 환경이 백과 흑의 관계를 변화시키기도 하기 때문이다. 결국 두 인종적 유토피아가 만나 만드는 사회가 곧 브라질 사회라고 할 수 있다.

라틴아메리카에 영토의 근대적 관념이 도입된 지 200년이 채 되지 않는다. 18세기 말 이전까지 라틴아메리카의 지도는 국가 간의 영역과 그 경계가 뚜렷하게 표시되어 있지 않았다. 19세기 독립전쟁 이후 지역 분할선이 바뀌었고 국가 간의 경계가 형성되었다. 지역 엘리트들의 갈등과 전쟁은 라틴아메리카 지역 국가들의 국경변경 혹은 형성의 주요 원인으로 작용했다. 독립 이후 전개된 국경선의 불화로 라틴아메리카 지역은 이웃국가들과 무력충돌 및 다양한 강도의 정치적 긴장관계를 유지해 오고 있으며, 그 갈등의 불씨는 항상 존재하고 있다. 그란 콜롬비아 해체 이후 콜롬비아는 베네수엘라, 에콰도르, 파나마와 국경에 대한 자국의 역사적 권리를 주장하면서 영토분쟁으로 인한 이웃국가들과의 불편한 관계를 유지해 왔다.

브라질-콜롬비아의 국경은 1928년 경계선 확정 이후 형성되어, 접경지역의 주민들은 양국의 경계선이 확정된 이후에도 동일한 문화권 속에 공존하며 살아가고 있다. 접경지역에 거주하고 있는 지역민들은 각각 국가의 소속을 달리하지만 하나의 삶의 터전 속에 살아가고 있으며 동일한 문화권 속에서 공통의 정체성을 지향할 가능성을 가지고 있는 경우가 대부분이다. 콜롬비아와 브라질의 국경문제는 경제나 군사와 같은 동기보다는 접경지역에 거주하는 지역민의 종족문제가 상대적으로 강하게 작용했다.

차경미, 김영철은 「브라질 – 콜롬비아의 국경과 영토: 삶과 역사적 공간으로서의 접경지역」에서 군사 및 경제적 동기에서 발생한 라틴 아메리카 지역의 영토분쟁 사례를 벗어나 접경지역 주민의 갈등과 공존의 공간으로서의 국경을 고찰하고, 이를 토대로 국경이 지역민의 현실적인 삶의 공간이자 역사적 공존의 공간임을 재조명하고 있다.

그에 따르면 국경은 지역마다 다른 역사적 배경을 가지고 형성되었고, 오늘날 국경의 의미 역시 제각각이며 서로 의미하는 바가 동일하지 않다. 이런 맥락에서 동 저자들은 한 지역을 둘러싸고 브라질 – 콜롬비아 양국 간에 벌어진 분쟁의 양상 역시 한 지역의 역사적 특수성속에서 파악되어야 한다는 점을 강조한다.

구경모의 「이민과 위생 정책을 통해 본 근대 도시의 형성: 파라과이 비야리카 시의 사례」는 이민과 위생 정책이 근대 도시의 형성과정에 어떤 영향을 미쳤는지를 파라과이 비야리카 시의 사례를 통해 살펴본 것이다. 비야리카 시가 식민 시기의 도시 모습에서 근대적인 도시 구조를 갖추게 된 것은 삼국동맹전쟁 이후 도시 재건을 위해 1872년에 발효된 이민자 관련 도시계획법과 1905년 도로 정비를 통한 시 경계의 확립을 들 수 있다. 이러한 도시 인프라 구축은 철도 부설로 인한 대규모 유럽계 이민자의 유입 때문이었다. 이민에 의한 도시 성장과 그에 따른 도시 인프라 구축은 1936년에 거의 완료되었다. 즉 이민은 도시 성장과 공중보건개념 도입에 큰 역할을 담당하였다. 유럽계 이민자들은 위생 관념을 전파하였고, 이는 도시 인프라 구축에 영향을 미쳐 근대도시가 형성될 수 있는 원동력을 제공하였다.

1872년에 제정된 도시계획법을 통해 비야리카의 주거지는 비로소 현재와 같이 정방형의 블록으로 일정하게 구획되었다. 1905년은 인구 증가로 도시의 규모가 확대되었으며, 그 경계는 불바드 건설을 통해 구축되었다. 1905년 이후부터 1936년까지는 도시 내부의 주요 기반 시설들이 새로 건설되거나 이전하기 시작하였다. 대표적인 시설과 건물은 시청과 시장, 광장, 공동묘지 등을 들 수 있다. 이 시기의 도시 인프라 재정비는 이민자의 증가에 따른 법령과 기타 정책에 따른 것이었다. 기존의 도시 인프라는 인구 압력을 감당하지 못하였고, 이에 새로운 도시 계획과 정책들이 나왔다. 또한 이 시기에 유입된 유럽식 공중보건 개념이 비야리카의 위생 문제와 결합되면서, 위생은 도시 계획에서 중요한 역할을 담당하였다. 특히 전염병의 발병은 위생에 따른 도시 계획 수립을 가속화하였다. 위생과 관련하여 도시 계획에 큰 비중을 차지한 시설은 공동묘지와 시장이었다. 주민들은 위생과 관련하여 이 두 구조물에 대해 가장 민감하게 반응하였다. 이러한 결과로서 공동묘지는 도시 외곽에 신축되었고, 시장은 두 곳으로 분리되었다.

특히 공동묘지는 1872년 이후부터 1910년 사이에 두 번이나 새로 건설되었으며, 그 과정에서 많은 논쟁이 있었다. 이에 따라 공동묘지는 도시 팽창에 의해 주거지를 벗어난 도시 외곽에 신축되었다. 공동묘지 이전은 근대 도시 성장 초기 단계부터 화제가 되었고, 시장의 위생문제는 근대 도시의 면모가 드러날 무렵에 수면 위로 떠올랐다.

이는 철도를 통해 꾸준히 이민자가 유입됨에 따라 도시 중심지의 상권과 교통이 포화상태에 이르면서 시장의 위생문제가 불거졌기 때문이다. 비야리카의 공동묘지와 시장 이전 사례는 이민과 위생이 근대도시 형성에 미친 영향을 함축적으로 보여 준다.

움베르토 솔라스 감독의 <루시아>는 우리로 하여금 쿠바인들이 역사적으로 경험한 트라우마에 대해 직면토록 만든다. ICAIC에 의해 치밀하게 구성되고 기획된 대표적인 영화로 손꼽히는 <루시아>는 솔라스 감독이 역사를 어떻게 읽어야 하고, 재구성되어야 하는지에 대한 실천적 지식인 중심의 담론을 밝혔다는 의미에서 긍정적이다. **박종욱**은 「<루시아>의 여성 인물 분석을 통한 트라우마 직면의 문제」라는 논문을 통해서 역사의 아픔은 과거의 사건으로 머물지 않으며, 따라서 역사적 과거에 대한 현대인의 지속적인 응시의 시선은 단순하게 과거의 사건을 잊지 않는다는 의미에 천착하는 것이 아니라, 과거와 현재 그리고 미래에 이르는 일련의 개연적 관계 틀에 대한 인식적 접근이라는 차원에서 재조명해야 함을 주장한다. 또한 역사적 사건은 트라우마의 원인이 되어 형성된 과거의 기억은 역사적 경험으로서 기록되지만, 동시에 현재에 이르기까지 일상적 삶에 있어서 지속적으로 재현되고 경험되는 기억 이상으로서의 의미에서 재구성되어야 하는 점을 밝히고 있다.

움베르토 솔라스 감독은 구체적으로 역사적 전환점으로서의 세 가지 시점에 주목한다. 여기서 흥미로운 것은 그 시점의 구체적인 대상으로 여성의 경험, 특히 '루시아'라는 같은 이름을 가진 세 여인들이 겪은 역사적 경험이 바로 쿠바의 역사에 대한 아픔의 기록이라는 점이다. 세 개의 에피소드로 구성된 영화는 세 명의 여성 주인공들의 시선을 통해 쿠바가 체험하고, 여전히 경험하고 있는 트라우마의 실체에 어떻게 직면해야 할 것인지를 극명하게 드러낸다. 트라우마는 기억되기 어려운 실체이다. 왜냐하면 가해자 외, 피해자 모두는 그런 역사적 아픔에 직면할 수 있는 기회를 간과하는 경향에 쉽게 노출되기 때문이다. 주인공들이 트라우마에 직면하는 순간, 관객들은 '동일시'와 '공감'의 매개적 장치를 통해 역사적 트라우마의 순간들에 대한 객관적 시선으로 쿠바 사회의 미래를 조망하는 성찰적 시각을 인지하고, 수용하는 계기를 맞이하게 된다.

저자는 논문을 통해 역사의 기록이라는 남성적 성향의 이미지가 역사의 재현에 따른 체험이라는 여성적 성향의 이미지로 체현되어 이미지화되는 특징이 바로 영화 <루시아>가 지닌 비주얼 활용 매체의 긍정적 가치라고 평가한다.

정혜주는 「유카탄 카스타 전쟁의 사회적 의의」에서 19세기 유카탄 반도에서 일어난 카스타 전쟁의 설명을 통해 원주민과 백인 지배자 사이에서 벌어진 인종 간의 충돌, 그리고 원주민 운동의 전개 및 그 사회적 의의를 설명한다.

유카탄은 남쪽 과테말라와 동쪽 벨리즈와 접경하고 있는 반도이다. 이 지역은 고대 마야문명이 번성했던 곳으로 정복시기의 유카탄 반도에는 많은 마야 사람들이 살고 있었다. 식민시기는 스페인계인 라디노인(人) 세계와 마야 원주민의 세계로 나눠진 이화된 사회였다.

카스타 전쟁은 1847년 마야 원주민들이 바야돌리드의 연방주의자들을 공격하면서 시작되었고 전 유카탄 반도를 휩쓸었다. 당시 마야인들은 라디노가 가지 않는 정글에 옛 마야와 같은 조직을 가진 나라인 '찬 산타 크루스'라는 나라를 세우고 정부의 지배를 받지 않고 자유롭게 살았는데 카스타 전쟁을 계급 또는 인종적인 대결로 해석하는 이유는 바로 마야 원주민의 '찬 산타 크루스' 나라가 있었기 때문이다.

저자는 논문을 통해 식민 시기가 끝나고 난 후, 마야인이 세운 원주민만의 유일한 나라(비록 50년 정도 짧은 기간 동안의 제한된 지역이기는 했지만)인 '찬 산타 크루스'의 존재를 재조명하면서, 카스타 전쟁이 던진 미해결 과제의 중요성을 언급하고 있다.

박종욱은 「〈저개발의 기억〉과 트라우마 서술하기」에서 '개발'과 '저개발'에 대한 인식과 판단의 주체는 과연 누구인가, 어떤 대상이 개발되어 있으며, 어떠한 대상이 개발의 저급한 단계에 있는 것일까라는 문제의식에서 출발, 구티에레스 알레아 감독이 〈저개발의 기억〉이라는 영화를 통해 저개발에 대한 개념을 어떻게 시각적으로 구체화하고 있는지를 분석한다.

영화는 서구 중심의 개발 논의와 담론이 '근대' 혹은 '근대화'의 시각에서 합리화되고 이론화되었음을 전제로 '개발'의 상태에 대한 사고를 시작한다. 주인공 세르히오는 단순하게 서구와 비서구라는 이항 대립적 시각에서 저항적 의식을 지닌 주체로 형성된 인물이 아니라, 자기 성찰적 시각으로 쿠바의 혁명과 일련의 과정 전체를 조망하려는 인물이다. 역사 앞에서 세르히오는 무력하다. 그의 판단과 성찰적 시각은 단호하거나 명료하지 않다. 많은 부분이 모호하거나 불명확한 채로 세월의 흐름을 맞이한다.

영화는 에드문도 데스노에스의 원작 소설인 『저개발의 기억』을 기본으로 하고 있는데, 알레아 감독과 작가는 대본의 공동 집필을 통해 상이한 표현 예술 매체의 조화로운 융합을 통해 동 영화를 고전 작품의 반열에 올려놓는다. 주인공 세르히오는 치유될 수 없는 기억을 갖고 싶지 않다는 고백을 통해 과거 트라우마의 상처에 대한 일반인들의 성찰적 태도와 접근이 갖는 한계를 이미지화한다. 두려운 기억으로 가득한 상처의 흔적은 역사에 대한 재해석의 주제가 지닌 추상성을 구체화하는 과정에서 우수성을 은유적으로 잘 드러낸다.

서구와의 관계에서 쿠바가 겪은, 그리고 기억하는 역사는 수탈과 종속, 그리고 탈종속의 이념적 등식으로 구조화되어 이해되곤 하지만, 구티에레스 알레아는 작품을 통해 자기 성찰의 주체적 시선이 그 무엇보다 전제되어야 함을 강조하고 있다. 이 과정에서 트라우마를 서술하는 문제는 영화의 문체적 표현이라는 특징을 넘어서 쿠바의 역사성에 대한 논의에 접근하기 위한 실천적 가능성을 제기한다는 의미에서 긍정적이다.

안태환은 「호세 바스콘셀로스의 『**우주적 인종**(*La Raza Cósmica*)』과 『**문화적 국민주의**(Nacionalismo Cultural)』의 비판적 접근」에서 바스콘셀로스가 제기한 '우주적 인종'의 개념을 설명하면서 오랫동안 지배세력에 의해 '비원주민화'되어 있던 '멕시코인', 다시 말해서 유럽인종과 원주민의 혼혈인 이들이야말로 세계에서 가장 우수한 인종이라는 인종주의 담론의 중요성을 열거하고 이를 통한 국민주의 통합의 과정을 그리고 있다.

호세 바스콘셀로스는 특히 국민통합의 과제를 이루기 위해 애를 쓴 인물로서 그는 『우주적 인종』에서 보듯 다원주의적 인종주의의 환상을 가지고 있었다. 그는 원주민들을 포함하여 멕시코 대중을 스페인의 가톨릭적, 크리오요 문화의 정신주의적 가치들에 통합시키길 원했다. 이 가치들에 대해 멕시코 대중은 오랫동안의 식민지시기를 거치면서 친숙한 연대감을 가지고 있었다. 문제는 멕시코 혁명이 가난한 민중의 경제적, 사회적 정의 구현을 위해 일어난 혁명이었다는 점이다. 그러나 이런 '토지와 자유'를 외치던 사파타를 위시한 급진세력은 혁명기간의 내전시기에서 패퇴하였고 제도적 민주주의의 옹호를 외치던 세력이 권력을 가지게 되었다. 이를 통해 이데올로기적으로 외국세력에 대해 자주성을 강조하는 민족(국민)주의만이 남게 되었다. 이 점에서 바스콘셀로스는 멕시코 대중의 대부분을 이루는 메스티소를 신화화시킬 필요를 느끼면서 오랫동안 지배세력에 의해 '비원주민화'된 멕시코인의 존재를 고양하고 이들을 통한 국민주의 통합을 주장하는 것이다.

바스콘셀로스의 우주적 인종은 인종적, 국민주의적 담론으로 이는 멕시코뿐만이 아니라 라틴아메리카 전체로 외연을 확대하는 데 성공한다. 그러나 그런 인식하의 라틴아메리카 통합은 시몬 볼리바르나 호세 마르티의 그것과는 의미가 다른 것으로서 그것은 물질문명과는 다른 문화적 차원의 '문화적 국민주의'인 것이다. 저자는 이런 문화적 운동의 핵심으로서 벽화운동의 중요성을 언급하면서 바스콘셀로스가 펼친 적극적인 공공교육 및 문화정책은 오늘날에도 긍정적인 면을 지니고 있다고 평가한다. 아울러 원주민 문화를 경멸하거나 무시하면서 동시에 원주민 문화의 가치를 고양시키는 이데올로기적 모순과 혼란의 문제는 여전히 숙제라는 점을 강조하고 있다.

목 차

유카탄 카스타 전쟁의 사회적 의의 — 정혜주

〈저개발의 기억〉과 트라우마 서술하기 — 박종욱

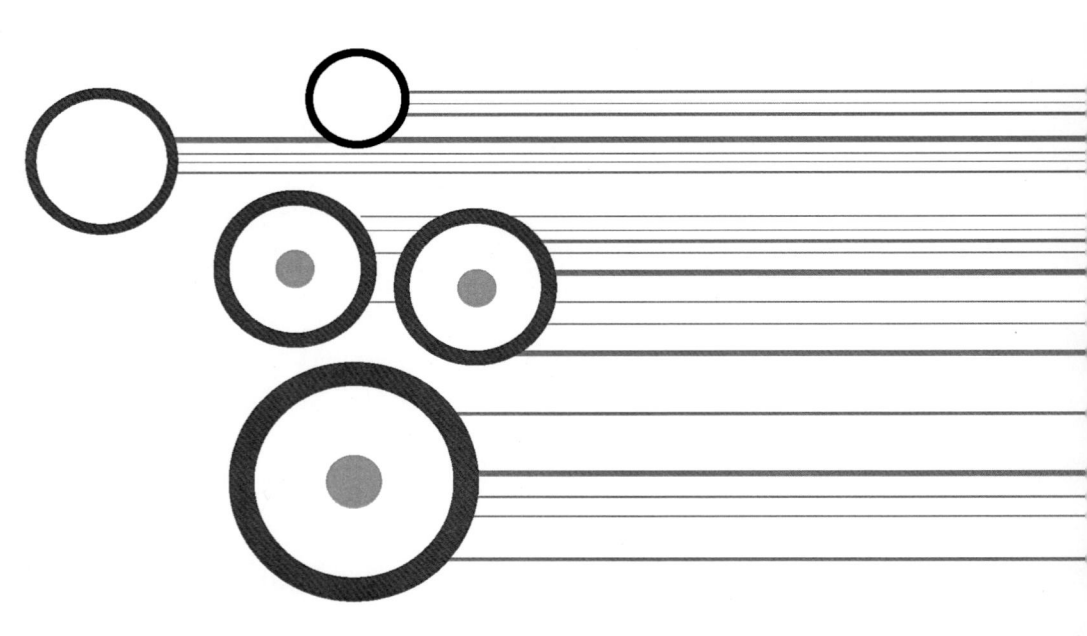

파라과이 민족국가 형성에 있어 과라니어의 역할

구경모

* 이 연구는 2009년 5월 22일 부산외국어대학교에서 개최한 한국 라틴아메리카학회 하계학술대회에서 발표한 「과라니어를 통해 본 파라과이의 민족주의」를 수정·보완한 것이다. 이때 귀중한 논평과 토론을 해주신 선생님들께 감사드립니다.

I. 원주민 언어와 민족주의

라틴아메리카에서 원주민 언어의 보호와 공용어 정책은 국가 통합 차원에서 활발히 전개되고 있다. 원주민의 문화적 유산이 식민지를 거치면서 파생된 인종 및 계층 갈등을 해소하는 도구이자 각 국가의 정체성을 확보할 수 있는 대안으로 인식됨에 따라 이러한 경향은 가속화되고 있다.

원주민 비율이 높은 국가들은 스페인어와 함께 원주민 언어를 국가 공용어로 채택하거나 문화유산으로 지정하여 보호하고 있다. 페루는 1975년에 케추아(Quechua)어를 시작으로 다른 원주민 언어를 국가 공용어로 지정했으며, 파라과이는 1992년 과라니(Guaraní)어를 국가 공용어로 인정하였다. 멕시코는 2001년 나우아뜰(Náhuatl)어를 포함한 65개의 원주민 언어를 국가 공용어로 지정하였으며, 볼리비아는 2009년에 케추아어와 아이마라(Aymara)어를 포함한 37개의 원주민 언어를 스페인어와 함께 국가 공용어로 인정하였다. 원주민 언어를 국가 공용어로 지정한 4개국 이외에도 베네수엘라와 콜롬비아, 에콰도르, 니카라과, 엘살바도르, 과테말라에서는 원주민들이 살고 있는 지역에 한하여 그들의 언어 사용을 공식적으로 인정하거나 문화유산으로 지정하여 보호하고 있다.

여타의 라틴아메리카의 국가들과 달리 파라과이는 '명목적인 공용어'가 아닌 '실제적인 공용어'로써 거의 모든 국민들이 과라니어[2]를 사용한다. 파라과이에서는 원주민뿐만 아니라 인구의 대다수를 차지하는 메스티소와 삼국동맹전쟁 이후에 이주한 유럽계 이민자[3]들조차도 과라니어를 유창하게 구사한다. 과라니어는 파라과이 사람들에게 있어 다른 국가의 사람들과 구별시켜 주는 문화적 요소임과 동시에 그들의 정체성을 상징하고 있다.

과라니어의 국가 공용어 사례는 유럽처럼 라틴아메리카에서 민족의 형성 혹은 민족주의의 발생에 있어 언어가 아무런 변수가 되지 못했다는 앤더슨(2003, 47)의 주장에 배치되고 있다. 그러나 앤더슨과 홉스봄(1992)류의 근대주의 민족주의자들의 논의처럼 민족이 상상과 발명의 산물 혹은 엘리트 주도로 이루어진 것이라는 주장을 비판하

---

2) 1952년 정부 통계에 따르면, 과라니어 단일 화자는 약 200만 명으로 전체인구의 40.1%를 차지하며, 과라니와 스페인어를 모두 사용하는 이중 언어 화자는 53.8%, 스페인어 단일 화자는 4.7%(다른 외국어 단일 화자 1.4% 포함)였다(Morales: 1998). 그러나 과라니어 단일 화자는 점점 줄어들고 있다. 수도인 아순시온에서 과라니어 단일 화자는 1950년에 16.5%, 1982년에 5.8%, 1992년 2.4%로 꾸준히 감소하고 있다(김경희: 2007, 45, 재인용). 소수의 스페인어, 과라니어 단일 화자를 제외한 대다수의 파라과이 사람들은 과라니어와 스페인어를 혼용하여 구사한다. 파라과이에서는 이러한 언어의 활용을 조파라(yopará)라고 부르며, 조파라는 과라니어로서 혼합(mezcla)이라는 뜻을 가지고 있다. 과라니어는 'y'를 'ʒ'으로 발음한다. 파라과이에서는 과라니어의 영향으로 스페인어의 'y'도 'ʒ'으로 발음한다.

3) 삼국동맹전쟁(Guerra de la Triple Alianza)으로 인한 막대한 인구 손실을 메우기 위해 파라과이 정부는 이민정책을 실시하였으며, 이때 아르헨티나에 정착한 유럽계 이주민들이 파라과이로 재이주하였다(구경모: 2008, 13~21).

는 것은 아니다. 예컨대, 과라니어가 식민시기 스페인계 정복자들인 예수회 선교사들에 의해 문자화되어 명맥을 유지하였다는 점, 그리고 파라과이가 독립한 이후의 인디헤니스모(Indigenismo)의 확산에 따른 지식인 성찰과 독재정권의 권력 유지를 위한 국가 정책수단으로써 과라니어와 그 문화가 보호된 점은, 근대주의 학자들이 주장하는 엘리트에 의한 정치적 산물로써 '민족의 발명'이라는 측면을 내포하고 있다.

본 연구는 과라니어의 사례를 통해 근대주의적인 시각의 민족주의를 비판하기보다 보완하는 데 목적이 있다. 파라과이의 민족주의는 근대주의 입장의 학자들이 주장하는 민족주의 발생 시기와 주체를 넘어 폭넓게 바라볼 필요가 있다. 근대주의 입장의 학자들은 민족주의 분석에서 있어 근대 이후에 파생된 물질문화와 엘리트 집단에 한정하고 있다(Smith: 2009, 13~21). 특히 근대주의 민족주의자의 대표격인 앤더슨(2003, 47~65)의 논의에 따르면, 라틴아메리카의 민족주의가 인쇄술과 지방 관리들의 순례를 통해 형성되었다고 주장하고 있어, 근대 이전의 원주민 역사와 문화가 민족국가 형성에 어떠한 역할을 했는가에 대한 측면은 결여되어 있다.

멕시코의 경우만 하더라도 독립 이후 아스테키즘(aztequism)으로 대표되는 원주민의 역사와 문화가 다인종사회인 멕시코 사람들의 통합과 국민주의 형성에 기여했다는 점(김세건: 2005, 213~24)은 원주민 문화가 민족국가 형성에 영향을 끼쳤음을 알 수 있다. 파라과이의 민족주의도 원주민 유산인 과라니어와 그 문화를 통해 표출되고 있다.

파라과이 및 라틴아메리카의 민족주의 분석에 있어 근대주의를 보완할 수 있는 시각은 에스노 심벌리즘(ethno-symbolism)을 들 수 있다.[4] 에스노 심벌리즘은 에스닉(ethnic)적인 요소, 즉 원주민의 전통과 기억, 가치, 신화를 비롯한 문화유산에 의한 집합의식이 민족국가 형성에 영향을 미쳤다는 것이다(Smith: 2009). 스미스(2009, 14~21)는 이러한 민족국가 형성에 동원된 에스닉적 요소의 역할을 살펴보기 위해 장기 지속적으로 원주민부터 엘리트에 이르기까지 다양한 계층의 상호 관계를 분석해야 한다고 주장하고 있다.

에스노 심벌리즘 시각을 바탕으로 본 연구자는 파라과이 민족 국가 형성에 있어 원주민 문화 중 과라니어가 어떤 역할을 했는지 살펴보고자 한다. 물론 언어 이외에 신화와 의례, 음식, 음악 등 다양한 원주민 문화를 통해 파라과이의 민족국가 형성을 이해하는 것이 올바르나, 이 글에서는 과라니어를 통해서만 분석하고자 한다. 과라니어의 경우는 파라과이를 대표하는 민족의 상징이자 라틴아메리카의 원주민 언어 사례에서도 특수한 경우이기 때문에 과라니어로 민족국가 형성을 이해하는 것도 충분히 의미 있다고 여겨진다.

본 연구는 상기의 연구 배경과 목적을 바탕으로 근대 이전의 원주민 문화가 민족 국가 형성에 기여했다는 것을 과라니어 사례를 통해 살펴보고자 한다. 또한 원주민 언어인 과라니어가 유일하게 라틴아메리카에서 민족을 상징하는 언어로 성장한 원인도 분석하고자 한다.

이러한 목적 아래에서 본 연구의 내용을 다음과 같이 구성하고자 한다. 첫 번째는 스페인어의 끊임없는 침투에도 불구하고 과라니어가 민족을 상징하는 언어로 성장한 역사적 배경을 살펴볼 것이다. 두 번

---

4) 민족주의 이론은 크게 두 부류로 나누어 볼 수 있다. 그 하나가 원초주의 혹은 근원주의(primordialism)이며, 다른 하나는 근대주의(modernism)이다. 전자는 영속주의(perennialism)와도 일맥상통한다. 후자는 도구주의(instrumentalism)와 구성주의(constructivism)로 구분할 수 있다. 두 이론의 절충적인 지점에 에스노 심벌리즘(ethno-symbolism)이 있다(Smith: 1998, 222~225; Özkirimli: 2000, 60~61). 에스노 심벌리즘을 원어로 기술한 것은 아직 이와 관련된 정확한 번역 용어가 통일되지 않았기 때문이다.

째는 독립 이후에도 과라니어가 살아남는 과정과 정치집단에 의해 민족주의의 도구로 쓰이는 과정을 살펴보고자 한다. 두 가지 측면의 사례 분석을 통해서 과라니어가 파라과이 민족을 표상하는 언어로서 자리매김하는 과정을 이해하고자 한다.

II. 과라니어의 기원과 현재

1. 과라니어의 기원

과라니어는 원래 아바네(avañe'ê)라고 불렀다(Godoy: 2004, 249). 아바(avá)는 사람을 의미한다. 스페인계 정복자들이 침입하기 이전에 과라니들은 스스로를 아바라 칭했다. 네(ñe'ê)는 말하다(hablar)라는 뜻으로 언어를 의미하였다. 즉 아바네는 사람들의 언어라는 뜻이다.[5]

인류학자인 수스닉(1982, 22)에 따르면, 파라과이에 살고 있는 과라니는 기원전 500년경 아마존 지역에 있던 아바-아마소니코(avá-amazónico)[6]의 후손들이다. 아마존 유역에서 이주한 과라니의 선조들은 주변의 종족들을 복속하여 그들의 언어와 문화를 전파하였고, 그들의 언어는 파라과이 지역에서 '링구아 프랑카(lingua franca)'로 자리 잡게 되었다(zucollio: 2002, 23). 바로 이들의 언어가 과라니어의 기원이라 할 수 있다.

---

5) 각 단어의 구체적인 의미는 2005년에 출판된 과라니어 사전인 *Gran Diccionario Avañe'ê* Ilustrado 참조.

6) 아바 아마소니코는 원시 투피 과라니(paleo-tupi-guaraní)와 동일하지만, 수스닉(1982, 22)은 원시 투피 과라니라는 용어를 의도적으로 쓰지 않는다고 밝히고 있다. 필자의 견해로는 투피 과라니라는 용어가 식민지 정복세력들이 붙인 용어이기 때문에 식민지 시기 이전의 원주민들을 지칭하기에 적합하지 않아 수스닉이 그 용어를 쓰지 않는 것으로 보인다.

과라니의 본래 이름인 아바가 과라니로 불리게 된 것은 예수회 선교사인 루이스 데 몬토자가 과라니라는 용어를 쓰면서 시작되었다(Susnik: 1982, 23). 즉 과라니는 식민지 시기 스페인 세력들에 의해 붙여진 이름이다. 스페인 식민세력들이 파라과이 지역에 정착하면서 과라니어의 원형인 아바녜는 두 개의 변형된 언어로 구분된다. 그 하나가 과라니 크리오요(guaraní criollo) 혹은 과라니 파라과조(guaraní paraguayo)이며, 다른 하나가 과라니 헤수이티코(guaraní jesuítico) 혹은 과라니 클라시코(guaraní clásico)이다(Susnk: 1982; Melià: 1993).

과라니 크리오요는 아순시온에 도착한 스페인계 정복자들이 원주민과 접촉하면서 생성된 것으로서 과라니어와 스페인어가 교란된 형태를 보이며, 이 언어는 파라과이 지방(Provincia del Paraguay)[7] 전역으로 퍼져 나간 것이다(Zucollio: 2002, 25~27). 도브리소페르(Dobrozhoffer)는 1783년에 발간된 그의 책에서 파라과이의 언어 상황을 다음과 같이 기술하였다.

> 여자와 아이들, 일반 사람들은 스페인어를 곧잘 하지만 여전히 과라니어를 모국어처럼 쓴다. 실제로는 두 언어가 섞여 있어 이해가 잘 되지 않는다. 이렇게 과라니어도 스페인어도 아닌 세 번째 언어가 태어나서 오늘까지 쓰고 있다(Melia: 1993, 247).

도브리소페르가 묘사한 글을 보면, 과라니 크리오요는 소수의 원주민을 제외한 대다수의 파라과이 사람들이 구사하는 과라니어 방식인 조파라의 기원임을 알 수 있다.

---

7) 1811년 파라과이의 독립을 기준으로 그 이전인 식민지 시기는 국가의 단계가 아니므로 파라과이 지방으로 쓰고 독립 이후는 파라과이로 쓰고자 한다.

과라니 헤수이티카는 예수회가 레둑시온[8]을 건설하면서 원주민들과 의사소통을 위해 과라니 하위 종족들의 방언들을 체계적으로 정리한 것으로 과라니어의 원형에 가깝다(zuccollio: 2002, 30). 최초의 과라니어 출판물은 프란시스코회의 루이스 볼라뇨스(Luis Bolaños)에 의해 1607년에 출판된『교리문답 요약과 일상(Catecismo Breve y Cotidiana)』이라는 책이다. 그 후 프란시스코와 예수회 선교사들은 과라니어의 활자화와 표준화를 실시하여 과라니어 문법책과 사전을 편찬하게 된다. 여기에 주도적인 역할은 한 선교사가 바로 예수회 선교사인 몬토자(montoya)이다. 그는 과라니어의 알파벳과 문법, 발음을 정리하였고, 1639년에는『과라니어의 보물(Tesoro de la Lengua Guaraní)』이라는 문법서를 처음으로 출간하였다. 1696년에는『과라니의 어휘와 예술(Arte y Vocabulario de la Lengua Guaraní)』이라는 사전을 출판하였다.

현재 일상의 언어로 쓰이고 있는 조파라는 과라니 크리오요에서 기원한 것이고, 활자와 문법은 과라니 헤수이티카에서 비롯된 것이다. 각 학교에 배정된 과라니어 과목은 과라니 헤수이티카를 기본으로 교육한다.

2. 과라니어의 현재

과라니(Guaraní)어를 사용하는 원주민인 과라니는 파라과이를 중심

---

8) 레둑시온(reducción)은 예수회가 원주민을 선교하기 위해 건설한 일종의 마을 공동체이다. 레둑시온에는 카빌도(cabildo)와 교회, 공동묘지, 작업장, 강당, 감옥, 식당, 원주민 숙소, 여관, 광장 등의 생활시설을 갖추고 있었다. 이 마을은 자급자족적인 공동체로서 스페인계 정복자들이 살고 있는 도시와 격리되어 있었다. 이러한 레둑시온은 17세기 중반까지 과이라 지방(파라과이 식민지방 정부에 속한 곳으로 현재 브라질의 파라나 주 경계와 거의 일치)에 주로 건설되었으나 포르투갈계 정복자들인 반데이란테(bandeirante)의 침입으로 인해 지금의 파라과이 미시온(Misión) 주와 아르헨티나의 미시온 주로 대거 이주하였다.

으로 브라질의 서남부 지역과 아르헨티나 동부지역, 볼리비아 남부지역에 분포되어 있다. 파라과이에는 과라니를 포함하여 5개의 어족(familia lingüística)이 있다. 과라니를 제외한 나머지 4개의 어족은 렝구아 마스코이(Lengua Maskoy)와 마타코 마타과조(Mataco Mataguayo), 사무코(Zamuco), 과이쿠루(Guaicuru)가 있다. 각각의 어족은 하위 종족으로 나뉜다. 과라니의 경우는 파이 타브테라(Paï Tavyterä)와 브아 과라니(Mby-á Guaraní), 아바 치리파(Avá Chiripá), 아체 과자키(Aché Guayaki), 치리과노(Chiriguano), 타이피에테(Tapieté) 등의 총 6개의 하위 종족이 있다(Bejarano: 1980).

지리적으로 파라과이는 파라과이 강을 경계로 열대 삼림지대인 동부지역과 초원과 사막지대인 서부지역으로 나뉜다. 식민지 시기부터 파라과이의 중심지는 동부 지역이며, 서부 지역은 20세기 이후부터 메노니타(menonita)[9]와 그 밖의 유럽계 이주민들에 의해서 개척되었다. 즉 파라과이의 역사와 문화는 동부지역이 전부라 해도 지나치지 않다. 과라니는 이러한 동부 지역에 집중되어 있으며, 나머지 4개의 어족은 서부지역인 차코(Chaco) 지역에 거주하고 있다. 파라과이의 원주민 수는 86,540명으로 전체 인구의 약 1.7%를 차지하고 있으며[10], 그중에서 과라니가 46,215명이며, 렝구아 마스코이(Lengua Maskoy)가 21,502명, 마타코 마타과조(Mataco Mataguayo)가 13,762명, 사무코(Zamuco)가 3,587명, 과이쿠루(Cuaicuru)가 1,474명이다(Dgeec: 2004b, 22). 과라니는 전체 원주민 인구의 약 절반 이상을 차지하고 있다. 파라과이에서 과

---

9) 메노니타는 기독교의 한 종파로서 폐쇄적인 혼인 공동체를 이루고 있으며 농가소득이 높다. 이들은 러시아계와 독일계로 20세기 초 파라과이에 이주하였고, 주로 낙농업에 종사하고 있다.

10) 파라과이의 인구는 5,163,198명이다(Dgeec: 2004a, 25).

라니어는 원주민인 과라니뿐만 아니라 전체 인구의 약 98%를 차지하고 있는 메스티소들도 사용하고 있다. 앞서 언급한 것처럼 파라과이 사람들은 스페인어와 과라니어를 섞어서 구사하고 있다. 그러나 교육수준이나 사는 곳에 따라 두 언어의 사용 비율은 차이가 난다. 교육을 많이 받거나 도시에 사는 사람들은 스페인 사용 비율이 높으며, 교육수준이 낮거나 시골에 사는 사람들은 과라니어의 구사 비율이 높다.[11]

Ⅲ. 링구아 프랑카에서 민족 언어로

파라과이에서 과라니어가 민족 언어로서 인식된 것은 식민시기 파라과이 지방에서 일상 언어로 성장했기 때문이다. 앞선 2장에서 언급했듯이 과라니 크리오요는 아순시온에서 발생하여 식민시기에 파라과이 지방으로 급속히 번져나갔다. 이것이 확산된 구체적인 경로를 파악하기 힘들지만, 몇몇 학자와 여행자들의 기록을 통한 검증은 가능하다.

수스닉(1982, 67~89)의 주장에 의하면, 과라니들은 일부다처제 사회로 그들은 식민 정복자들에게 호의적이었다. 특히 그들이 접해보지 못한 도끼와 칼 등의 철제류를 손에 넣기 위해 추장들은 그들의 딸과 부족의 딸을 정복자들에게 제공하였다. 혼인 연대를 통해 추장들은 철제류와 위세를 얻을 수 있었기 때문이다. 이런 식으로 정복자들은 적게는 10명, 많게는 20~30명의 과라니의 처녀와 혼인하였다. 이렇

---

11) 스페인어와 과라니어, 조파라에 관한 연구 및 이중 언어 사용에 따른 사회적 관계에 대한 연구는 다음을 참조(Melià: 1995, 1997; Zuccolillo: 2002; Penner: 2005; 김경희: 2007).

게 태어난 자녀들은 메스티소이지만 원주민인 어머니와 함께 자라는 경우가 많아 과라니어의 영향을 많이 받았다는 것이다. 다음 아사라 (Azara)라는 여행자의 기록에서도 상기의 친족관계에 의해 과라니어 크리오요가 스페인어보다 일상적인 언어의 지위를 확보하고 있었다는 것을 잘 보여 준다.

> 도시(아순시온)를 세운 스페인계 정복자들은 원주민 여자들과 결혼하였고 스페인어를 구사하지 않는다. 그들의 아이들은 자연스레 어머니의 언어(과라니어)를 배운다. 스페인어는 단지 원주민에 비해 인종적으로 고귀하다는 것을 증명하기 위해 그냥 간직하는 정도이다. 그러나 파라과이 지방에 남아 있는 스페인계 정복자들은 그것(스페인어의 고귀함)조차도 생각하지 않는다. 그들의 언어(스페인어)는 잊어버렸고, 대신에 과라니어가 그 자리를 메우고 있다 (Melià: 2004, 117, 재인용).[12]

다수의 원주민 아내와의 의사소통을 위해 스페인어 정복자는 과라니어의 비중을 높이거나 과라니어만 전적으로 사용하였다. 스페인계 정복자들은 과라니어를 적극적으로 구사하였으며, 그들의 후손인 크리오요와 메스티소도 과라니어 사용에 아무런 문제가 없었다. 이렇게 현재의 수도인 아순시온 지역에서 탄생한 과라니 크리오요는 아순시온 정복자들의 후손들에 의해 파라과이 식민 지방에서 빠르게 이식되었다. 즉, 과라니의 친족제도가 과라니 크리오요의 탄생과 확산에 결정적인 역할을 했다고 볼 수 있다.

이 밖에 예수회의 활동도 과라니 크리오요의 활성화에 기여하였다. 루이스 볼라뇨 신부의 번역을 도운 두 명의 크리오요인 후안 데 산

---

12) 이 인용문은 아사라가 1620년 12월 작성된 예수회 저자의 보고서를 참고한 것이며, 그 보고서의 저자는 마르시엘 데 로렌사나(Marciel de Lorezana) 신부인 것 같다(Melià: 2004, 117)고 밝히고 있다.

베르나르도(Juan de San Bernardo)와 가브리엘(Gabriel) 신부의 증언은 초기 식민시기에 크리오요의 과라니어 사용이 활발했다는 것을 보여 주고 있다.

> 그들은(크리오요) 교리문답과 기도를 할 때 원주민 언어(과라니어)를 쓴다. 왜냐하면 그 언어가 이해하기 쉽고 항상 사용하기 때문이다. 그들은 그 언어를 계속 사용할 것 같다(Melià: 2004, 117 재인용).

예수회가 식민시기 파라과이 지방을 중심으로 활동한 역사적 배경은 과라니어가 활자어의 지위를 획득하고 식민지 파라과이 지방의 일상 언어로서 성장하는 데 큰 역할을 했다. 과라니어가 근대적인 언어로 체계화된 것은 원주민들이 교리문답과 세례를 할 때 사용되었던 스페인어를 이해하지 못하자 선교사들이 원주민 언어를 통해 선교할 필요성을 느꼈기 때문이다(Melià: 2004, 43~47).

이러한 역사적 사실은 1567년 리마 종교회의에서 과라니어를 비롯하여 나우아틀어와 케추아어, 아이마라어를 선교를 위한 언어로 지정한 것만 봐도 잘 알 수 있다. 여기서 한 가지 의문은 '라틴아메리카의 주요한 원주민 집단의 언어였던 3개의 원주민 언어가 선교를 위한 언어에 포함되었음에도 불구하고 왜 과라니어와 같은 지위를 획득하지 못했는가?'이다. 이 의문에 대한 답이 바로 과라니어가 라틴아메리카에서 유일한 대중 언어이자 민족 언어로 성장한 이유일 것이다. 그것은 크게 세 가지 요인으로 분석할 수 있다.

첫 번째는 지리적 입지의 차이이다. 식민시기 파라과이 지방은 남미대륙의 깊숙한 곳에 위치하고 있어 접근하기 힘들었을 뿐만 아니라 본국에서 관심을 가질 만한 금과 은이 존재하지 않아 스페인 정복자들의 유입이 많지 않았다. 이로 인해 소수 정복자들은 토착화되어 스페인어의 영향력이 약화되었다. 대신에 과라니어는 파라과이 지방의 의사소통언어로서의 역할을 담당하였다.

두 번째는 예수회의 영향이다. 예수회는 원주민 자치 마을인 레둑시온을 건설하여 그들의 문화와 언어를 보호하였다. 특히 예수회는 본국과 지방정부에 납부하는 세금을 거부하면서 대립하였지만 지리적인 측면에서 상대적으로 본국의 간섭을 덜 받는 파라과이 지방에서 집중적으로 성장하였다. 1761년에는 13개의 예수회 레둑시온에 전체 파라과이 지방 인구의 절반 이상인 44,329명이 거주했으며, 레둑시온 밖은 39,739명에 불과하였다. 예수회가 파라과이에서 축출된 후인 1799년에는 레둑시온에 거주한 원주민들이 밖으로 빠져나가 18,473명만 남았으며, 레둑시온 외부의 인구는 89,597명으로 급속히 증가하였다(Melià: 1993, 243). 레둑시온에서 유출된 과라니어 사용자들은 촌락과 도시에 정착하였고, 그로 인해 과라니어가 더욱 확산되었다.

세 번째는 교육시설의 부족과 인쇄술의 미도입으로 인해 스페인어의 보급이 활발하지 못했다는 점이다. 파라과이는 에르난다리아스(Hernandarias)[13]가 1603년 본국으로부터 대학을 유치하기 위해 노력한 지 거의 300년이 지난 뒤인 1890년에 국립대학교를 설립하였다. 식민 시기에도 학교가 있었으나 대부분은 예수회가 운영하는 신학교였다. 1767년 예수회가 축출당하면서 파라과이는 신학교가 아닌 근대 교육시설을 원했다. 그러나 카를로스 3세는 아순시온에 예수회 신학

---

13) 에르난다리아스는 크리오요의 후손으로서 처음으로 파라과이 지방정부의 수장으로 오른 인물이다(Durán: 1998, 190).

교를 대신하여 아순시온 신학교(Colegio Seminario de Asunción)를 설립하는 것으로 대신하였다(Gonzalez: 1998, 281). 근대적인 교육시설은 이보다 한참 뒤인 1841년 국회에서 국립 중·고등학교(Colegio Nacional)의 전신인 문예 학교(Academia Literaria)를 허가하면서 설립되었다(Cardozo: 1996, 272). 이 자금은 산 카를로스 신학교(Seminario San Carlos)에서 출자하였다. 인쇄와 출판은 1844년에 시작하였다.[14] 다른 라틴아메리카 국가보다 뒤늦은 학교 설립과 인쇄술의 대두는 스페인어보다 구어체 경향이 강한 과라니어가 일상 언어로써 확고하게 자리를 잡은 요인이라 할 수 있다.

앤더슨(2002, 94~98)은 크리오요 관리와 더불어 지방 크리오요 인쇄업자들이 만든 신문에 의해 지역의 독자들이 공동체 의식을 가졌고, 이로 인해 형성된 라틴아메리카의 민족주의가 각 국가들이 독립할 수 있는 기반을 제공했다고 분석하고 있다. 이러한 분석에 의하면 인쇄술의 출현이 매우 늦었던 파라과이에서는 인쇄술이 아닌 다른 요소가 독립을 위한 정체성을 형성했다는 것을 반증하는 것이다.

파라과이가 아르헨티나와의 통합을 거부하고 먼저 독립한 것은 파라과이가 이미 그들만의 공동체 의식을 가지고 있었다는 것을 증명한다. 그 정체성의 근원은 바로 과라니어였다. 즉, 파라과이 지방 사람의 일상 언어인 과라니어는 다른 언어를 쓰는 식민 지방 사람들, 특히 아르헨티나의 스페인어와 브라질의 포르투갈어와 구분되어 파라과이의 경계를 규정하는 데 큰 역할을 담당하였다. 그 중심에는 예수회 선교사와 원주민, 메스티소가 있었다.

---

14) 물론 예수회가 18세기 초부터 인쇄와 출판을 했으나 내용과 대상이 주로 과라니어와 원주민으로 제한되어 있었으며 그마저도 예수회가 파라과이에서 축출되면서 유명무실해졌다(Cardozo: 1996, 158~160).

Ⅳ. 과라니어의 국가 공용어 지정과 민족주의

1. 스페인어 장려와 실패

식민시기 파라과이 지방의 일상 언어였던 과라니어는 파라과이가 독립을 한 이후에도 파라과이 사람들의 정체성을 담보하였다. 19세기 중반 파라과이를 다녀간 외국인들의 기록은 그 당시 과라니어의 일상 언어 기능을 잘 보여 준다. 이 당시의 여행가와 로버슨(Robertson) 형제는 기행문에서 다음과 같이 밝히고 있다.

> 토착 언어인 과라니어가 스페인어를 쓸모없게 만든 것 같다. 상류 계층이 아닌 파라과이 남자들은 유창하고 정확한 카스테야노(스페인어)를 구사하지 않는다는 것에서 알았다. 코리엔테스(Corrientes)[15]도 마찬가지로 남자들은 스페인어를 조금 말한다. 여자들은 겨우 말할 정도이다(Zuccolillo: 2002, 49, 재인용).

1846년 파라과이를 여행한 그레이험(Graham)은 파라과이에서 주로 사용하는 언어가 과라니어라고 밝히고 있다. 그는 과라니어가 파라과이에서 일반적인 언어이며, 스페인어는 사람들이 거의 사용하지 않는다고 말하고 있다. 스페인어는 외국인만 사용하며, 시골지역은 스페인어에 대해서 무지하여 물 한 잔을 부탁하기 위해서도 통역이 필요하다고 말하고 있다. 멜리아는 이러한 사례를 뒷받침하듯이 1865년 삼국동맹전쟁까지 과라니어가 파라과이 사람들에게 유일한 언어였다고 밝히고 있다(Melià: 1992). 즉 파라과이는 과라니어, 과라니어는

---

15) 코리엔테스는 현재 파라과이 남쪽 국경에 인접한 아르헨티나 영토이다. 이곳은 원래 파라과이 영토였으나 1865년에 발발한 삼국동맹전쟁에서 패한 후 아르헨티나에 복속되었다.

파라과이라는 등식이 성립한 것이다.

그러나 과라니어가 파라과이의 일상 언어였음에도 불구하고 파라과이 정부는 끊임없이 스페인어 사용을 장려하였다. 이러한 노력은 파라과이 독립 후 초대 정권이었던 호세 가스파르 로드리게스 데 프란시아와 그다음 정권인 카를로스 안토니오 로페스에 이르기까지 지속되었다.16) 특히 안토니오 로페스는 파라과이의 근대화를 위해 스페인어 사용을 의무화하였다. 한 사례로서 안토니오 로페스는 인종적 통합을 위해 원주민 마을인 타바(tava)를 철폐하고 원주민의 성(姓)을 스페인어로 바꿀 것을 의무화하기에 이르렀다. 스페인어 사용 의무화 정책으로 19세기 중반부터 정부는 스페인어와 근대 학문을 가르치는 교육시설을 세우게 된다. 여전히 많은 국민들이 과라니어를 사용함에 따라, 정부는 과라니어 탄압 정책을 실시하게 된다. 그 대안의 하나가 수업시간에 과라니어를 사용하면 벌을 주는 것이었다. 센투리온 (Centurión)은 이 당시 학교 상황을 다음과 같이 표현하였다.

> 수업시간에 과라니어를 말하는 것을 금지하였다. 이것을 지키지 못하면 규율담당자가 어겼다는 표시로 구리 반지를 주었다. 매주 토요일마다 구리 반지를 가진 학생을 불러 모았다. 구리 반지를 가진 학생은 4, 5대의 회초리를 맞았다(Zuccolillo: 2002, 54, 재인용).

스페인어 보급을 위한 국가의 강제적 정책의 효과가 나타나자 파

---

16) 파라과이가 독립한 이후 첫 통치자이며, 독재자였던 호세 가스파르 로드리게스 프란시아(José Gaspar Rodríguez de Francia)는 1816년부터 1840년까지 정권을 장악하였다. 그는 쇄국정책을 실시하였고, 그의 뜻을 따르지 않는 정치인과 지식인에 대한 무자비한 탄압을 자행하였다. 카를로스 안토니오 로페스 (Carlos Antonio López)는 1844년부터 1862년 동안 통치권자로 재임하였다. 카를로스 안토니오 로페스는 서구의 문물을 받아들여 근대화를 이루었으며, 이 시기는 파라과이 역사상 가장 부국강병했던 때로 평가받고 있다.

라과이 사람들 사이에서는 과라니어를 무시하는 경향이 나타났다. 맨 필드(Manfield)는 "모든 파라과조(paraguayo) 남자와 여자들이 과라니어 를 말한다. 다수의 낮은 계층은 다른 언어(스페인어)를 말하지 못한 다. 그러나 공식 언어가 스페인어라서 사람들은 과라니어를 점점 천 시하고 있다"라고 밝히고 있다(Zuccolillo: 2002, 56, 재인용). 1920년대 수집된 과라니어 사용에 관한 사례를 살펴보면, 가정에서 과라니어를 어느 정도로 배격하고 있는가를 잘 보여 준다.

> 나는 두 언어를 사용하는 아순시온에서 태어났다. 나의 부모님들 은 과라니어를 유창하게 말했다. 그러나 부모님들은 집에서 우리 형제들이 과라니어로 말하는 것을 절대로 허락하지 않았다. 학교에 들어가기 전인 12살 때까지 과라니어로 말하는 것을 용납하지 않 으셨다. 비록 우리들은 약간의 과라니어를 알았지만, 나는 고등학 교에 입학할 때까지도 과라니어를 쓰지 않았다. 나는 등하굣길과 수업 사이의 쉬는 시간, 그리고 운동할 때 과라니어를 배웠다. 동 시에 프랑스어와 라틴어 문법도 배웠다. 고등학교를 졸업하고 대학 교 진학을 할 때 비로소 과라니어를 잘 구사할 수 있게 되었다 (Morinigo: 1990, 180).

스페인어 사용 정책과 가정의 통제에도 불구하고 과라니어는 여전 히 일상 언어로서의 역할을 수행하였다. 특히 파라과이에서 고등교육 을 받을 만한 학교가 부족하였기 때문에 스페인어 사용자가 과라니 어 사용자를 뛰어넘을 수 없었다. 카르도소(1997, 366~401)에 따르면, 국립 중·고등학교는 1877년 수도를 비롯하여 비야리카와 콘셉시온, 필라르, 엔카르나시온 등의 4개의 도시에만 설립되었다. 의무교육은 1909년에 실시되었지만 학교가 부족하였다. 특히 4개 도시 이외에 살 고 있는 많은 아이들은 교육의 기회를 가지기가 힘들었다. 근대교육기관의 설립에도 불구하고 교육의 불평등으로 인해 스페인어를 구사하는 사람들은 여전히 소수에 불과하였다. 결국 스페인어의 장려 정책은 과라니어 화자를 스페인어 화자로 돌리지 못한 채 원주민 문화에 대한 차별과 열등감만을 가중시켰다. 이로 인해 과라니어는 비근대적인 언어로 비쳤고, 동시에 과라니어 사용 빈도에 따라 사람의 위계를 판단하는 현상을 심화시켰다.

정부의 과라니어 탄압 정책은 일부 스페인어 화자를 양성하긴 하였지만, 본래의 목적인 일상영역에서 스페인어 사용 증진은 이루지 못하였다. 오히려 정부는 국가 정책을 통해 과라니어 사용을 억제하는 것이 불가능하다는 것을 인식하였다. 즉, 과라니어는 오랫동안 지속된 기층문화로써 국가의 통제나 관리에 의해 제어할 수 없는 대상으로 성장하였다.

2. 과라니어의 국가 공용어 지정

정부의 스페인어 장려로 인해 과라니어는 정책적으로 소외받았지만, 스페인어가 과라니어를 대체하지 못하였다. 오히려 1920년대 이후에는 지식인 계층을 중심으로 과라니어를 비롯한 원주민의 문화를 재평가하자는 움직임이 나타났다. 인류학자인 베르토니(Bertoni)는 『역사 문서와 같은 과라니어』라는 책에서 과라니어가 파라과이 사람들을 통해 너무나 값지게 이어져 왔다는 것을 주장하면서 어떤 다른 언어도 과라니어처럼 민족의 친근한 삶과 정신을 나타낼 수도 없다고 평가하였다(Zuccolillo: 2002, 75~76, 재인용). 누녜스(Núñez)를 비롯한 민속학자들은 과라니의 신화와 민속을 연구했으며, 문학가들은 과라니어로 된 출판물을 발간하였다.

학문적 영역 이외에도 정치인으로서 대통령을 역임한 나딸리시오 곤살레스(1996)[17]는 그가 저술한 책에서 파라과이의 국가 정체성을 건설하기 위해 과라니어를 재평가하자고 주장하였다. 과라니의 문화와 언어가 바로 파라과이의 정체성이라고 목소리를 높였다. 그에 따르면, 파라과이는 '아버지'로부터 내려오는 메스티소가 아니라 '어머니'로부터 내려오는 메스티소로 인식을 바꿔야 한다고 주장하였다. 스페인어 장려 정책으로 인해 '천박한 언어'로서 인식된 과라니어는 일부 지식인들의 자각을 시작으로 '자랑스러운 언어'로 치환되기 시작한다. '자랑스러운 언어' 만들기는 민간 부문을 중심으로 점차 국가 부문으로 확대된다.

1940년대에 접어들면서 라틴아메리카에 등장하기 시작한 인디헤니스모는 과라니어와 그 문화에 대한 관심을 확산시켰다. 이러한 움직임은 과라니어 교육을 위한 학교와 학회의 설립으로 이어졌다. 베르토니는 1942년에 과라니 문화·언어 학교(Academia de la Lengua y Cultura Guaraní)를 설립하였다(Cardozo: 1996, 455). 1944년에는 아순시온 국립대학의 인문대학(Escuela Humanidad)에서 과라니어를 교육하기 시작하였다(Torres: 1997, 7). 인문대학은 4년 후에 철학대학(Facultad Filosofía)으로 확대 개편하여 과라니어 교육을 유지하였다. 그리고 1950년에는 과라니 예술가·작가·시인협회(Asociación de Poetas, Escritores y Artistas Guaraníes)가 조직되었다(Cardozo: 1996, 455). 과라니어에 대

---

17) 나탈리시오 곤살레스(Natalicio González)는 1948년 8월 16일부터 1949년 1월 30일까지 약 5개월간 집권하였다. 이 당시는 1947년 내전 이후 자유당에서 홍색당으로 정권이 교체되는 시기로서 매우 혼란스러웠다. 1948년부터 6월부터 1954년 5월 스트로에스네르가 집권하기까지 약 6년간 6명의 대통령이 바뀌었다.

한 관심은 국제회의를 통해 더욱 증폭되었다. 1950년 우루과이의 수도 몬테비데오에서 개최된 투피 과라니어 회의[18]와 1953년 리우데자네이루의 국립박물관에서 개최된 브라질 인류학회가 대표적이며, 이 국제대회를 통해 파라과이 내부에서는 과라니어의 문화적 중요성을 한층 더 깊이 인식하게 되었다(Torres: 1997).

과라니어가 민간 부분의 장려를 넘어 국가 공용어로서의 기틀을 다진 것은 파라과이의 독재자인 스트로에스네르(Stroessner)가 재집권을 추진하면서였다. 그는 과라니어에 대한 공식 교육이 가능하도록 헌법 수정안을 마련하였다. 비야그라(Villagra)는 스트로에스네르가 선거에서 승리하기 위해 과라니어를 '정치적인 목적'으로 사용했다고 분석하였다(Zuccolillo: 2002, 103, 재인용). 스트로에스네르의 과라니어 수정안은 국민들의 지지를 얻기 위한 포퓰리즘의 한 형태였다. 결국 그의 시도는 성공하였고, 재집권을 위한 헌법 개정은 1967년에 이루어졌다. 스트로에스네르에 의해 과라니어는 국가 차원에서 처음으로 합법적인 언어로 인정을 받았다. 민간과 정부의 과라니어 활성화 목적은 달랐다. 그러나 결과적으로는 과라니어가 공식 언어의 위치에 오르게 되었고, 이는 과라니어가 일상 언어의 수준을 넘어 국가가 인정하는 언어로 전환된 것을 의미한다. 스트로에스네르가 약 35년간의 장기 집권에서 물러난 후인 1989년에 집권한 안드레스 로드리게스 (Andrés Rodríguez)는 독재 체제를 청산하고 국민 통합의 기제를 마련하기 위해 과라니어의 국가 공용어 지정을 적극 검토하였다. 그 이후 과라니어는 지속적으로 국민 통합을 위한 수단으로 제시되었고, 1992

---

18) 이 회의에는 파라과이, 브라질, 아르헨티나 대표가 2명, 에콰도르, 멕시코, 우루과이 대표가 1명씩 참가하였다.

년 헌법 개정에서는 과라니어가 스페인어와 같은 지위의 국가 공용어로 지정되었다.

과라니어가 공용어가 된 일련의 과정은 파라과이가 독립 할 당시 대중들의 언어임에도 불구하고 스페인어에 밀려나 천시받던 과라니어가 국가와 정부의 정치적 전략에 의해 일상의 '천한 언어'에서 민족의 상징인 국가 공용어로 변화했다는 것을 보여 주고 있다. 제도권에서 과라니어의 중요성을 인식하고 공용어로 지정한 것은 식민 시기부터 과라니어가 일상 언어의 지위를 유지하면서 파라과이 사람들의 정체성을 표상했기 때문이다.

과라니어 공용어 지정 이후 정치가들은 과라니어를 포퓰리즘의 수단으로 적극 활용하고 있다. 이는 과라니어의 정서적인 측면에 호소하는 것이다. 민족의 표상으로써 과라니어의 활용은 대통령을 비롯한 정치인 선거 유세나 방송 인터뷰에서 확연히 드러난다. 정치인들은 자신들이 주장하는 중요한 대목을 말할 때 과라니어를 구사하여 대중들에게 호소함과 동시에 과라니 문화의 대표적인 산물인 테레레[19]를 마신다. 파라과이 사람들은 이러한 정치인들의 행위를 통해 문화적 동질감을 느낀다. 과라니어를 구사하는 것과 테레레를 음용하는 것은 남녀노소, 계층에 관계없이 파라과이 사람이라면 누구나 할 수 있는 일이기 때문이다.

정부의 과라니어 활용은 언론에서도 두드러진다. 파라과이의 주요

---

19) 테레레(tereré)는 파라과이의 전통 차의 일종으로 아주 차갑게 해서 여름에 마신다. 마시는 법은 소뿔이나 나무, 은으로 만든 꽈파(guampa)라 불리는 컵에 봄비야(bombilla)라 불리는 빨대를 꽂은 후 제르바(yerba)를 넣어 얼음물을 부어 빨아 먹는다. 특정적인 것은 친구나 가족끼리 하나의 봄비야를 돌려서 마시면서 친교를 나눈다. 이와 비슷한 마테(mate)는 겨울에 뜨겁게 해서 마시는 차로서 아르헨티나와 브라질 서남부지역에서도 마신다.

방송인 채널인 4번과 9번[20])에는 한국 '공익광고'와 유사한 국가홍보
광고가 끊임없이 방영된다. '공익광고'의 마지막 장면에는 "냐모 푸
아 파라과이(ñamo puá paraguay)"라는 과라니어 자막과 함께 큼직한
파라과이 국기가 광고의 마지막을 장식한다. 이 문구는 니카노르 두
아르테[21]) 정부시절에 야심차게 사용한 것이다. 글귀의 내용은 "파라
과이를 일으켜 세우자"라는 의미로써 고속도로 톨게이트와 각종 공
공서비스 기관 등 곳곳에 붙어 있었다. 이는 경제위기를 극복하자는
캠페인으로써 과라니어를 통해 공동체 의식을 고취시키는 것이다.

식민시기 원주민과 메스티소에 의해 지지되었던 과라니어는 국가
공식어 지정 이후 일상과 민족 언어의 차원을 넘어 국가 통합의 기제
로서 민족주의 담론을 생산에 활용되고 있다. 이렇듯 각 시기별 정치·
경제적 주체 세력은 다르지만, 과라니어가 파라과이 민족국가 형성에
기여했으며, 민족의 상징으로 작동하고 있다는 점은 부인할 수 없다.

V. 결론

본 연구는 과라니어가 파라과이 민족 국가 형성에 어떠한 기여를
했는가를 밝힘으로써 근대주의 민족주의 시각의 한계를 에스노 심벌
리즘을 통해 보완하는 데 목적이 있었다. 근대주의 입장의 학자, 특히
앤더슨은 라틴아메리카의 민족주의를 보편적인 요소로 설명을 하였

---

20) 채널 4번의 방송사 이름은 텔레푸투로(Telefuturo)이며, 채널 9번의 방송사 이름은 SNT 세로 코라(SNT
Cerro Corá)이다.

21) 니카노르 두아르테 푸루토스(Nicanor Duarte Furutos)는 2003년부터 5년간 대통령으로 재임하였다.

다. 그러나 파라과이의 사례는 라틴아메리카의 민족주의도 각 국가의 역사와 사회·문화적인 배경에 따라 특수한 형태로 나타날 수 있는 가능성을 보여 주었다.

장기지속적인 관점에서 과라니어가 민족주의의 상징으로 성장할 수 있었던 것은 식민시기 파라과이 지방의 지리적·사회적 조건 때문이었다. 특히 예수회는 과라니어가 파라과이에서 일상 언어의 지위를 확보하는 데 큰 역할을 담당하였다. 파라과이의 지리적 폐쇄성은 예수회가 본국의 영향에서 벗어나 자유롭게 활동하는 계기가 되었다. 지리적 요인은 교육기관 설립을 더디게 하였고, 이로 인해 스페인어 보급이 활발하지 못하였다. 이렇듯 식민시기의 파라과이의 여러 조건들은 과라니어가 성장할 수밖에 없는 분위기를 형성하였다. 일상 언어로 자리 잡은 과라니어는 19세기 초 라틴아메리카의 독립과 함께 파라과이의 정체성을 대변하였고, 파라과이는 아르헨티나보다 먼저 독립을 쟁취하였다. 파라과이의 독립의 선언과 문서 작성은 크리오요가 했지만, 타 식민 지방과 파라과이 식민 지방의 경계를 규정한 집합의식은 메스티소와 원주민들로부터 나온 것이었다. 이러한 역사적 과정으로 인해 파라과이는 라틴아메리카에서 유일하게 원주민 언어를 실제적으로 사용하고 있는 국가가 되었으며, 그 언어는 민족주의의 상징으로 작용하고 있다.

식민 시기부터 지속된 과라니어를 통한 '아래'로부터의 민족의식은 19세기 정부의 탄압에도 버틸 수 있는 동력이 되었고, 20세기 이후에는 민간영역의 원주민 문화 보호 운동과 국가 공용어 지정을 통해 더욱 공고하게 되었다. 이상의 사례를 통해 필자는 원주민의 문화가 라틴아메리카의 국가와 민족 형성을 심층적으로 이해하는 데 도움이 될 수 있다는 점을 제시하였다.

서론에서 언급했듯이 언어 이외에 다양한 과라니 문화를 살펴보지 못하여 파라과이 민족국가 형성에서 있어 원주민 유산의 역할을 제대로 분석하지 못한 점은 아쉽다. 실제로 파라과이의 민족의식에는 과라니어와 관련된 신화와 의례, 종교, 음식 의복 등 다양한 원주민적인 문화 요소들이 여전히 일상생활 속에 자리 잡고 있다. 향후 총체적인 과라니 문화에 관한 분석은 제도적 혹은 정치적 측면을 넘어 라틴아메리카에서 기층문화가 민족주의 형성에 어떠한 역할을 담당했는가를 이해하는 데 도움이 될 것이다.

참고문헌

구경모(2008),「유럽계 이주민의 유입에 따른 과이레뇨(Guaireño)의 타자화: 파라
　　　과이 비야리까(Villarrica)시의 사례」, 비교문화연구, Vol.14, No.2, pp.5~36.
김경희(2007),「파라과이의 언어정책 변천과정과 이중 언어 현황」, 이베로아메
　　　리카연구, Vol.9, No.2, pp.173~196.
김세건(2005),「메스티소와 원주민 사이에서: 멕시코 국민주의와 원주민 종족
　　　성」, 종족과 민족, 서울: 아카넷, pp.213~249.
Anderson, Benedict(2003), *Imagined Communities*, London: Verso.
Bejarano, Ramon(1980), *Indigenas Paraguayos: Epoca Colonial,* Asunción: Editorial Toledo.
Cardozo, Efraín(1996), *Apuntes de la historia Cultural del Paraguay*, Asunción: El Lector.
DGEEC(2004a), *Censo Nacional de Población y Viviendas Año 2002*, Fenando de la Mora:
　　　deeecpublicaciones.
_____(2004b), *Pueblos indígenas del Paraguay: ⅡCenso Nacional Indígena de Población y
　　　Viviendad 2002*, Fenando de la Mora: deeecpublicaciones.
Durán Estragó M(1998), "La colonizació", en Chase Shard Ⅰ. M(eds.), *Cróica Históica
　　　Ilustrada del Paraguay Ⅰ*, Buenos Aires: Distribuidora Quevedo.
Godoy, Lucio(2004), "Reseña histórica del idioma guaraní", *Suplemento Antropologico,* Vol.34,
　　　No.1, pp.247~273.
Morales, Gomez(1998), "Cultura Popular y Medios Masivos en e Paraguay", Un
　　　Planteamiento Ético, Asunción: Fundación en Alianza.
González, Natalicio(1996), *Proceso y Formació de la Cultura Paraguaya,* Asunción: El
　　　Lector.
Hobsbawm, Eric(1992), *Nations and Nationalism since 1780: Programme, Myth, Reality,*
　　　Cambrige: Cambrige University Press.
Meliá, B.(1992), *La Lengua Guaraní el Paraguay*, Madrid: MAPFRE.
_____(1993), *El Guaraní Conquistado y Reducido*, Asunción: Centro Estudio Antropo-
　　　logíco de Universidad Catolica.
_____(1995), *Elogio de la Lengua Guaraní*, Asunción: CEPAG.
_____(1997), *Una nación dos cultura*, Asunción: CEPAG.
_____(2004), *La Lengua Guaraní en el Paraguay Colonial*, Asunción: Antonio Guach.

Morinigo, M.(1990), *Raí y destiono del guaraní*, Asunción: Universidad Catóica.

Őzkirimli, Umut(2000), *Theories of Nationalism: A Critical Introduction*, London: Mamillan Press.

Penner, Hedy(2005), "De la construcció del bilinüsmo nacional; el estudio de Joan Rubin de los añs sesenta", *Suplemento Antropologico,* Vol.XL, No.1, pp.571~602.

Sanabria, Lino(2005), *Gran Dicconario Avañe'ê Ilustrado*, Asunción: Editorial Ruy Diaz.

Smith, Anthony(1998), *Nationalism and Modernism*, London: Routledge.

_____(2009), *Ethno-symbolism and Nationalism: A cultural approach*, London: Routledge.

Susnik, Branislava(1982), *El rol de los indîenas en formació y en la vivencia del Paraguay Ⅰ*, Asunción: IPEN.

Torres, Dionisio(1997), *Cultura Guaraní*, Asunción: Litocolor.

Zuccolillo, Gabriela(2002), "Lengua y Nación: el rol de las élites morales en la oficializació del guaráni Paraguay", *Suplemento Antropologico,* Vol.37, No.2, pp.9~308.

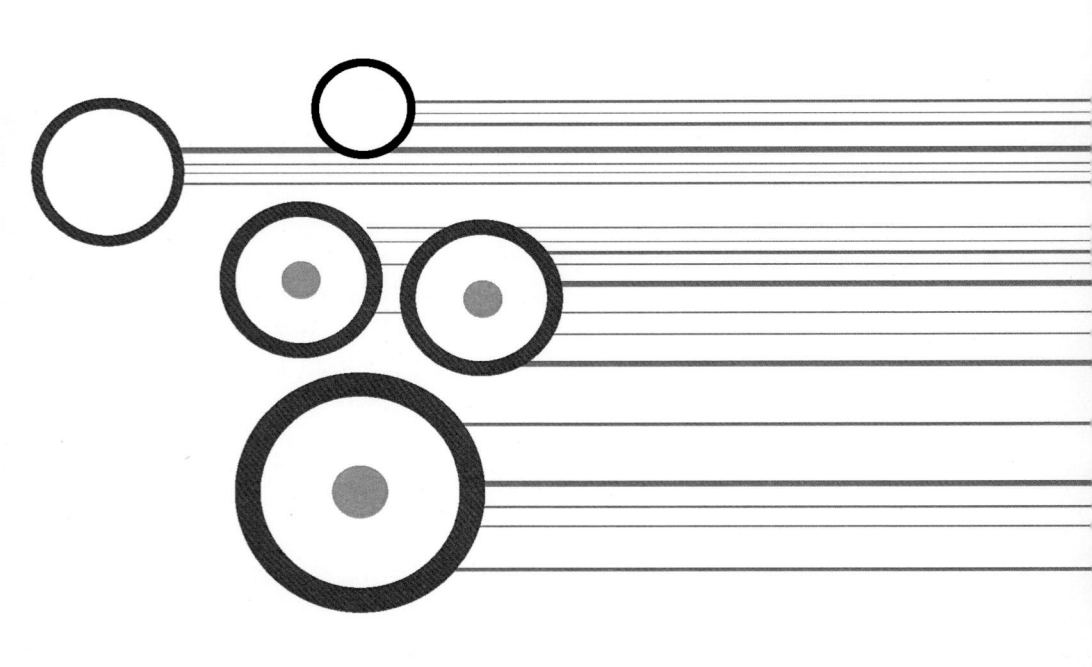

브라질의 인종적 유토피아와
킬롬비즘:
흑인의 종족적 영토성 형성과 변천

김영철

Ⅰ. 들어가기

　브라질은 다양한 민족과 인종이 만든 이민 국가이다. 각 민족과 인종은 다양한 인종만큼이나 다양한 역사적 배경을 지니고 있는데, 식민을 위해 이주했던 포르투갈인, 강제 노동력으로 유입되었던 아프리카 흑인, 자국의 전쟁을 피해 온 이탈리아인, 보다 나은 삶을 위해 이주했던 일본인과 한국인, 종교적 박해를 피해온 크리스천과 아랍인 등이다. 대부분의 민족과 인종들이 자신의 의지에 따라 이주해와 정착했던 것과 달리, 아프리카 흑인들은 타의에 의해 그것도 결박과 구속 상태에서 브라질로 강제 이주당해 정착하여 브라질 역사과 함께 한 인종이다. 이런 역사적 배경 때문에 흑인들은 차별, 멸시, 폭력, 강간, 열등감, 핍박, 배제의 대상이었다. 자신들에게 가해지는 많은 제약과 통제를 거부하는 개인적인 저항을 바탕으로 집단적으로 행동했다. 이 과정이 흑인들의 기존 질서에 대한 끊임없는 저항 이데올로기였으며 투쟁 전략이었다.

민주화 이후 흑인들의 역사적 인물이나 문화유산들이 전통문화로 인정받고 있으며 도망 노예들이 건설했거나 후손들이 거주하고 있는 킬롬보 공동체가 문화집단과 경제활동 단위로 공식적인 인정을 받고 있다.[1] 그동안 킬롬보는 역사 속에만 존재하는 것으로 인식되어 아프리카 문화유산을 보존하고 있는 인류학적인 가치로만 인정되었다. 킬롬보가 문화 집단으로서뿐만 아니라 경제단위로서도 지위를 인정받으며 재평가가 이루어지고 있지만 그 영토성의 역사성에 대한 논의나 연구는 활발하게 진행되지는 않았다. 킬롬보의 역사성과 영토성은 식민성과 흑인성이 동시에 나타나기 때문에 그 뿌리를 브라질 사회 관계의 변화에서 찾아야 한다. 또한 역사성과 영토성이 병렬적 구조가 아닌 매트릭스적인 통합적 접근을 통해 논의되어야 함에도 단편적인 접근들이 주류를 이루었다. 통합적인 접근은 백인 중심의 브라질 사회와 흑인 중심의 브라질 사회를 대별하고, 다시 그 대별적 관계 속에서 씨줄과 날줄이 만나 형성된다. 역사성은 사회적 주류 집단의 역사를 기록하기 때문에 백인의 역사일 가능성이 매우 높고, 영토성을 기존 사회 질서에서 사회적 약자가 자유로이 활동할 수 있는 공간을 의미한다. 이러한 역사성과 영토성은 브라질의 사회관계 속에 배치하면 엘리트들의 인종적 유토피아와 흑인들의 유토피아로 설명된다.

브라질의 인종적 유토피아는 인종 간 차별이 존재하지 않고 동등

---

1) 16세기 팔마리스 킬롬보의 지도자인 '줌비(Zumbi)'가 국가적 영웅으로 인정되고 그가 죽은 11월 20일은 흑의의 자의식의 날로 지정되었다. 2007년 1월까지 브라질 정부가 인정한 킬롬보는 3,250개가 있으며, 공동체에 거주하는 인구가 약 250만 명이 넘는다. 흑인운동단체인 UNEGRO는 4,000개가 넘는다고 보고 있다.

한 관계를 형성하고 있으며, 혼혈성이 피부색으로 인해 발생되는 결과와 경계를 모호하게 하여 마치 인종적으로 평등한 사회를 구성하고 있다는 '인종 민주주의'라고 할 수 있다. 백인의 이데올로기는 백인의 인종적 우월성이 유지되는 가운데 혼혈을 통해 백인사회로 자연스럽게 발전하는 것이다. 반면 흑인의 유토피아는 인종적 차별과 편견이 없으며 모두가 경제적 평등주의와 정치적 민주주의를 누릴 수 있는 킬롬비즘으로 설명된다. 즉, 아프리카 흑인의 노예화와 노예무역 이전의 기억을 되살리고, 동시에 흑인들이 아메리카에서 더 나은 삶을 살 수 있도록 구조적·환경적 요소들을 변화시키고자 하는 급진적인 흑인 운동을 킬롬비즘이라고도 할 수 있다. 16세기 말 브라질에서 시작된 도망 노예 공동체인 킬롬보에서 출발하여 민주화 과정에서 정치적 전략을 지닌 흑인운동의 이데올로기로 발전했다.

본고에서는 최근 킬롬보가 브라질 사회에서 문화유산과 경제활동 단위로 인정받고 있는 현상이 현재의 사회적 한계와 모순을 극복하자는 흑인 저항의 역사성에서 비롯되었음을 살펴보고, 이것이 곧 브라질 흑인의 영토성 형성과 변천 과정이라는 것을 밝혀 보고자 한다. 그리고 그 과정에서 나타나는 백인과 흑인의 인종적 유토피아가 어떻게 충돌하고 조정되었는가를 역사적 접근을 통해 분석한다. 2장에서는 브라질 사회와 흑인의 관계를 살펴볼 것인데 역사 전체를 아우를 수 없기 때문에 노예제와 킬롬보, 산업화와 파벨라화로 대별해서 억압적인 사회·인종적 구조 속에서 흑인들의 영토성 형성과정을 분석한다. 3장에서는 브라질 백인들이 추구했던 인종 정체성에서 유토피아적 개념들을 통해 인종관계를 살펴볼 것이다. 이 과정을 통해 인종관계가 단순히 피부색의 문제가 아니라 국가적 이미지를 고려한 정치적 역학관계에서 비롯되었으며 그 과정에서 흑인들의 인종으로서의 가치를 평가한다. 4장에서는 킬롬비즘이 주장하는 흑인의 인종적 유토피아가 어떤 사회를 형성하고자 하는지 분석한다. 이 장에서는 그동안 흑인들이 추구하고자 했던 정치 전략이나 경제활동들이 정치 영역으로 어떻게 확대되었는가를 동시에 살펴보고자 한다. 마지막으로 5장에서는 브라질의 인종적 유토피아와 킬롬비즘의 관계를 통해 브라질 사회를 재조명할 수 있는 근거를 제시하고자 한다.

Ⅱ. 브라질 사회에서 흑인 영토성의 변화

1. 노예제 사회와 킬롬보

흑인 노예들은 1538년부터 브라질의 페르남부쿠, 바이아와 리우데자네이루로 수입되었다. 그리고 1570년부터 사탕수수 경작이 확대되면서 빠르게 증가했다. 포르투갈은 이미 무어인의 피지배 경험과 아프리카 식민지에서 흑인 노예를 이용한 경험이 있었다. 따라서 흑인 노동력을 효율적으로 이용할 수 있었고, 아프리카 노예들도 사탕수수 경작과 설탕 생산에 필요한 기술을 습득하고 있었다. 특히, 브라질로 유입된 일부 흑인들은 제당 기술을 습득하고 있었다. 노예 유입은 1850년 대외적인 노예무역이 금지될 때까지 계속되었으며, 1888년 노예제가 폐지될 때까지 브라질 경제 활동에서 중요한 부분을 차지했다.

브라질의 노예제는 몇 가지 특징적인 요소들을 지니고 있었다. 첫번째 특징은 노동 수단이 판매되는 것이 아니라 노동자들이 판매되는 것이었다. 노예는 주인의 법적인 소유물로서 시장에서 판매되는 상품이었다. 따라서 구매 활동 외에 재산으로서 대여, 경매와 몰수가 이루어지기도 했다. 포르투갈은 노예에 대해서 인간과 사물이라는 모순된 필리페와 마누엘(Códigos Manuelino e Filipino)법을 약 100년간 적용했다. 이 법은 노예를 물건, 도구와 상품으로 규정하고 있었다. 규정에 따르면 흑인은 인간적인 대우를 받지 못했으며 노동력으로만 인정되었다.

두 번째 특징은 부의 수탈이 이루어졌다는 것이었다. 노예 노동력 고용으로 발생한 소득의 수탈은 자본주의, 사회주의와 같은 경제·사회 시스템과는 구별되는 논리를 지니고 있었다. 즉, 식민 노예 사회에서 노동자는 부의 창출과 생산 활동이 시작되기 전에 내부적인 판매 가치를 지니고 있었다. 이것은 노예 소유주의 전자본적 축적뿐만 아니라 시스템 내의 노동자 수탈과 관련된 특별한 법률을 필요로 했다.

세 번째 특징은 노예 인구 재생산 법칙이 매우 엄격했다는 것이었다. 노예들이 가족을 형성하거나 아이들을 키우는 것은 경제적이지 못한 것으로 여겨졌으며, 노예의 평균 노동 기간은 사탕수수 대농장, 광산과 식민 도시 등에서 이루어진 폭력 등으로 10년 정도였다. 노예 수명이 짧고 인구 성장이 이루어지지 않았기 때문에 노예 노동력 확보는 아프리카와의 무역에 의존할 수밖에 없었다.

네 번째 특징은 브라질을 유럽의 중상주의 체제에 종속시켰고, 자본의 본원적인 축적을 가능하게 했으며 유럽의 자본주의 생산 양식 형성을 촉진했다는 것이었다. 식민 경제 구조에서 노예는 자본주의 발전의 생산 수단으로 기능했기 때문에 독립 이후에도 종속적인 자본주의 구조를 유지하기 위해 노예제가 필요했다.

이러한 원칙적인 특징과 더불어 운영하는 과정에서 브라질 노예제는 주인과 노예의 관계가 노예 매매 계약서의 내용이 절대적으로 적용되는 것은 아니었다. 노예는 주인의 판단과 자신들의 개인적인 능력에 따라 자유를 획득할 수 있었다. 노예 소유주들은 사탕수수 경작으로 많은 부를 축적했을 경우에 노예들 중 일부에게 자유를 주기도 했으며, 노약자, 환자와 장애인들은 경제적 효율성이 낮다는 이유로 방치되는 경우가 많았다. 또한 노예가 구입비용을 변제하면 주인에게 해방을 요구할 수 있었다. 이러한 노예제의 특성에 따라 1639년 노예들은 자유를 살 수 있는 상호 부조 형태의 흑인 조합을 형성했다. 노예가 직접 자유를 구매할 수 있는 것은 비공식적으로 유지되었다. 1880년대 노예법 제정을 통해 노예들이 자신들의 자유를 살 수 있는 권리가 공식적으로 인정되었지만, 1888년 노예제가 폐지될 때까지 공식적으로 노예가 해방된 경우는 세 번뿐이었다. 이 때문에 흑인들은 강제노동으로부터 벗어나기 위해 도망, 반란, 자살, 직접 자유를 사거나 상조회를 통해서 스스로를 해방시키기도 했다. 노예들이 가장 많이 선택한 것이 도망하여 자신들의 공동체를 건설하여 공동으로 식민사회와 맞서는 것이었다.

대표적인 조직이 킬롬보였다. 킬롬보[2]라는 말은 17세기 앙골라에 자리하고 있던 킴분두 킬롬보(Kimbundu Kilombo)에서 유래되었다. 앙골라에서 킬롬보는 남성의 성인식이 이루어지는 곳이며 동시에 남성

---

[2] 스페인령 아메리카에서는 팔렌케스(Palenques), 쿰베스(Cumbes), 라데이라(Ladeiras), 맘비세스(Mambises), 영국령 아메리카에서는 마룬(Maroons), 그리고 프랑스령 아메리카에서는 그랑 마롱지(Grand Marronage)라 불리었다. 킬롬보는 1930년대에서 1950년대까지 아프리카인과 문화를 보존하는 공간으로서의 문화주의적 관점으로 이해되었고, 1960년대와 70년대는 노예의 저항을 중심 테마로 하는 물질주의적 관점으로 나눠진다. 문화주의적 관점은 Rodrigues, Ramos, Carneiro, Bastide 등의 학자들이 주장하며, 물질주의적 관점은 Moura, Luna, Goulart, Freitas 등이 주장한다(Gomes: 2004, 736).

군사 조직이었다. 따라서 브라질 킬롬보에 거주하던 초기 흑인은 주로 앙골라 지역에서 유입된 흑인들이며, 특히 앙골라의 임방갈라(Imbangala)에서 비교적 최근에 도착한 흑인들로 구성되었다. 이러한 특성 때문에 흑인 노예들은 킬롬보를 '작은 앙골라(Angola Janga)'로 불렀다. 또한 킬롬보는 흑인들의 출신 지역에 따라 부족적인 정체성이 유지되었으나, 다양한 지역 출신의 도망 노예가 증가하면서 부족성이 희석되었고, 대신에 아프리카 전통을 잇고 식민사회에 저항하는 공동체로서의 성격을 나타냈다(김영철: 2003, 70).

이런 과정을 통해 킬롬보는 식민기간 흑인들의 해방구로 성장했다. 이 때문에 일시적으로 특정한 사안을 중심으로 형성된 것이 아니라 끊임없이 브라질 발전 과정에서 발견된다. 초기 카라벨라 선단으로 진행하던 해양 팽창기에도 있었고, 네덜란드인들의 침입기에도 존재했으며, 금광 채굴기에도 있었으며 독립 이후에도 킬롬보는 브라질 사회를 구성하는 하나의 정착행태로서 유지되었다(Risério: 2007, 331). 식민사회와 관계에서 보면 킬롬보는 건설적인 측면과 파괴적인 측면을 지니고 있다. 도망 노예들이 아프리카의 같은 부족들을 중심으로 사회를 구성하고 왕과 장관을 두는 정치조직을 만들었고 노예와 전사계급으로 양분되어 있었으며 가축을 사육하고 작물을 경작했다. 당시 자유를 갈구했던 킬롬보 사회에도 노예제가 유지되고 있었다는 것은 놀라운 일이다. 반면 식민사회를 공격하고, 도둑질을 하거나 납치를 일삼았던 점에서는 파괴적인 특성을 지니고 있었다. 또한 킬롬보는 대농장제에 기초하고 있던 중상주의 경제시스템을 거부하고 자급자족 경제 체제를 유지하고 있었다. 킬롬보가 자신의 해방을 위한 개인적인 정치적 이유 때문에 시작되었기 때문에 초기에는 도망 노예들이 집단을 이루고 있었지만, 그 집단이 소문나면서 반대로 킬롬보 때문에 도망 노예가 발생하기도 했다.

따라서 킬롬보와 해방은 동일한 역사적 사건의 이중적인 면이라 할 수 있다. 킬롬보가 대농장주들의 강압적인 억압과 폭력을 피해 도망하는 공동체였다면 해방은 그곳에서 얻을 수 있는 안식과 같은 것이었다.

2. 산업화와 파벨라

킬롬보는 독립 이후 초기 산업화가 시작되었던 제2왕기 말까지 지속되었다. 노예제가 폐지되면서 킬롬보는 다른 부분으로 확대되었는데, 노예제 폐지운동이 사회운동으로 발전하여 브라질이 더 민주적이고 정의로운 사회로 발전하는 정치 프로젝트의 일부로 성장했다(Liete: 2008, 966). 이 과정에서 킬롬보는 흑인들의 존재적 가치를 인정받고 인종주의에 대해 투쟁하는 것으로 인식되었다.

아이러니하게도 브라질이 초기산업화 단계에 진입하는 시기는 노예제가 폐지된 시점과 인종 정체성의 논의가 본격화되던 때와 거의 일치한다. 일부학자들은 산업화에 따른 생산량 증가를 소비할 수 있는 구매력이 필요했고, 국내에서 해결할 수 있는 방법이 무임금 노동자들을 임금 노동자로 전환시키는 것이었다라고 주장한다. 결국 노예제 폐지가 곧 박애주의나 인권의 측면에서 고려된 것이 아니라는 것이다. 노예제 폐지 이후 흑인들은 토지의 소유권 집중과 수탈의 현실, 그리고 흑인들의 상황은 나아진 것이 없었다. 이와 같은 지배구조가 지속되면서 흑인들은 최근 도착한 이민자들과의 관계에서 원주민, 아프리카인과 후손들의 지위를 확보하는 모델로서 종족적 영토화 (Territorialização Étnica)를 선택하게 된다. 흑인의 영토성은 긴장과 대립으로 점철되었는데 흑인들이 전국적인 규모의 집단성, 복합적인 연대, 역동성과 다중심성을 형성하고 있다는 것을 상징적으로 나타내준다. 이것이 정치 프로젝트로 발전하면서 인디오들에게는 정부 차원의 후원과 정착마을을 건설해 주었으나 흑인들은 혼혈 이데올로기로 숨겨진 교묘한 분리 논리로 사회적으로나 정치적으로 배제시켰다 (Liete: 2008, 966).

이를 뒷받침하는 법령이 이 시기에 발표되기도 했는데, 그것은 1850년 브라질에서 최초로 발표된 토지법으로 브라질인의 범위에 흑인들이 포함되지 않았다(Leite: 2000, 335). 남동부지역에서 커피경작이 급증하면서 노동력이 필요했던 커피 대농장주들에게 식민기간 킬롬보를 통해 정착하고 있던 흑인들의 토지를 인정하는 것은, 노동력의 손실을 의미할 뿐만 아니라 자신의 농장 규모를 확대할 수 없게 하고 농장 인근에 킬롬보가 존재함으로써 노예들과의 결탁을 통해 노동력의 손실로 이어질 수 있는 가능성이 매우 높은 것이었다.[3] 이 토지법에 근거하여 산업화 과정에서 최소한의 구매력을 지닐 기회는 사라졌다고 할 수 있다.

산업화 과정에서 커피산업이 산업자본으로 흡수되었다. 따라서 커피산업 성장과 산업화가 동시에 진행되던 남동부 지역으로 많은 흑인 노동력이 이주했으며 이에 따라 남동부 지역에 북동부와는 다른

---

3) 19세기 중반 브라질 경제 중심지는 북동부의 사탕수수 농장(Engenho)에서 남동부의 커피농장(Fazenda)으로 이동한 상태였고, 북동부 지역의 노예들도 1850년대 노예무역이 폐지된 이후 국내 노예 거래를 통해 많은 부분이 남동부 지역으로 이동한 상태였다(Nora: 2000, 27).

새로운 거주형태와 문화가 정착하게 된다. 남동부 지역의 대도시 특히, 상파울루와 리우데자네이루는 흑인들이 도시 변두리와 산등성이에 거주하면서 삼바학교, 칸돔블레 사원과 흑인 농민 집단들이 형성되었다. 도시 규모가 성장하면서 이들의 거주지인 파벨라(Favela)[4]도 동시에 성장했다. 파벨라는 지속적으로 팽창하여 규모면에서는 지방의 소도시의 크기를 능가했으며 연방이나 주정부의 공권력이 전혀 미치지 못하는 폭력, 마약밀매, 부패, 갱스터 문화로 특징지어지면서 사회적 아파르트헤이트가 이루어지는 공간으로 성장했다(Valladares: 11). 사회적 배제가 경제적 부의 불균등 분배를 촉진하고 있고, 실질적으로 저소득층과 비백인이 절대 다수를 차지하면서 '빈민의 영토'라 불리기도 한다.

파벨라는 원래 카누두스 전쟁에 승리한 퇴역군인들이 불법적으로 점령하여 정착하면서 시작되었다. 그리고 20세기 초 리우데자네이루의 주택보급률이 인구증가율을 따라가지 못하면서 부족한 주거문제를 해결하기 위해 유입인구들이 간단한 장비와 자재로 얼기설기 지어서 생활할 수 있는 이곳으로 모여들어, 1942년에는 36개의 파벨라가 만들어졌다.

공권력이 영향력을 미치지 못하면서 우두머리가 등장했다. 초기 파벨라에는 피라이 구역에서 들어온 제 다 바하(Zé da Barra)라는 인물이 경찰력이나 세금징수와 공권력이 영향력을 미치지 못하는 공동

---

4) 파벨라라는 말은 잎이 허브 차로 애용되고 가지는 건자재로 사용되는 약용식물의 이름에서 유래되었는데 가려움증을 유발하기도 한다. 19세기 말 바이아 지방의 파벨라 언덕에서 시작된 카누두스 반란을 성공적으로 진압한 군인들이 임금을 지급받기 위해 기다리며 프로비덴시아 언덕에 정착했는데 이곳을 새로운 파벨라 언덕이라는 이름을 붙인 것에서 유래되었다고 보는 것과 카누두스 반란군을 공화국 군대가 물리쳤다는 상징적인 의미를 부여하는 것으로 분석된다(Valladares: 2000, 9).

체를 장악했다. 카누두스들이 추구했던 것과 같이 파벨라는 열악한 환경 속에서도 비상한 생존 능력을 지니고 있는 공동체였다. 이 카누두스가 공동체를 이루고 있는 곳이 북동부에서 활성화된 것에서 알 수 있는 것과 같이, 파벨라도 마치 식민기 킬롬보에서 흑인 왕이 등장해 공동체를 관리하는 것과 유사한 형태였으며 도시에 가난한 자들의 새로운 영토를 조직하는 것과 같다.

1957년에 발표된 주제 알리피우 굴라의 자료에 보면 파벨라에는 백인이 28.96%[5], 흑인이 35.07%, 혼혈인이 35.88%, 황인종이 0.09%가 거주하는 것을 알 수 있다. 그 이전에 발표된 코스타 핀투는 인종적인 관점에서 파벨라를 분석하고 있는데 인종적 조건과 생태학적인 상황에 따라 사회적 계층화가 이루어져 있다는 것을 보여 준다. 왜 흑인들은 도시의 중심부에 정착하지 못하고 변두리 지역에 거주하고 있을까? 여기에는 인종 문제에서 비롯된 사회·경제적 원인들이 있다.

첫째, 노예제 폐지 이후 흑인들은 유럽이민자들이 저임금의 노동시장을 차지하고 있었기 때문에 농촌에서 일자리를 찾을 수 없었다. 킬롬보에서 살아가던 흑인들을 제외한 대부분은 토지를 소유하고 있지 않았기 때문에 굳이 농촌에 머물 이유가 없었다. 그래서 많은 흑인들이 일자리를 찾아 당시 수도였던 리우데자네이루로 모여들었다. 이들은 도시 인프라가 갖춰지지 않은 지역에 불법적으로 점령하여 비를 막을 수 있는 간단한 오두막을 짓고 정착했다.

둘째, 흑인들은 노예 신분으로부터 벗어나 도시로 거주 지역을 옮기면서 산업자본주의 사회에 적응하는 과정에서 자신들의 정체성과

---

5) 백인들은 주로 포르투갈, 이탈리아와 스페인 이민자들이었다.

문화적 자율성을 누릴 수 있는 흑인의 해방구를 찾았다. 이 당시 브라질은 실증주의와 과학적 인종주의에 영향을 받아 도시 중심부는 발전과 문화적 우수성을 나타내는 백인과 백인문화가 지배하고 있었다. 서구의 과학적 보편성에서 볼 때 낙후되고 뒤떨어진 흑인들이 자신들의 문화를 즐길 수 있는 곳이 파벨라뿐이었다.

셋째, 흑인들은 노예제 폐지 이후 산업화된 브라질 사회에 적응하는 데 필요한 교육을 받지 못했기 때문에 도시 지역에서 선택할 수 있는 직업이 제한되었다. 흑인들 대부분은 비공식 부문이나 기술을 필요로 하지 않는 노동시장으로 유입되었다. 경제적 수입이 교육 수준과 노동의 질에 따라 결정되는 산업사회에서 무교육 상태인 흑인들이 할 수 있는 선택은 제한적이었다. 이 때문에 파벨라에 정착한 대부분의 사람들이 인종 관계에 의해 형성된 것이 아니라 경제적 수준에 따른 계급 관계에 의해 만들어진 것이라 주장한다. 현실적으로 인종차별이 존재하는 사회에서 사회계층은 인종관계에서 결정될 수밖에 없다.

넷째, 파벨라는 식민기간 킬롬보와 같은 흑인들의 저항 공간이었다. 1930년대에 브라질 흑인전선(Frente Negra Brasileira)이 등장하면서 킬롬보에 대한 재평가와 함께 흑인과 흑인문화에 대한 재해석을 시도하면서 인종 이데올로기에 대해 비판했다. 이들은 킬롬보를 백인화 이데올로기가 지속되고 공화국의 근대화 과정에서 흑인들이 배재된 현상으로 인식하면서 인종 논의의 전면으로 킬롬보의 존재를 부각시켰다.

이와 같이 산업화 과정에서 파벨라는 빈곤의 공간으로 여겨지면서 사회적 배제를 극복하려고 하는 저항적인 의미를 지니게 되었다. 이런 과정에서 같은 도시 공간에서 도심과 파벨라의 대립적 관계를 형성하면서 영토화되었다. 파벨라의 영토화는 빈곤이라는 공통적인 경제적 상황, 흑인이 대부분을 차지하는 인종적 특성, 그리고 끊임없이 문화를 생산해 내는 문화 공간으로서 상징화되었다. 산업화 사회에서도 도시(중심지)로 대표되는 지배 계층들의 사회와 파벨라(주변부)로 나타나는 피지배 계층의 사회는 도시라는 동일한 공간 내에서 분명한 경계성을 지니는 영토성을 형성하고 있다고 할 수 있다.

Ⅲ. 브라질의 인종적 유토피아

1. 정체성으로서의 혼종성과 백인화

19세기 말과 20세기 초 왕정체제와 노예제의 앙시앵레짐이 붕괴되고 전혀 다른 혁명적인 변화를 경험하게 된다. 이런 변화는 국내 사회의 변화뿐만 아니라 세계적인 흐름과 닿아 있다. 앙시앵레짐 붕괴 이후 미국과 유럽의 영향을 받아 기본적으로 개인주의적이고 자유주의적인 사회로의 전환을 모색했다. 왕정 중심의 권위주의적인 정치체제는 과두제로 변화되었고, 노예제에 기반을 둔 경제시스템은 임금노동을 기본으로 하는 자본주의로 바뀌었다. 정치·경제적인 변화는 사회·문화적인 변화로 이어졌다.

〈표 1〉 1890년 인구센서스

구분	남동부	기타 지역	전체
백인	2,607,331/61.6%	3,694,867/36.5%	6,302,198/44.0%
메스티소	1,024,313/24.6%	4,909,978/48.5%	5,934,291/41.1%
흑인	583,359/13.8%	1,514,067/15.0%	2,097,426/14.6%
전체	4,215,003	10,118,012	14,333,915

출처: Schwarcz, 1993, 10

경제시스템의 변화에 따라 커피 농장에서 일할 노동력이 필요하여 유럽이민자들을 대거 데려왔다. 유럽 이민 유입은 경제발전에 필요한 노동력을 보전시키기 위한 것이었을 뿐만 아니라 당시 브라질 사회에서 한참 논의되고 있던 국가 정체성을 백인과 백인문화로 규정하고 있는 것과 무관하지 않다. 실제 유럽 백인 이민으로 인하여 브라질 사회는 인구학적으로나 문화적으로 이들의 영향으로부터 자유롭지 못했다. 위의 표에서 보는 바와 유럽이민자들이 많은 남동부 지역에서는 백인의 비율이 매우 높았고, 다른 지역에서는 백인의 비율이 낮아지는 현상이 나타났다. 브라질 전체를 볼 때에도 흑인과 혼혈인구의 비율이 백인보다 높게 나타났다. 이런 변화는 남미의 경쟁 국가인 아르헨티나의 인종구성과 비교했을 때 불리하다고 느끼고 있었다. 유럽 이민의 증가, 흑인의 사회 진입, 혼혈인구의 증가는 진정한 브라질인은 누구인가라는 의문을 제기하게 된다. 이미 1870년대에 엘리트들은 인종을 기초로 사회를 분석하는 유럽의 실증주의와 진화론을 경험했다.[6] 이 시기에 가장 기본적인 사상인 자유주의는 개인적 권리

---

6) 다윈의 진화론은 정치부문에서는 보수주의의 이론적 토대가 유럽의 제국주의 모델과 깊은 연관성을 지니고 있었다. 즉, 강하고 잘 적응하는 세력인 서구가 다른 문화를 지배하는 것은 '자연 선택'이라는 것으로 지배 엘리트들의 정복과 지배를 정당화시켰다.

와 책임에 기초하고 있지만, 인종주의가 개인 중심의 사회에서 집단으로 이동시켰기 때문에 개인주의와 집단주의가 동시에 나타나는 모순적인 사상적 토대를 지니고 있다. 국가 정체성 논의를 이끌어 가던 엘리트들이 결정론적 인종 이론과 유럽의 제국주의 운동에 영향을 많이 받아 브라질에 대한 평가도 연장선장에서 이루어졌다(Schwarcz: 1993, 12). 지배 엘리트들은 외부에서 가져온 인종주의 이론을 적절하게 활용했을 뿐만 아니라 국내 정치, 사회적 환경에 맞게 인종이론을 변형시켜 자신들의 독특한 이론을 창출했는데 그 대표적인 사례가 사회다윈주의이다.[7] 사회다윈주의는 어떤 국가의 문화적 발전 수준은 물리적인 환경에 따라 조건 지워진다는 지리환경적 결정론과 인종은 완결된 현상이고 변하지 않은 결과이며 모든 잡종화는 획득된 특성이 전승되지 않고 사회발전 수단으로 이어지지 않다는 인종 결정론에 근거하고 있다(Schwarcz: 1993, 12; Skimdore: 1993, 51~53).[8] 이 이론은 혼종성이 두 가지 결과를 가지고 있다고 주장한다. 하나는 고귀한 지위를 누리고 있는 '순수한 인종'은 혼종성 과정에서 더럽혀지지 않고 보존되고, 잡종은 인종적 측면에서뿐만 아니라 사회적인 측면에서 퇴보된다는 것이다. 이와 같은 사회다윈주의는 스펜서류의 개

---

7) 사회다윈주의는 우생학과 동일시되기도 한다. 1880년 에리 고티에는 사회다윈주의를 '다윈주의가 정치적·사회적 영역으로 전이된 것'이라 정의했다. 좀 더 정치화된 개념정의에는 베크몽의 정의가 일반적으로 수용되는, 첫째, 인간은 자연의 일부를 구성하고 있으며, 인간 사회의 법칙은 곧 자연법칙이다. 둘째, 이 자연법칙들은 최적자 생존, 생존을 위한 투쟁, 그리고 유전법칙이다. 셋째, 인류의 안녕을 위해서는 사회에서 이 자연법칙들이 제대로 작동하도록 보호되어야 한다(앙드레: 141~142). 우생학에서는 흑인은 열등한 인종, 물라토는 퇴보한 인종으로 평가하며 브라질과 같은 열대기후의 사람들은 생물학적, 정신적 성질이 허약한데 브라질 국민이 생물학적으로 퇴보한 좋은 사례라고 주장한다. 브라질과 라틴아메리카의 우생학은 유전적 결함은 한 세대를 지나면 극복될 수 있다는 neo-Lamarckian 입장을 따르고 있다(Telles: 2004, 26).

8) 당시 인간의 기원에 대해서 일원발원설과 다원발원설이 대립적인 관점을 지니고 있다. 두 이론은 인류의 발전을 전제하고 있는데 이 과정에서 '적자생존' 법칙이 적용되어 유럽의 세계 지배와 백인의 다른 인종 지배가 정당화되었다.

인주의적 사회다윈주의와 인종 간 투쟁의 사회학이라 할 수 있는 전체주의적 사회다윈주의로 분류된다. 전체주의적 사회다윈주의가 인종주의자들이라 할 수 있으며, 인종주의자들은 생물학적 차이를 강조하여 이를 정치적·사회학적·형이상학적으로 확장시켰다. 생물학적 열등함의 증거인 흑인들의 피부색과 신체적 형질은 백인들이 이들을 통치할 구실을 제공해 주었다(앙드레: 1995, 173).

지배 엘리트들은 이점을 확대시켜 브라질의 유색인종들에게 적용시켰다. 사회다윈주의는 부정적인 혼혈의 의미의 배경이 되는 인종적 차이와 그 본질적인 위계질서가 존재한다는 것을 전제로 한다. 따라서 사회적 진화론은 인종은 정체되어 있는 것이 아니라 끊임없이 변화되고 '개선'될 수 있다는 것을 강조한다.

사실 백인화와 혼혈성의 이데올로기는 라틴아메리카 대부분의 국가들에서 백인의 우월성을 나타내는 논리로 활용되었다.9) 19세기 말 브라질은 '색의 축제', '혼합 인종의 사회'라고 불릴 정도로 대표적인 혼혈 국가였다. 지식인들은 공개적으로 인종구성이 백인과 원주민의 혼혈인 메스티소 사회를 이루고 있으며 20세기에는 메스티소가 백인으로 바뀌길 희망한다.10) 이런 논리는 흑인이 혼혈 때문에 3세대가 지나면 모두 백인으로 변한다는 주장으로 확대되었다.

혼종성에 대한 이런 논의는 인종적 혼혈이 폭넓게 진행된 현실을 적절하게 설명하지 못했다. 브라질은 백인-흑인의 이중구조가 아닌

---

9) 19세기 초 루소의 인간의 완전가능성(Perfectibility)과 인간의 평등성에 대한 인본주의 사상이 확대되었으나, 브라질에서는 Comte de Burron가 '인간과학', Cornelius De Pauw의 덜 복잡한 구조 때문에 열등하다는 '퇴보' 개념 등이 수용되면서 인본주의보다는 인간의 차이를 인정하는 사상들이 수용되었다. 여기에는 브라질 엘리트들이 지니고 있는 서구중심주의적 사고가 기저에 깔려 있다(Schwarcz: 1993, 47~48).

10) 1911년 7월 파리에서 개최된 제1회 세계인종회의에서 브라질 대표인 주앙 바티스타 라세르다(João Batista Lacerda)가 제안했다(Schwarcz: 1993, 3~4; Skidmore: 1999, 78; Skidmore: 1993, 65).

백인-물라토-흑인으로 이루어지는 피라미드 구조를 형성하고 있었다. 니나 로드리케스는 범죄에 대한 책임성의 수준에 따라 혼혈인들을 서열화시켰는데, 범죄에 대해 완전히 책임질 수 있는 우월형, 부분적으로 책임질 수 있는 퇴보형 그리고 흑인과 인디오같이 축소된 책임성만을 지니고 있는 사회적으로 불안정한 형으로 분류했다(Skidmore: 1993, 59). 그의 연구는 지니고 있는 혼종성을 인정했다는 것에 의미는 있으나, 혼종성을 인종주의적 관점에서 구분했다는 측면에서 혼종성의 카스트적 특성을 구체화시켰다는 비판을 받았다.

이런 인종적 한계성을 극복하기 위한 대안으로 백인화에 대해 본격적으로 논의되었다. 백인화 이데올로기는 브라질의 인종구성이 비백인으로 변화되는 현실을 과학적 인종주의 이론으로 조정하기 위해 엘리트들이 채용한 것이었다. 1889년에서 1914년까지 대부분의 브라질 엘리트들은 브라질 사회가 서구 문명이 규정하고 있는 질서와 진보를 강조하고, 단일한 민족적 이데올로기를 형성하기 위한 논쟁에서 사회 발전 단계를 백인과 백인 문화가 지배하는 사회로 발전해 가는 과정으로 규정하면서 백인화 이데올로기를 수용했다. 백인화는 백인이 인종적·문화적 우월성을 지니고 있는 사회 발전 단계론을 주장한다. 이에 따라 가장 낮은 계층은 흑인과 원주민이며, 중간 계층으로는 메스티소와 물라토라는 혼혈인들이며 최상층에는 백인들이 위치한다.[11] 백인화가 가능한 이유는 흑인이 출생률이 낮고, 질병에 잘 걸

---

11) 유럽의 과학적 인종주의는 인간의 두개골의 크기와 모양에 따라 각각의 인종집단을 계층화시켰다. 골상학자인 프랑스의 George Cuvier가 그동안 '사람'과 '민족'으로 구분되는 인류를 '인종'이라는 개념으로 구분하기 시작했다. 범죄학을 연구하던 이탈리아의 세자르 롬브로소(C. Lombroso)가 '범죄행위의 생물학적 특성' 연구를 통해 범죄성은 육체적이고 유전적인 현상이라고 결론 내리면서 인종 간의 발전 수준이 존재함을 강조했다. 이에 세계 국가들을 분석하는 기준으로 인종이 제시되면서 인종차별주의가 확대·재생산되었다.

리고, 무질서한 사회 조직 등으로 백인보다 인구 성장률이 낮으며, 흑·백 혼혈이 우성인 백인을 낳게 되고 더 밝은 피부색을 지닌 파트너와 결합하기 때문이다(Skidmore: 1995, 64~65). 모더니즘 운동이 한창일 때 올리베이라 비아나는 인문지리학과 인문사회학적인 연구를 통해 브라질인의 조상(식민 이후)들이 백인화 과정에 있었음을 실증적으로 입증했다.[12] 그렇지만 유럽과 미국에서 수용되던 인종 간 절대적 차이를 수용하지는 않는다. 대신에 중심적인 개념으로 브라질 인종적 진화의 열등적 수준을 지적했다(Skidmore: 1993, 200~201). 또한 파울루 프라두는 모든 인종은 정신적 능력과 문명 적응성은 동일하다고 주장하면서 환경적인 요소들이 인종적 기원보다 더 많은 영향을 미친다고 주장한다. 이로써 과학적 인종주의는 환경결정론이라는 또 다른 과학에 의해 새로운 논쟁이 시작되었다. 프라두 역시 백인화를 부정하지 않는다. 많은 엘리트들이 브라질의 인종적 유토피아로 생각했던 것처럼 백인화와 백인문화가 브라질의 국가정체성으로 여겨지고 있었다. 논의가 진행되면서 인종적인 열등성과 우월성이라는 용어들은 사용하지 않게 되지만 대신에 브라질 인종문제를 해결하기 위해 '민족 통합(Ethnic Integration)'이라는 개념으로 발전시켰다(Skidmore: 1993, 207).

브라질에 수용된 유럽의 인종이론들은 국가정체성을 형성하는 과정에서 보수적이고 권위적인 도구가 되어 이미 형성되어 있는 사회 위계질서를 보존시키는 방향으로 적용되었다. 또한 사회다원주의에서 흑인들은 어떤 문명을 만들지 못한 '원시종'으로 백인 식민 지배

---

12) 1872년과 1890년의 인구조사에서 인종적 비율의 변화를 통해 백인화가 진행되고 있다고 평가한다(Telles: 2004, 31).

자들이 원시적인 아프리카 사회구조를 변화시켜야 하는 것처럼 흑인과 흑인 문화는 개선할 대상이었다. 브라질 엘리트들의 인종적 유토피아는 백인들이 전체 인구를 구성하고 서구문화를 즐기는 열대지역에서 문명화된 백인이었다. 이 과정에서 흑인들은 노예제가 폐지되었음에도 사회의 완전한 일원으로서의 존재론적 가치를 인정받지 못하고 대상으로서 객체화되는 과정을 겪게 된다.

2. 지배 이데올로기로서의 인종 민주주의

이와 같은 인종 논쟁 속에서 인종 민주주의 개념의 등장은 그동안 체계 없이 전개되어 온 논쟁을 체계적으로 정의하고 있을 뿐만 아니라 브라질의 사회문화를 선진적인 것으로 포장하기에 적절해 보였다.[13] 인종 민주주의가 진정한 민주주의로서의 가치를 지니기 위해서는 억압과 속박을 받고 있는 흑인, 원주민뿐만 아니라 다른 소수민족들이 동등한 권리와 의무를 공유해야 한다. 이런 정치학적인 접근은 인종 민주주의가 사회학적인 개념 정의라고 하는 설명으로 권리와 의무는 논외가 되고 대신에 인종 관계에서 전개되는 물리적 비폭력성만을 강조한다. 그마저도 흑인들이 겪고 있는 폭력적 상황을 완전히 설명하고 있지 않기 때문에 흑인들의 종족적 영토성의 필요성은 끊임없이 제기된다.

제2차 세계대전 이후 인종주의를 주장하던 독일이 패망하고, 그동

---

13) 인종 민주주의는 질베르투 프레이리가 1944년 강의에서 '인디언들의 교육에서 지나친 가부장적이고 권위주의적인 방법이 브라질의 사회적·종족적 민주주의를 위한 첫 번째 스케치에 반하는 발전이다'라고 언급한 것에서 시작되었다. 여기서 민주주의 개념을 설명할 때 정치제도보다는 형제애나 유동적인 사회관계를 설명하는 스페인적인 개념을 채용한다(Telles: 2004, 33).

안 군대, 공공서비스와 공립학교에서 분리정책을 유지해 오던 미국이 이를 폐지하면서 브라질은 그동안 인종문제에서만큼은 미국보다 선진적인 형태를 이루고 있다는 자긍심을 잃게 되어 어떻게든 미국의 인종관계와는 다른 형태를 이루고 있음을 설명하기 위해 많은 논의들을 진행시켰다.[14] 이 과정에서 브라질의 인종관계가 더 인도적인 시스템을 유지하고 있다는 것을 강조한다.

인종 민주주의는 백인들이 권력을 장악하지 못하고, 인종적 자의식이 거의 없다는 것에서 출발해서, 식민기간부터 혼혈성이 지속적으로 일어나는 곳, 메스티소들이 교육을 잘 받는다면 엘리트 집단에 들어갈 수 있는 곳, 인종적 편견이 없는 곳으로 믿고 있는 신화이다. 인종차별이 없기 때문에 노예들에게 가해진 억압과 착취도 인도적이고 견딜 수 있는 수준이었다고 주장한다. 이처럼 인종 민주주의는 이베리아의 인종 예외주의론에 근거하고 있다.

질베르투 프레이리는 브라질이 완전히 인종적 편견을 드러내지 않는 것은 아니지만 사회적 격차가 인종과 피부색보다는 계급적인 차이의 결과에서 비롯된 것이라고 주장한다. 그것은 브라질 흑인들이 사회적 이동성과 문화적 표현의 기회를 제공받고 있기 때문에 흑인들이 자의식을 발전시키지 않는다는 설명으로 이어진다. 또한 브라질에서는 명백하게 흑인이 아니라면 백인으로 간주되고 있어, 흑인들이 빠르게 사라지게 되거나 백인집단으로 병합될 것이라고 주장한다 (Costa: 2000, 234). 표면적으로는 브라질의 흑인성을 인정하면서도 여

---

14) 미국은 전후 20년간 차별 없는 고용, 연방정부의 개방, 소수 민족 고용 등 많은 인종차별철폐법안과 정책들을 시행했다. 차별철폐를 위한 제도들이 마련되어 외형적인 측면에서는 많은 진전을 보였다고 할 수 있다. 물론 그 정책이 구체적으로 실행되는 단계에서는 많은 사회적 논란이 있었던 것도 사실이다.

전히 지배엘리트들의 인종적 유토피아인 백인화를 옹호하고 있다. 반인종주의자로 여겨지던 그의 주장은 결국 평범한 흑인이 빈곤을 탈피할 수 있는 가장 좋은 기회로 백인이나 밝은 피부의 물라토와 결혼하는 것이라는 믿음을 심어주었다.[15] 이런 측면에서 볼 때 인종 민주주의도 백인들의 지배이데올로기라고 할 수 있다.

지배이데올로기임을 보여 주는 예는 인종 민주주의가 대두되는 당시의 브라질 상황이 뒷받침해 준다. 포르투갈 리스본에서 개최된「포르투갈인과 포르투갈인 후손들 간의 사회적·문화적 관계에 인종혼혈이 미친 영향들」이라는 강연에서 휴머니티에 미친 포르투갈－브라질 문명의 가장 중요한 요소로 '사회 민주주의'라고 언급한다(Guimarães: 2006, 4). 이베리아의 예외론에 영향을 받은 그는 영국의 정치 민주주의와 사회 민주주의를 대비시킨다.[16] 이런 논쟁은 브라질 민주주의에서 사회적인 내용을 강조하는 민주주의와 파시즘의 대립, 북부의 포르투갈－브라질의 매트릭스와 남부의 다양한 유럽인들의 영향 간의 대립으로 더 설득력을 얻었다. 바르가스의 등장과 신국가 체제로의 전환이 이루어지던 시점에 등장한 인종 민주주의는 정치적 상황과도 밀접한 관련성을 지니고 있었다.

이 점에서 인종 민주주의는 신국가체제 기간 정치적 '협력', '합의', '타협'에서 시작되었다. 즉, 이데올로기일 뿐만 아니라 전후 브라질의

---

15) 흑인운동은 백인화와 혼혈과 인종 민주주의의 통합을 주장하던 질베르투 프레이리를 흑인과 흑인문화를 말살하는 대량학살을 선동했다고 비판했다(Telles: 2004, 34).

16) 이베리아인의 예외론적 인종관은 라틴아메리카 식민 본국인 포르투갈과 스페인은 가톨릭 국가이며, 이베리아 역사와 문화에 무어인이 녹아 있고, 아프리카 흑인노예들의 해방 비율이 상대적으로 높고, 노예들에 대한 가혹한 행위가 상대적으로 약했다는 주장으로 라틴아메리카 국가들이 미국과 남아공 사회와 비교했을 때 상대적으로 인종차별이 적다고 주장하는 것으로 인종 민주주의의 출발적 논의라고 할 수 있다 (Hanchard: 1994, 45).

계급사회에 흑인의 통합을 위한 전술적인 측면에서 고려되었다는 것이다. 국가적 상징화뿐만 아니라 정치, 경제, 사회적인 측면에서 필요했기 때문이었다. 이 때문에 사회적 관계인 인종문제를 정치적 의미와 정부형태와 관련 있는 민주주의라는 개념으로 설명하고 있다. 특히, 인종 민주주의는 독재체제인 신국가체제를 구축하고 있던 바르가스가 국가통합 이데올로기로 활용하면서 브라질 사회를 바라보는 하나의 시각으로 고착화되었다.

인종 민주주의는 다양한 의미로 수용되기 때문에 '인종적 천국'이라는 유토피아로 받아들여진다. 많은 백인들과 흑인들이 인종 민주주의 개념을 인정한다. 특히, 1930년에 조직된 브라질 흑인전선(Frente Negra Basileira)[17]도 이 점에 대해서는 반박하지 않았다. 이런 입장은 1945년 민중주의적 민주주의가 구현되어 흑인 실험 극단(Teatro Experimental do Negro)이 결성되면서 변화되었다. UNESCO가 브라질의 인종 민주주의에 대한 연구를 진행하면서 인종적 차별이 존재함이 드러났다. 브라질에도 인종적 편견과 차별이 존재하지만 이것은 산업화, 도시화, 자본주의 발전이 이루어지면서 사회적 대립과 경쟁이 증가했기 때문이라는 수정주의적 입장을 나타냈다. 반덴베허(Van den Bergh)는 인종 패턴이 온정주의적인 모델에서 경쟁적인 모델로 변모했다고 분석한다. 즉, 브라질 인종관계가 편견이 필요 없는 화해 중심의 인종관계 시스템에서 편견이 필요한 경쟁 중심의 시스템으로 이동했다는 것이다. 이런 설명이 인종관계의 변화는 설명하지만 보편적 가치가

---

17) 민족주의와 반이민 입장을 표방하며 1930년에 정당이 되었다. 흑인은 사회이동성을 통해 브라질 사회에 통합된다고 보았다. 흑인전선 구성원들은 바르가스의 집권을 지지했으나, 1937년에 정당 활동을 금지되면서 해체되었다(Telles: 2004, 37)

시대적 상황에 따라 결정되고 권리 박탈이 정당화되는 모순을 지니고 있다. 경쟁적인 관계는 인종을 집단으로서 보기도 하지만 개인으로 보는 현상을 나타내기도 한다. 그래서 수정주의자들이 주장하는 인종 민주주의는 백인과 일부 흑인들이 제한되고 상호 모순된 방법이기는 하지만 혜택을 입었다고 주장한다. 백인화 믿음에서 비롯된 편견의 부정, 인종구분범주로서 물라토의 인정, 백인엘리트 집단에 개인적인 흑인의 수용 등이 흑인들이 인종 민주주의로 얻은 것들이라면, 이런 것들로 인해 인종정체성을 형성하기 어려웠던 것은 분명 흑인들이 더 평등한 사회를 구성하기 위한 힘을 결집시키는 데 부정적으로 작용했다.[18] 자수성가한 흑인은 백인 엘리트 집단 내에서 미묘한 형태의 편견과 차별을 받지만 겉으로 드러내지 않는다. 사실 이들은 인종 민주주의의 가장 많은 혜택을 받은 대상으로 보이기도 한다.

인종패턴과 신화 형성 과정은 후원주의(Clientele and Patronage)로 설명될 수 있다. 식민기간 소수의 백인들이 생산수단의 독점과 대중들의 경제, 사회, 정치적 참여 기회의 제한이 후원주의의 토대가 되었다. 이러한 시스템에서 다수인 가난한 백인, 자유 흑인, 물라토들은 백인엘리트의 수혜자일 수밖에 없다. 사회적 이동성은 시장의 직접적인 경쟁을 통해서 일어나는 것이 아니라 백인 엘리트에 소속되는 후원제도를 통해 이루어진다. 이 때문에 브라질에서 흑인들의 숫자가 증가하는 것이 문제가 되지 않았다. 흑인들이 사회활동을 하기 위해서는 백인엘리트들의 승인이 있어야 하기 때문이었다. 그러나 19세기

---

18) 이 과정에서 백인 엘리트들은 엘리트 집단에 수용된 개인으로서 흑인을 '백인의 정신을 지닌 흑인'이라 불렀다. 대표적인 인물이 19세기 대표적인 브라질 소설가인 마샤두 아시스(Machado de Assis)와 1930년대 흑인의 열등성을 설파한 인류학자인 니나 로드리게스(Nina Rodrigues)이다(Costa: 2000, 240; Telles: 2004, 27).

중반 대규모 이민으로 인구성장이 급격하게 진행되고 국내 시장도 증가했으며 정치가 변화됨에 따라 백인엘리트의 후원주의는 그 영향력이 점진적으로 약화되기 시작했다. 이런 관계가 지속되면서 편견과 차별적인 현상이 나타나기 시작했다. 이런 과정을 인정한 수정주의자인 옥타비우 이아니(Octávio Ianni)는 인종 민주주의가 완전하진 않지만 브라질에서 민주주의 발전에 중요한 기여를 했다고 주장한다.

브라질에서 인종 민주주의 신화가 완전히 사라지지 않았다. 도시 지역에서는 약화되었지만 농촌지역에서는 토대가 되는 수혜−후원주의가 여전히 존재하고 있기 때문이다. 또한 여전히 인종 민주주의는 전통적인 브라질 사회를 설명해 주는 것일 뿐만 아니라 현재의 변화를 설명하고 있다고 주장한다. 그러면서 인종 민주주의는 과거의 진실에서 현재의 신화가 되었다.

IV. 킬롬비즘의 흑인 유토피아

1. 킬롬비즘과 범아프리카주의

1930년대 전위적인 흑인운동은 킬롬보를 노예제 폐지 이후 브라질 발전 모델에 의해 파편화된 흑인 정체성을 확인하고 유지하는 것으로, 결속력을 높여 주는 요소로서, 표현 능력과 변화를 유도하는 지표로 인식했다(Leite: 2000, 340). 또한 킬롬비즘은 현재와 미래를 찾는 것이며 아메리카 대륙의 흑인들이 더 나은 세상을 추구하는 것이다. 이 투쟁은 비인간적인 파괴와 인종주의의 희생자인 원주민들의 해방과 분리될 수 없다. 흑인 사회 전체를 대변하지는 않지만 다수가 동의하는 흑인운동은 여전히 킬롬보를 통해 흑인들의 정체성과 결속력을 형성하려고 하는 의도를 지니고 있다.

킬롬비즘은 디우프(Cheik Anta Diop)와 윌리엄스(Chancellor Williams)의 내용과 유사하다. 이 접근방법은 브라질 흑인의 현재 상황을 체계적으로 해석하려고 시도하고 이러한 조건을 변화시키기 위한 정치활동 플랜을 제공하려고 한다. 나스시멘투는 과학, 기술, 문화에서 흑인의 성취들을 강조함으로써 아프리카 흑인 공동체의 집단적 기억을 통제하려는 백인으로부터 탈환하려고 한다. 더욱이 나스시멘투는 서구인의 충격과 그들의 비서구 세계의 식민화가 만든 흑인의 황폐화를 설명하려고 한다. 이런 측면에서 킬롬비즘은 여전히 명확하지는 않지만 지식적 도구를 나타낸다(Nascimento: 1980, 92).

킬롬비즘은 반제국주의이며 범아프리카주의와 연결되어 있고, 착취, 억압과 가난뿐만 아니라 인종, 피부색, 종교와 이데올로기에 대항하여 투쟁하고 있는 전 세계 모든 사람들과 급진적인 연대를 이루고 있다. 사실 흑인 민족주의는 그 자체가 세계주의자이고 국제주의자일 수밖에 없다. 민족주의 운동으로서의 킬롬비즘은 해방을 위해 투쟁하는 모든 사람들이 자신의 문화 정체성과 역사적 경험에 기초해야 한다(155).

킬롬비즘은 범아프리카주의에서 사상적 토대를 찾을 수 있다. 디오프(Diop)[19]는 아프리카의 문명을 재해석하면서 흑인들이 이집트 문

---

19) 세네갈의 디오프는 이집트 문명은 서구 세계가 주장하는 것처럼 백인이나 백인에 가까운 인종이 만든 것이 아니라 흑인들이 만든 것이라 주장하고, 아프리카의 거의 모든 문명들은 이집트 문명과 긴밀한 관계를 형성하고 있다고 본다.

명을 만들었다고 주장하고, 브라질 흑인 문화에 많은 영향을 미친 요루바족과 이집트 문명이 같은 원시적인 서식지를 공유하고 있었다는 역사적 사실에 근거하여 아주 긴밀한 관계를 형성하고 있었다고 주장한다. 그 예로 오시리스(Osiris)와 이시스(Isis)의 아들인 호루스(Horus)의 라틴아메리카화된 이름이 오릭샤(Orisha)라는 것이다. 나이지리아의 루카스(Lucas)는 『오루바의 종교(1948)』에서 이집트와 요루바의 관계를 설명하는데, 우선 언어적인 유사성과 동질성, 종교적 믿음의 유사성과 동질성, 종교적인 생각과 제례의 유사성과 동질성, 관습, 지명과 인명의 유사성을 들고 있다(Nascimento: 1980, 146).

킬롬비즘은 아메리카에서 아프리카인들에게 가장 좋은 세계를 추구하는 것이며, 유럽의 식민주의와 상속자들이 들여오고 강요하는 인종주의와 방자한 파괴자들의 희생자인 원주민들의 해방과 동일한 것이다(Nascimento: 1980, 148). 킬롬비즘은 다양한 역사적 시간과 지리적인 환경의 필요성을 충족시키기 위해 끊임없이 재생시키고 재근대화하는 과정이다. Beatriz Nascimento는 킬롬비즘을 "해방이 이루어지는 곳, 종족적·선대적 관계가 회복되는 곳"으로 정의한다. 따라서 모든 수준의 흑인 생활이 녹아 있는 브라질 흑인의 개성이며, 전통을 중시 여기는 민족주의적인 특성을 지니고 있다. 그렇지만 민족주의에 포함되어 있는 외국인 혐오증을 의미하지는 않는다.

나스시멘투는 킬롬보를 노예화된 아프리카인들의 생명을 위협한 결과물이며 억압된 상태에서 도망을 통해 자신들의 자유와 인간적 존엄성을 회복하기 위해 만든 생존 가능한 자유사회라고 정의한다. 킬롬보가 시간적·공간적 다양성이 높은 것은 진정한 영속적인 사회정치적 운동이라는 것을 보여 준다. 그래서 킬롬보는 초기 단계를 지나면 즉흥적인 조직에서 조직적이고 지속적인 생활 형태로 변했다. 자신들을 방어하고 경제, 사회, 정치조직을 보호하기에 유리한 접근이 불가능한 깊은 숲 속이나 정글에 완전히 독립적인 공동체로서 연합적인 형태를 갖추었다. 이와 같이 아프리카인의 사회적 현상들의 복잡성, 혹은 브라질 흑인의 프락시스를 킬롬비즘이라고 정의한다 (Nascimento: 1980, 151)

2. 흑인의 유토피아

킬롬비즘은 유럽중심주의의 정신적 식민화에서 비롯된 백인 우월주의, 백인화, 유럽 문화의 우수성과 같은 식민성을 거부한다. 이런 측면에서 단순히 도망노예들이 만든 공간만을 의미하지는 않는다. 킬롬보는 존재론적 가치, 공존, 연대, 자유와 형제애 집단이라 할 수 있다. 또한 사회는 경제적 평등주의에 기초하고 있는 정치사회적, 인간적인 발전 단계였다.

흑인의 집단적인 프로젝트는 자유, 정의, 평등과 인권이 존중되는 사회, 태생적 특성이 경제적·인종적 착취가 불가능한 사회를 만드는 것이다. 또한 진정한 민주주의를 실현하는 것인데, 정치·사회와 경제적 제도의 폐용된 형태와 형식을 복원하는 것이 아니다. 단순한 복원은 기존의 사회경제적, 정치적 구조의 급진적인 변화와 함께 이루어지는 완전한 해방을 지연시킬 뿐이라고 비판한다.

킬롬비즘의 사회는 경제적 평등주의 측면에서 가장 앞선 사회정치적, 인류 진보 단계를 나타낸다. 하나의 경제시스템으로서의 킬롬비즘은 브라질 환경에 아프리카 전통의 공동체주의(Communitarianism)와 우자마아(Ujamaa)20)를 적용한 것이다. 아프리카의 전통적 경제시스템에서 생산관계는 기본적으로 자본주의 경제에서 이루어지는 것과 다르게 노예화된 아프리카인의 생명 비용과 같이 인적 비용(Human Cost)에서 이익의 개념을 찾을 수 있다. 킬롬비즘은 변증법적인 상호작용이 인간의 창조적인 능력을 완전히 실현할 수 있게 하는 다양한 수준의 집단생활과 연결되어 있다. 경제의 기본적인 요소와 요인은 집단적인 소유와 이용에서 비롯되며 직업은 처벌, 억압과 착취가 아니라 시민이 권리와 사회적 의무를 향유하는 인간 해방의 한 형태이다.

킬롬보가 역사성을 바탕으로 부활하고 그곳에 거주하는 사람들에게 공동 토지소유권을 인정해주는 것은 킬롬보의 재의미화였다. 이런 면에서 도망 노예들이 만든 전통적인 킬롬보와 현재의 킬롬보는 구분될 수 있다. 그렇지만 모든 킬롬보는 노예 노동자들의 저항의 역사를 지니고 있다. 즉 객관적 역사를 파괴함으로써 과거와 전통을 재발견할 수 있는 여지가 생겼다. 과거와 전통은 지적, 문화적, 정치적 속성에 따라 조정되고, 정의되며 재발견된다(Fiabani: 2007, 8~9). 이런 논의에서 킬롬비즘이 주장하는 요소들은 흑인들이 지니고 있는 오래된 이미지를 바꿀 뿐만 아니라 정치적, 사회적, 문화적 지형을 바꿀 수 있는 요소라 할 수 있다.

킬롬비즘은 전제 조건과 원칙 등을 포함하여 많은 것들을 주장하지만 여기서는 흑인의 인종적 유토피아를 구현하는 데 가장 긴밀한 관계를 지니고 있는 몇 가지 요소들에 대해서 분석하고자 한다. 첫째, 반

---

20) 확대가족 혹은 가족애라는 스와힐리어에서 유래되었는데 탄자니아의 줄리어스 니레레 대통령이 아프리카의 발전 모델로 아프리카 사회주의를 나타내는 상징적인 용어로 사용했다. 민주주의 창달을 통해 사회, 경제, 정치적 평등의 제도화를 추구했다(위키피디아).

인종주의, 반자본주의와 반제국주의 혁명을 실현하는 것을 목표로 하고 있다. 앞 장에서 논의한 바와 같이 인종주의와 제국주의가 긴밀한 관계를 맺고 있기 때문에 인종질서와 국제질서를 변화시키는 것은 같은 작업일 수 있다고 본다. 이를 통해 인종주의의 모순에서 벗어나 인종적 평등을 위한 토대를 마련하고자 한다. 둘째, 민주적·평화적 수단에 의한 생산관계의 변화를 추구한다. 생산관계가 흑인들의 차별적 상황을 고착시키고 있으며 흑인들의 삶의 질을 변화시키지 못하고 있다고 분석한다. 그 변화가 민주적인 방법 혹은 아프리카적 전통에 기초한다면 차별이 없는 사회를 만들 수 있다고 본다. 셋째, 커뮤니케이션과 협력원칙에 토대를 둔 경제조직을 통해 인간행복의 증진을 촉진한다. 상호 간의 적절한 협력을 통해 경제조직을 운영함으로써 경제운영에서 나타날 수 있는 본원적인 문제들을 해결할 수 있다. 넷째, 생산수단의 집단적 사용과 그 생산물을 공정하게 분배한다. 생산과 소비가 공동체 내에서 일어난다면 공동체의 결속력을 높일 수 있다는 것이다. 이는 자본주의 경제시스템을 거부하고 공동체적인 경제적 삶을 요구하는 급진적인 것이라 할 수 있다. 전체적인 경제시스템을 변화시키지는 못하지만 현재의 킬롬보가 빈민과 토지개혁을 위한 대안적인 요소를 지니고 있어 정치 전략으로서의 활용 가능성은 매우 높다. 다섯째, 평등주의적 민주주의에 토대를 둔 정부시스템을 구축하는 것이다. 민주정부가 인종 차별과 편견이 없는 가장 이상적인 정치시스템이라고 파악하고 있다. 여섯째, 모든 주요 정부 요직의 절반 이상의 여성을 할당할 것을 주장한다. 여성은 흑인만큼이나 차별적 환경 속에서 살아왔으며 이런 여성들을 보전시켜 주는 것은 평등 사회를 추구하는 기본적인 요소라고 보았다. 일곱째, 기본적 인권으로서 종교적 자유,

교육, 고용 안정을 보장해 줄 것을 주장한다. 그동안 흑인들이 경험한 차별과 억압적 요소들인데 이를 극복함으로써 인종적으로 평등한 사회를 구성할 수 있다고 본다(Nascimento: 1980, 151).

이러한 프로그램은 절충주의와 유토피아적 이상주의가 확실하지만 자신들의 입장에서 비판하고 있는 것이다. 더욱이 킬롬비즘과 다른 이데올로기의 명백한 유사성은 브라질 흑인의 이데올로기로서 독특한 기원으로부터 떨어진 것이 아니기 때문이다. 킬롬비즘이 정치활동을 하는 많은 사람들에게 전파되어 민주화 과정에서 흑인들이 자신들의 정체성을 회복할 수 있는 많은 법안들을 통과시키고 시행하는 결과를 가져왔다는 것은 킬롬비즘이 여러 가지 이데올로기로서 정치 전략으로서 단점을 지니고 있음에도 불구하고 브라질이 인종적으로 좀 더 민주적인 사회로 진행하는 데 이바지했다고 할 수 있다.

이와 같은 주장을 하는 킬롬비즘은 1980년대 흑인저항이데올로기로 문화적 급진주의와 정치적 급진주의가 결합된 것이다. 표면적으로 아프리카 중심주의(Afro-centrism), 전통의 발견과 흑인 문명화 과정에서 영향을 받았으며, 1960년대 브라질 민족주의의 토대가 되었던 마르크시즘에 영향을 받았다. 따라서 흑인 브라질인의 해방은 자본주의 수탈로부터 브라질 국민 전체가 해방되는 것을 의미함으로써 흑인이라는 인종적 스펙트럼을 뛰어넘는 이데올로기로 발전하고 있다.

V. 나오면서

인종주의는 브라질뿐만 아니라 서구 문명의 근간을 이루고 있다.

대항해 시대 이후 서구문명은 여타 문명에 접근하는 과정에서 우월성에 기초해 다양한 접촉을 시도했으며 이 때문에 만나는 모든 인종과 문명은 교화의 대상이었다. 이런 시각은 인종적인 측면뿐만 아니라 모든 사안에 대해 서구문명이 바라보는 관점이라 할 수 있다. 본론에서 살펴본 바와 같이 브라질의 경우에도 동일한 역사적 경험을 지니고 있다. 서구문명의 직접적인 지배를 통해 쌓은 수많은 경험들이 이런 것들을 증명하고 있다.

서구문명이 만든 사탕수수 농장에서 노예인 흑인은 이런 관계를 그대로 반영한다고 할 수 있다. 반대로 도망 노예들이 만든 킬롬보는 서구 문명이 직접 지배하는 억압적인 제도 속에서 흑인들이 자신들만의 해방구를 찾고 영토성을 통해 정체성을 유지시키고 형성해 가는 과정이었다. 노예제 폐지 이후 나타난 도시지역의 파벨라는 브라질 흑인들뿐만 아니라 사회, 경제적으로 소외된 집단이 독특한 문화 양식을 형성하며 기존의 사회 질서와 격리되어 영토성을 형성하는 또 다른 형태라 할 수 있다. 이런 과정은 산업화와 도시화가 지속되면서도 끊임없이 제기되는 문제이기도 하다. 이런 과정은 브라질 백인들이 꿈꾸는 인종적 유토피아를 실현하는 데 장애가 되는 요소들을 어떻게 주류문화에서 배제시킬 것인가를 고민하는 논의로 확대되었다. 혼종성, 혼혈성, 백인화 인종 민주주의는 결국은 백인들의 인종적 유토피아를 실현하기 위한 정치사회적 기제였음을 알 수 있다.

킬롬비즘에서 인종은 환경적·역사적인 요인의 복합적인 구성에서 비롯된 육체적 특징을 지닌 인간집단으로 정의된다. 외형적인 모습만큼이나 성격, 특성, 감성과 같은 심리학적인 요소들이 유전학적, 사회, 문화, 지리, 역사적인 요인들이 집합된 복합체에 영향을 미친다.

이와 같이 오랜 역사적 경험 속에서 알 수 있는 바와 같이 백인과 흑인의 조화, 대립과 갈등은 브라질의 사회관계를 설명해 줄 뿐만 아니라 정치, 경제적 관계를 설명하고 분석하는 하나의 틀이 되고 있다. 백과 흑의 권력관계의 변화가 브라질 사회를 변화시키기도 하지만 변화된 환경이 백과 흑의 관계를 변화시키기도 하기 때문이다. 결국 두 인종적 유토피아가 만나 만드는 사회가 곧 브라질 사회라고 할 수 있다.

참고문헌

김영철(2003), 「브라질 문화와 흑인」, 부산, 세종문화사.

앤드레 피쇼, 이정희 역(1995), 「우생학: 유전학의 숨겨진 역사」, 서울, 도서출판 아침이슬.

Costa, Emília Viotti da(2000), "The Myth of Racial Democracy: A Legacy of the Empire," in 『The Brazilian Empire: Myths & Histories』, Chapel Hill, University of North Carolina Press.

Gomes, Flávio dos Santos(2004), "Slave, Black Peasants and Post-Emancipation Society in Brazil", *Social Identities,* Vol.10, No.6. pp.735～756.

Guimarães, Antonio Sérgio Alfredo, "Depois da democracia racial", *Tempo social*, revista de sociologia da USP, V.18, n.2, pp.269～287

Hanchard, Michael George(1994), *Orpeus and Power: The Movimento Negro of Rio de Janeiro and São Paulo, Brazil 1845-1988*, Princeton, Princeton UnⅣ. Press.

Leite, Ilka Boaventura, "Os Quilombos No Brasil:Questões Conceituais e Normativas", *Etnográfica*, Vol.IV(2), pp.333～354.

Naro, Nancy Priscilla(2000), *A Slave's Place, A Master's World,* London, Continuum,

Nascimento, Abdias do(1980), Quilombismo: an Afro-brazilian Political Alternative, Journal of Black Studies, Vol.11, No.2. pp.141～178

Nascimento, Elisa Larkin(2003), *O sortilégio da Cor*, Selo Negro, São Paulo,

Risério, Antonio(2007), *A Utopia Brasileira e os Movimentos Negros*, Editora 34.

Schwarcz, Lilia Moritz(1993), *The Spectacle of the Races*, Hill and Wang, New York.

Skidmore, Thomas E.(1993). *Black into White*, Duke University Press, London.

Skidmore, Thomas E.(1999), *Brazil: Five Centuries of Change*, Oxfor UnⅤ. Press. Oxford.

Telles, Edward E.(2004), *Race in Another America: The Signicance of Skin Color in Brazil*, Princeton, Princeton UnⅣ. Press.

Torres, Arlene and Noman(1998), *Blackness in Latin America and the Caribbean*,

Valladares, Licia(2000), "A Gênese da Favela Carioca: A Produçao Anterior às Ciência Sociais", *Revista Brasileira de Ciências Sociais*, Vol.15, No.44. pp.5～34.

Ujamaa, http://en.wikipedia.org/wiki/Ujamaa(2009.7.25)

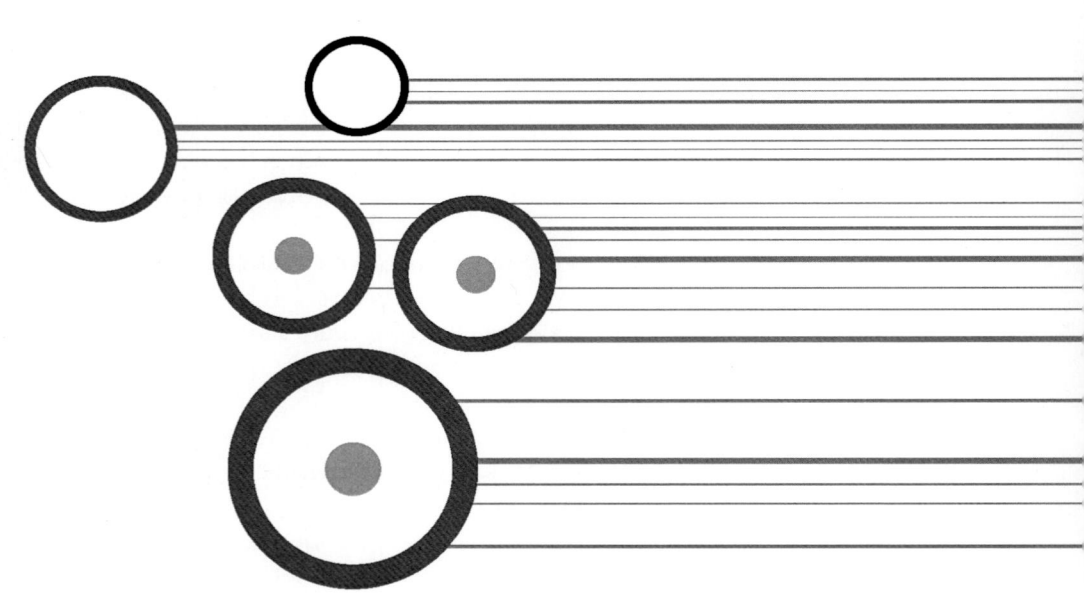

브라질 – 콜롬비아의 국경과 영토:
삶과 역사적 공간으로서의 접경지역

차경미 · 김영철

I. 서론

근대사 속에서 전개된 라틴아메리카의 영토분쟁은 동일한 역사적 유산을 놓고 분쟁국 모두 이를 자국의 역사라고 주장하는 데서 비롯되었다. 라틴아메리카에 국토의 근대적 관념이 도입된 지 채 200년이 되지 않는다. 18세기 말 이전까지 라틴아메리카의 지도는 국가 간의 영역과 그 경계가 뚜렷하게 표시되어 있지 않았다. 19세기 독립전쟁 이후 라틴아메리카 지역 분할선이 바뀌었고 국가 간의 경계도 형성되었다. 독립전쟁 동안 정치엘리트들은 권력을 효과적으로 중앙집권화하는 데 실패했고, 전쟁은 지속적으로 탈중앙집권화의 역사를 만들었다. 각 지역은 스페인에 대항하여 단일한 권력을 형성하는 대신에 서로 경쟁함으로써 분열했다(López: 2003, 169). 각 지역 엘리트들의 갈등과 전쟁은 라틴아메리카지역 국가들의 국경변경 혹은 형성의 주요 원인으로 작용했다.

독립 이후 전개된 국경선의 불화로 라틴아메리카 지역은 이웃국가들과 무력충돌 및 다양한 강도의 정치적 긴장관계를 유지해 오고 있으며, 그 갈등의 불씨는 항상 존재하고 있다. 그란 콜롬비아 해체 이후 콜롬비아는 베네수엘라, 에콰도르, 파나마와 국경에 대한 자국의 역사적 권리를 주장하면서 영토분쟁으로 인한 이웃국가들과의 불편한 관계를 유지해 왔고, 콜롬비아의 외교관계 역시 국경문제를 중심으로 전개되고 발전해 왔다. 콜롬비아와 인접 국가들은 분쟁지역에 대한 역사 해석 차이로 인해 적대적 갈등관계를 초래했다. 영토분쟁을 통한 역사분쟁은 경제적 이유나 군사전략적 이유 등과 같은 실질적 동기와 연결될 때 힘을 발휘했다.

브라질-콜롬비아의 국경은 1928년 경계선 확정 이후 형성되어 접경지역의 주민들은 양국의 경계선이 확정된 이후에도 동일한 문화권속에 공존하며 살아가고 있다. 국민국가의 경계선이 명확하게 형성된 이후 세계 도처의 접경지역은 공동의 문화공간 위에 놓여 있는 것이 일반적이다. 접경지역에 거주하고 있는 지역민들은 각각 국가의 소속을 달리하지만 하나의 삶의 터전 속에 살아가고 있으며 동일한 문화권 속에서 공통의 정체성을 지향할 가능성을 가지고 있는 경우가 대부분이다. 특히 상호 의존적 경계라 불릴 수 있는 지역의 경우 상호 공생관계를 형성하기도 한다(김승렬 외: 2008, 102).

콜롬비아와 브라질의 국경문제는 경제나 군사와 같은 동기보다는 접경지역에 거주하는 지역민의 종족문제가 상대적으로 강하게 작용했다. 국경은 지역마다 다른 역사적 배경을 가지고 형성되었으며, 또한 오늘날 제각기 의미하는 바가 동일하지 않다. 브라질-콜롬비아의 분쟁지역을 둘러싸고 전개된 양상은 지역의 역사적 특수성 속에서 파악되어야 한다.

　브라질-콜롬비아의 국경분쟁에 관한 기존의 선행연구는 주로 미국의 지원하에 추진된 콜롬비아 우리베 정권의 '국가안보정책'의 결과로서 접경지역으로 이주한 게릴라와 마약문제로 인한 군사적 갈등과 난민문제에 집중되어 있다. 이 글은 군사와 경제적 동기에서 발생한 라틴아메리카 지역의 영토분쟁 사례에서 벗어나 브라질-콜롬비아 양국관계에 영향을 미쳐 온 접경지역 주민의 갈등과 공존의 공간으로서의 국경을 고찰하는 것을 목적으로 한다. 이를 통해 브라질 콜롬비아 양국이 대결의식을 지양하고 국경이 지역민의 현실적인 삶의 공간이자 역사적 공존의 공간임을 재조명해 볼 것이다.

Ⅱ. 세계 주요 국경분쟁 지역과 라틴아메리카

　국경과 주권논쟁은 넓은 의미에서 역사적인 논쟁이다. 정확한 국경선 설정의 기준은 언어를 근거로 한 종속경계와 역사적 근거였다. 역사적 국경론이 현재 국경에 대한 정당화 논리로 작용했기 때문에 이를 둘러싸고 해당국가 간에 역사해석의 갈등이 발생했다. 세계국경분쟁의 양상을 분석하여 고유의 수치로 표시한 Daniel J. Dzurek의 연구를 기초로 세계 주요 국경분쟁 상황을 재구성하면 다음과 같다.

<표 1> 세계 주요 국경분쟁 현황

구분	해상/육상 0.0943	분쟁형태 0.1383	유권국수 0.3900	법적근거 0.0813	협상/판결 0.2961	고유치
Armenia-Azerbaijan	0.297	0.267	0.096	0.081	0.064	0.1279
Belize-Guatemala	0.540	0.554	0.047	0.081	0.140	0.1939
Belize-Honduras	0.540	0.554	0.047	0.081	0.472	0.2922
Brazil-Colombia	0.297	0.046	0.047	0.038	0.140	0.0972
Bulgaria-Romania (해상영역)	0.163	0.133	0.047	0.038	0.140	0.2178
Cambodia-Thailand (해상영역)	0.163	0.133	0.047	0.319	0.140	0.1195
China-India	0.297	0.554	0.047	0.081	0.472	0.2693
China-Korea, South (해상영역)	0.163	0.133	0.047	0.319	0.140	0.1195
Colombia-Nicaragua (San Andrés)	0.540	0.554	0.047	0.038	0.249	0.2227
Colombia-Venezuela (해상영역)	0.163	0.133	0.047	0.319	0.140	0.1195
Egypt-Sudan	0.540	0.554	0.047	0.081	0.249	0.2262
El Salvador-Honduras-Nicaragua	0.163	0.133	0.096	0.319	0.140	0.1386
India-Pakistan (Kashmir)	0.297	0.554	0.047	0.083	0.249	0.2034
Iran-Iraq-Trukey (Kurds)	0.297	0.267	0.154	0.478	0.472	0.3036
Korea, South-Japan (Liancourt)	0.540	0.554	0.047	0.081	0.140	0.1939
Russia-Ukraine(육상/해상)	0.540	0.133	0.047	0.319	0.140	0.1550
남사군도 (Spratly Islands)	0.540	0.554	0.424	0.319	0.472	0.4586
Zambia-Zimbabwe	0.297	0.046	0.047	0.038	0.472	0.1955

출처: Daniel J. Dzurek, IBRU Boundary and Security Bulletin, Winter 1999~2000. p.94 재구성.
※고유치는 분석적 계층화법을 통해 산출된 것임.

위의 수치는 분석적 계층화법(Analytic-Hierarchy Process: AHP)에 따

라 산출된 수치다. 분석적 계층화법이란 상대적 중요도 또는 선호도를 체계적으로 척도화하여 정량적인 형태로 결론을 도출하는 집단의사결정 기법이다. 1980년 미국의 토머스 셔티(Thomas Saaty) 교수의 논문(The Analytic Hierarchy Process)에서 처음 개발된 분석적 계층화 화법분석은 의사결정 계층구조를 가지고 있는 요소 상호 간의 비교에 의한 판단을 통하여 평가자의 지식, 경험 및 직관을 포착하고자 하는 하나의 의사결정 방법이다. 다시 말하면 이 분석법은 다수의 속성들을 계층적으로 분류하여 각 속성의 중요도를 파악함으로써 최적의 대안을 찾아내는 기법으로, 의사결정의 요소들의 속성과 그 측정 척도가 다양한 다 기준 의사결정문제에 효과적으로 적용되어 의사 결정자가 선택할 수 있는 여러 가지 대안들을 체계적으로 순위화시키고 그 가중치를 비율척도로 도출하는 방법이다. 분석적 계층화법의 체계는 다음과 같다. 이 분석법은 개인의 의사결정뿐만 아니라, 집단 구성원들의 의견을 종합하여 최종적인 의사결정에 도달하도록 지원하는 집단의사결정지원도구(group decisionaid)로서도 적절한 방법론이다. 분석적 계층화법은 행렬을 이용한 가중치 산정법이라고도 볼 수 있다. 분석절차는 ① 평가의 개념화(conceptualizing), ② 평가기준 확정 및 계층구조 설정(structuring), ③ 평가기준 가중치 측정(weighting)으로 구성된다.[1]

---

1) Daniel J. Dzurek는 셔티의 분석적 계층화법을 이용하여 국경분쟁에 관한 평가기준에 대한 가중치를 측정했다. 그는 예를 들어 국경분쟁의 타당성 분석에서 현재 3가지 요인 A, B, C를 놓고 어느 곳을 지정해야 할지 선택한다. 그러나 적절한 요인을 찾아내기는 참으로 어려운 실정이다. 따라서 Bottom up 방식으로 접근하여 인종 분쟁, 최근 폭력분쟁, 역사적 증오심, 약한 정부와 제3자의 개입 등의 요소들이 중요한 것으로 나타났다고 가정했다. 국경분쟁의 주요 요소들에 대해 6개의 요소들을 고려해야 하는 상황이 설정되어 있다. 이 경우 18가지 경우의 수가 발생한다. 여기서 선호의 정도를 계량적으로 점수를 부여할 수 있다. 보다 자세한 내용은 Thomas Saaty(1990), "Decision Asking for Leaders" *The Analytic Hierarchy Process of Decision in a Complex World*, Pittsburgh: RWN Pubilcations; Daniel J. Dzurek(1999~2000), "Boundary and Security" *Bulletin*, *IBRU*, *Winter*를 참조하길 바란다.

이 분석에 따르면 고유치가 0.4586인 남사군도가 국경문제로 인한 분쟁이 가장 심각한 상황이라는 것을 알 수 있다. 최근 일본과 중국이 무력 충돌을 비롯한 외교적 논쟁이 계속되고 있는데 협상이나 판결을 통해 해결되기에는 많은 어려움이 있는 것으로 판단된다. 다음으로는 이란, 이라크와 터키가 연루되어 있는 쿠르드 족 문제가 세계 주요 분쟁으로 나타났다. 이 분쟁도 협상이나 판결에 난항이 예상된다. 라틴아메리카 지역은 다른 지역과 비교했을 때 상대적으로 고유치가 낮은 것으로 분석되고 있는데 이는 대부분이 공통의 역사적 경험으로 국경선을 주장하기에는 법적 근거가 매우 약하고 분쟁의 강도도 상대적으로 낮은 것으로 나타났다. 이런 상황을 고려해 보면 라틴아메리카 지역의 분쟁은 협상이나 판결을 통해 해결될 수 있는 가능성이 높다고 할 수 있다. 브라질—콜롬비아 국경분쟁은 영토문제와 관련되어 있으며 분쟁형태, 유권국 수, 법적 근거가 매우 낮아 높은 협상 가능성을 유지하고 있다. 이는 국경 협정이 이루어진 이후 분쟁이나 대립이 발생할 경우 양국이 조정위원회를 통해 협상을 진행하고 있는 결과가 반영된 것이다.

〈표 2〉 국경분쟁의 강화 요인

종족분쟁	종족과 종교 차이	종족 차이	소수종족/ 종교 차이	
최근 폭력 (1989년 이후)	전쟁	무력충돌	사고	비폭력
역사적 적개심	최근 폭력 (1989년 이전)	오래된 폭력 (1900년 이전)	식민경험	증오의 역사
중앙정부의 약함	쌍방이 약한 경우	일방이 약한 경우	쌍방이 강한 경우	
3자 개입	적극적 무기 공급	분쟁 악화	의미 없는 개입	동맹

출처: Daniel J. Dzurek(1999~2000), p.90.

국경분쟁은 지역마다 각각의 원인에 따라 다양한 양상을 보이기 때문에 논의도 다각적인 측면에서 진행되어야 한다. 셔티의 분석법은 국경 분쟁의 특성을 비교적 다양한 측면에서 접근하여 분석하고 있다는 측면에서 매우 유용한 분석 수단이다. 이런 분석과정에서 다니엘은 종족 분쟁, 최근 폭력, 역사적 적개심, 국경 통제력 부재와 3자 개입을 독립변수로 설정했다. 각각의 변수가 완전히 독립적으로 운영될 수는 없겠지만 국경 문제를 다각적인 측면에서 분석한다는 의미에서 상당한 적실성을 지니고 있다.

　종족으로 인한 국경분쟁은 주로 한 종족과 종교, 종족의 차이, 그리고 소수종족과 종교적 갈등이 주요 요인으로 작용한다. 폭력으로 인한 국경분쟁은 전면전, 국지전으로 인한 무력충돌과 사고 및 비폭력이 해당한다. 역사적 적개심으로 인한 국경분쟁은 냉전이 종식된 1990년 이전 폭력과 1900년 이전 발생한 오래된 폭력, 그리고 식민경험 및 갈등으로 인한 적대적 감정의 역사로 나누어 분석해 볼 수 있다. 중앙정부의 약화는 국경통제 능력을 상실한 약한 정부와 함께 분쟁 해당국가 모두 자신의 권리를 주장하는 경우와 한 국가가 일방적으로 자신의 권리를 주장하는 경우, 그리고 강하게 양국이 모두 권리를 주장하는 경우가 분쟁의 요인으로 작용한다. 3자 개입의 경우는 분쟁 국가에 적극적으로 무기를 공급하는 경우와 3자 개입으로 인한 논쟁의 악화, 그리고 의미 없는 개입 및 분쟁국과의 동맹은 국경분쟁의 요인으로 작용한다. 이러한 국경분쟁의 강화요인을 중심으로 라틴아메리카 주요 분쟁국의 분쟁 양상을 정리하면 다음과 같다.

구분	종족분쟁 0.2573	최근폭력 0.3906	역사적증오심 0.0826	약한정부 0.0486	3자개입 0.2209	고유치
Belize-Guatemala	0.054	0.274	0.162	0.333	0.038	0.1589
Belize-Honduras	0.054	0.125	0.162	0.333	0.091	0.1124
Brazil—Colombia	0.252	0.125	0.050	0.333	0.091	0.1541
Colombia-Nicaragua (San Andrés)	0.054	0.125	0.162	0.333	0.091	0.1124
Colombia-Venezuela (해상영역)	0.054	0.125	0.241	0.333	0.091	0.1189
El Salvador-Honduras-Nicaragua	0.054	0.125	0.547	0.097	0.038	0.1210

출처: *Ibd I.,* p.92 재구성. 각 항목별 평균값은 전 세계에서 발생하는 국경분쟁을 포함한 것임.

종족으로 인한 국경분쟁의 경우, 브라질-콜롬비아의 분쟁이 가장 강하게 나타났다. 1989년 이전에 해당하는 최근 폭력의 경우 벨리스-과테말라 분쟁에 주요 요인으로 작용했다. 브라질-콜롬비아가 낮은 수준의 역사적 증오심을 나타내는 반면, 엘살바도르-온두라스-니카라과는 매우 높은 수준의 역사적 증오심을 유지하고 있다. 콜롬비아의 경우 국경분쟁과 관련하여 그 어떤 국가보다도 베네수엘라와 역사적 반감이 강하게 나타났다. 약한 정부에 의한 분쟁은 라틴아메리카 대부분의 해당 분쟁 지역에서 높게 나타난 반면, 엘살바도르-온두라스-니카라과의 분쟁에는 약하게 작용했다. 제3자 개입에 의한 국경분쟁은 대체로 약하게 나타났다. 위의 내용을 종합해 볼 때 엘살바도르-온두라스-니카라과의 국경분쟁은 동일한 역사적 유산을 놓고 해당지역에 대한 자국의 역사적 권리를 주장한 역사분쟁의 성격이 강하다.

브라질은 남미에서 에콰도르와 칠레를 제외한 10개국과 국경을 마주하고 있음에도 불구하고 국경문제가 굉장히 안정적인 것으로 나타났다. 이에 대해 많은 논쟁들이 있을 수 있지만, 이것은 비교적 19세기 말과 20세기 초 브라질이 인접국들과 국경협상을 통해 국경선을 확정하려는 외교적 노력의 결과로 보인다. 그러므로 브라질과 콜롬비아 양국의 국경분쟁을 강화시키는 요인은 영토한계선과 관련된 것이라기보다는 접경지역에 거주하고 있는 지역민 문제에서 비롯되었다고 판단해 볼 수 있다. 브라질과 콜롬비아가 마주하고 있는 접경지역은 광활한 아마존 지역으로서 양국이 경계지역에 대한 명확하고 단호한 수비나 방어 정책을 수립하기에는 지리적으로 어려움이 따르기 때문이다. 콜롬비아는 역사적 경험 때문에 인접한 국가들과 상대적으로 많은 국경문제를 안고 있는 것을 알 수 있다. 표에서도 나타난 바와 같이 대부분의 국경분쟁의 원인이 중앙정부의 행정력 부재에서 비롯되었다고 분석되고 있는데 이것 역시 콜롬비아가 지난 50년간 경험하고 있는 내전과 무관하지 않은 것이다.

위의 분석내용을 토대로 브라질과 콜롬비아의 국경분쟁을 종합해 보면 브라질-콜롬비아의 국경분쟁은 분쟁지역으로 분류되고 있기는 하지만 집단적 행동이나 폭력을 동반하는 심각한 수준은 아니며 현지에 거주하고 있는 거주민들을 중심으로 이동의 제한이나 이주문제와 같은 국경에서 발생하는 일상적인 수준의 분쟁으로 정리할 수 있다. 이와 같은 근거에서 브라질-콜롬비아의 국경은 대립과 종결의 의미가 아니라 공존과 연속성이라는 측면에서 살펴보아야 할 것이다.

Ⅲ. 브라질-콜롬비아의 국경과 영유권 문제

1. 브라질-콜롬비아의 국경형성

브라질 라틴아메리카의 국경선은 스페인 식민정부의 행정구역체계를 기초로 독립전쟁 이후 새로운 국가건설과정에서 형성되었다. 국경의 기준은 역사적 근거를 바탕으로 설정되었다. 역사적 국경론이 현재의 국경에 대한 정당한 논리로 작용했기 때문에 이를 둘러싸고 해당국가 간의 역사해석의 첨예한 갈등으로 인한 역사분쟁이 발생했다. 19세기 이전까지 브라질-콜롬비아의 국경한계선에 관한 실제적인 근거나 관련된 문헌은 찾아보기 어렵다. 양국이 맞닿고 있는 아마존 강 국경지역에 대한 한계선은 역사적 근거가 없는 곳이었으므로 그 기준이 모호했다.

〈그림 1〉 브라질-콜롬비아 국경

스페인은 포르투갈과 양 제국이 정복한 아메리카 영토에 대한 영유권 분쟁이 야기되자 교황 알렉산더 6세를 통해 신대륙에 대한 자신의 영유권을 인정받고자 했다. 1493년 교황은 칙서를 통해 아프리카 중서 해안에 위치한 카보베르데(Cabo Verde) 서쪽 100레구아를 기점으로 동쪽은 포르투갈 영토로 서쪽은 스페인의 영토로 인정했다. 교황의 결정에 불만을 품은 포르투갈 왕은 외교적 노력을 통해 이듬해 카보베르데 서쪽 370레구아를 기점으로 자오선을 설정했다. 자오선을 기준으로 동쪽영토는 포르투갈에게, 서쪽에 위치한 땅은 스페인의 영유권을 인정하는 토르데시야스(Tordesilhas) 조약이 체결되었다. 이를 계기로 새로운 경계선이 설정되었다(이광윤: 2009, 38~39).

1494년 토르데시야스 조약에 따라 확정된 스페인과 포르투갈 식민영토의 불명확한 경계선으로 인해 브라질과 이웃국가와의 국경분쟁은 시작되었다. 분쟁의 해결은 교황의 칙령과 국제간의 협약을 통해 이루어졌고, 협상은 현상유보(Uti Possidetis) 원칙을 바탕으로 성립되었다. 1750년 체결된 마드리드 조약은 현상유보 논리를 합리적인 원칙으로 받아들였고 이후에도 라틴아메리카 영유권분쟁과 국경확정을 위한 조약들에서 이 이론이 적용되었다. 이때부터 토르데시야스는 그 의미를 상실했다. 그러나 스페인과 브라질 식민지가 독립한 이후 새로운 영유권 분쟁이 발생했다(최영수: 2008, 395~396).

콜롬비아의 국경에 관한 논의는 그란 콜롬비아의 해체 이후 시작되었다. 국경선은 1810년 형성된 현상유보 원칙에 바탕을 두고 있다. 이 원칙은 "모든 회원국은 독립을 달성할 당시의 국경선을 존중할 것을 약속한다"는 규칙이다. 19세기 초반 스페인에서 독립하면서 식민통치 기간 설치되었던 아우디엔시아와 카피타니아와 같은 당시의 행정경계선을 국경선으로 채택함으로써 적용되었다. 이를 바탕으로 아메리카 국가들의 국경이 정립되었다(Andrés Urdaneta: 2009, 5). 현상유보는 라틴아메리카 국경선을 정의하고 국경에 인접한 국가 사이에 전재된 분쟁해결의 실마리가 되었다.

세계 국경분쟁 수준과 비교해 볼 때 라틴아메리카 지역에서 국경분쟁이 상대적으로 낮은 이유는 다음 3가지로 정리해 볼 수 있다. 첫째, 중미와 남미의 국제체제 구조 때문이다. 1880년대 이후 남미의 세력균형이 유지되고 있고 중미에서는 미국의 직접적인 군사 침입으로 균형이 유지되고 있다는 것이다. 둘째, 남미와 중미가 글로벌 국제 체제에서 상대적으로 고립되어 있기 때문이다. 먼로 독트린 이후 남미와 중미가 유럽과의 관계를 단절하고 자신들만의 체제를 형성했는데 이것이 분쟁이 상대적으로 적은 이유라고 볼 수 있다. 셋째, 제도적·이데올로기적인 요인 때문이다. 제도적인 부분은 역시 현상유보 원칙인데 1825～1828년 브라질과 아르헨티나 전쟁, 1864～1870년의 삼국동맹전쟁, 1879년의 태평양전쟁, 1863년 콜롬비아와 에콰도르 전쟁, 1939～1941년 에콰도르와 페루 전쟁, 1932～1935년의 차코(Chaco) 전쟁, 19세기 영국의 아르헨티나, 과테말라와 베네수엘라 전쟁에서 모두 이 원칙이 준수되었다. 이데올로기적인 측면에서는 탈식민화에 기초한 것으로 독립 이후 스페인령 아메리카 국가들 간의 통합주의가 가장 큰 역할을 했다고 볼 수 있다(Domingues: 20～22).

16세기 말 스페인의 펠리페 2세(Felipe Ⅱ)는 왕위계승 순위에 따라 펠리페 1세로서 포르투갈 왕으로 즉위했다. 이러한 상황은 포르투갈이 토르데시야스 자오선을 무시하고 아마존 강 북쪽과 남쪽의 거대한 영토를 식민화할 수 있는 기회를 제공했다. 스페인과 포르투갈은

1668년 리스보아 협정(Tratado de Lisboa)을 체결하고 양 제국이 점령한 아메리카 영토에 대한 각각의 권리해결을 위한 위원회 창설을 논의하였다. 협정은 무산되었고 포르투갈은 스페인의 사크라멘토 식민지(Colonia de Sacramento)를 점령하였다. 이 사건을 계기로 1701년 두 번째 리스보아협정이 체결되었고, 양 제국의 대립으로 인한 분쟁이 야기되었다. 이후 새로운 협정들이 체결되었지만 스페인의 불만은 해소되지 않았다. 포르투갈의 아마존 지역 점령에 대해 1750년 스페인이 저항하자 포르투갈은 스페인의 필리핀 군도 영유권에 대한 이의를 제기했다. 결국 스페인은 필리핀의 평방 30만km에 해당하는 영토에 대한 소유권을 인정받는 대신 브라질에게 평방 600만km에 해당하는 아메리카 영토의 소유권을 인정하는 협정을 체결했다. 이 협정은 토르데시야스 자오선을 무시하는 것이었고, 결과적으로 지리적으로 알려지지 않고 소유권이 불분명한 지역에 대한 브라질의 점령을 허용한 것이었다(Jorgé Ignacio Ruiz: 1990, 2).

1750년의 마드리드 협정과 1777의 산일데폰소(San lledefonso) 협정을 통해 아메리카 영토에 대한 스페인과 포르투갈의 영유권이 명확하게 분리되었다. 이러한 협정은 17, 18세기 스페인의 행정력이 미치지 않던 아마존 지역에 대한 포르투갈의 영토확장 정책에 기초하여 형성된 것이다. 1766년 포르투갈은 군사력을 동원하여 아마존 지역의 접경지역인 타바칭가(Tabatinga)를 점령하여 스페인 식민영토에 대한 자신의 권리를 합법화했다. 무력을 통해 포르투갈은 자신이 점령한 영토에 대한 주권을 행사했다(Jorge L. Gonzáles: 1996, 65).

독립 이후 콜롬비아의 중앙권력은 내전으로 인해 국내 정치에 몰두하여 아마존 지역에 대한 관심을 기울일 여력을 가지고 있지 않았다. 반면 브라질은 1851년 아마존 지역에 대한 페루와의 첫 협상을 계기로 이 지역에 대한 영토 확보에 노력을 기울였다. 그리고 20세기 초 에콰도르와의 협상을 통해 아마존 지역에 대한 자신의 권리를 확보해 나갔다. 브라질은 이미 부존자원 면에서 아마존 지역에 대한 중요성을 인식하였고, 콜롬비아 중앙정부의 행정력 부재 상황을 이용하여 무력으로 지역을 장악했다. 브라질 군은 아마존 강을 거슬러 올라 산 가브리엘(San Gabriel)로부터 유르파리(Yuruparí)까지 점령했다. 이러한 과정에서 많은 원주민들이 희생되었으며, 강 주변 영토 확보를 위한 브라질 군의 여정은 지속되었다(Milciades B. Wanana: 2004, 35~36).

브라질은 1853년, 1907년 그리고 1928년 콜롬비아와의 국경한계선 논쟁을 둘러싼 협정을 통해 아마존과 카케타(Caquetá) 그리고 푸투마요(Putumayo)의 거대한 영토에 대한 관심이 고조되었다. 1853년 협정을 통해 양국의 경계선이 아파보리스－타바칭가(Apaporis-Tabatinga)로 확정되었고, 이후 직선으로 아바티파라나(Avatiparana)까지 브라질에게 권리가 인정되었다. 이러한 결정에 대해 누에바 그라나다(현재의 콜롬비아) 의회는 주권침해라며 저항했으나 협정은 인정되었다. 1907년 바스케스 코보－마르틴스(Vásquez Cobo-Martíns) 협정은 이전에 논의된 협정을 재확인하기 위한 것이었다. 그 결과 아파포리스－피에드라 데 코쿠이(Apaporis-Piedra de Cocuy) 강 사이를 양국의 경계로 확정했다. 이러한 협정은 브라질과 콜롬비아 간에 국경 한계선을 규정하는 데 도움을 주는 역사적 기록임에는 분명하나 그 기준이 모호할 뿐만 아니라 조약 체결 당시 아마존 지대에 대한 지식의 유무 면에서 유리했던 브라질이 자국의 권리에 근거하여 국경을 획득했다는 점 등으로 인해 양국 간의 협상은 지속되었다(Catherine Walsh & Lucy S. Ramírez:

2006, 101). 이후 체결된 1928년 오르티스-마가베이라(Ortiz-Mangabeira) 협정은 타바칭가-아파포리스(Tabatinga-Apaporis) 경계선을 인정하는 것이었다. 콜롬비아 측은 이전의 협정들은 브라질에게 유리하게 작용한 협정이라고 주장했다. 결국 콜롬비아는 영토상실에 대한 보상으로 1928년 11월 15일 리오데자네이루에서 체결한 협정을 통해 아마존 강에 대한 내륙 운항권을 획득했다(María Cristina, 2008, 4~5).

콜롬비아 정부는 아마존 지역에 대해 1922년 페루와 체결한 살로몬-로사노(Salomón-Lozano) 협정에 입각하여 행동하였으나 1910년 브라질의 페드레라(Pedrera) 공격을 계기로 이 지역에 대한 주권확립을 위해 노력했다. 그 결과 콜롬비아 정부는 브라질이 무력으로 점령한 아마존 지역의 자국 영토에 대한 반환을 요청하여 1930년 상실했던 영토를 회복했다. 그리고 1932년 브라질과의 무력분쟁을 통해 레티시아(Leticia)에 대한 영유권을 확보했다(Claudia Leonor López: 2003, 149).

이후 브라질-콜롬비아 양국은 접경지역 분쟁에 대해 공동조사위원회를 구성하여 분쟁대상지역에 대한 합동조사와 합의를 통해 문제를 해결해 나갔다. 최근 접경지역이 갈등의 대상이 아닌 협력과 공존의 공간이라는 인식의 전환과 함께 브라질-콜롬비아 양국은 접경지역에 대한 경제와 안보문제를 중심으로 상호 협력의 중요성을 인식하고 있다.

2. 아마존 지역 영유권 문제

브라질-콜롬비아 국경은 식민기간 본국들 간의 협정에 따라 확정되었다. 본국들의 입장은 충분히 반영되었지만 아마존이라는 지리적·

환경적 요소들이 전혀 고려되지 않았다. 또한 국경선이 분명하지 않 았을 뿐만 아니라 콜롬비아의 경우에는 그란 콜롬비아로 독립한 이후 분리되는 과정에서 독립 국가들과의 국경문제로 마찰이 계속되었다.

반면 브라질은 단일 국가로 독립하면서 일관성과 통일성은 유지하 고 있었지만 행정력이 이 지역까지 미치지 못했다. 19세기 브라질ー 콜롬비아의 국경이 확정되지 않은 이유는 국경지역에 대한 믿을 만 한 정보가 부족했기 때문인데, 사실 아마존 지역에 대한 탐험과 과학 적 측량이 이루어지지도 않았다. 또한 브라질ー콜롬비아의 국경은 네 그루 강 상류지역의 베네수엘라와의 분쟁과 아마존 중부의 페루와의 국경 분쟁에 많은 영향을 받았기 때문에 단독 문제로 다루기 어려웠 다(Bureau of Intelligence and Research: 1985, 3).

양국의 국경에 대해 문제를 제기했던 것은 콜롬비아였다. 1826년 6 월 6일에 콜롬비아 정부는 1777년에 체결한 산투스 일데퐁수 조약의 10항, 11항, 12항을 재해석하여 국경선을 네그루(Negro) 강 지류를 기 점으로 삼으려고 했다. 콜롬비아의 주장에 따라 양국은 아마존 지역 에 대한 영토권 협상을 시작했다. 1826년에 시작된 국경협상은 1853 년 7월 25일에 합의를 도출했다. 이 협상에 따라 브라질과 누에바 그 라나다는 아파포리스(Apapóres) 강과 자푸라(Japurá) 강 합류지점을 경 계로 하는 친선 및 국경 조약(Tratodo de Amizade e Limites)을 체결했 다. 이 조약은 19세기 말까지 유지되었으나 브라질이 아마존을 포함 한 북부와 북서부 지역에 대한 탐험을 일단락 짓고 아마존 내륙에서 고무 채취산업이 성장하면서 국경에 대한 논의의 필요성을 제기했다.

브라질의 주장과 동시에 콜롬비아도 식민기간 명확하지 않았던 국 경선을 확정하기 위해 베네수엘라, 페루와 에콰도르 등과 협상을 진행했다. 그 결과 1891년 3월 16일에 스페인 왕과 왕위계승자의 중재로 네그루 강 서쪽 지역에서 네그루 강 남쪽의 산호세 섬까지의 소유권을 인정받는 협정을 베네수엘라와 체결했다(Bureau of Intelligence and Research: 1985, 4). 브라질과는 네그루 강을 경계로 했던 것을 좀 더 구체화시켜 네그루 강의 "개의 머리(Cabeça do Cachorro)"라고 하는 지역에서 국경을 이루게 되었다.

20세기 초 브라질은 외교정책 원칙을 수립했는데 이런 전략은 국제 행위자로서의 브라질의 위상을 제고시켰다. 당시 외무장관이었던 히우브랑쿠(Rio Branco) 남작이 인접 국가들과의 국경문제를 해결하기 위한 정책을 수립했는데 평화유지, 무력을 사용하지 않고 영토를 확장시키는 것, 경제·사회 발전 전략과 국경 정착 정책을 연결하는 것이었다(Domíngues: 33). 히우브랑쿠 남작은 이런 원칙에 따라 국경문제를 해결했는데 콜롬비아와의 국경문제도 연장선상에서 해결되었다.

브라질-콜롬비아는 1906년 9월 3일에 의정서에 서명하면서 두 지역에 대한 조정이 이루어졌다. 하나는 아파포리스 강의 하구 북쪽, 다른 하나는 남쪽의 하구를 중심으로 나누었다. 일반적으로 강을 경계로 국경선을 확정할 때는 강에 있는 특정한 섬을 기준으로 하거나 강의 중심선을 기점으로 한다. 이런 국제적인 관례에 따라 브라질-콜롬비아도 동일한 원칙을 적용했다. 이 의정서는 브라질 정부가 1907년 2월 12일에 의정서 내용을 수용하겠다는 입장을 콜롬비아 정부에 통보하면서 마무리되었다.

1907년 4월 24일에 체결한 보고타 조약(Tratado de Bogotá)으로 브라질과 콜롬비아의 경계가 네그루 강의 산호세 섬 반대편에 있는 "페드라 두 쿠쿠이(Pedra do Cucuí)"에서 자푸라(Japurá) 혹은 카페타(Caquetá)

강과 아파포리스 강의 합류지점까지 연결하는 국경선을 확정했다 (Bureau of Intelligence and Research: 1985, 4; Junior: 2007, 73).

그러나 1922년 3월 24일에 페루와 콜롬비아가 평화협정을 체결하고 국경 조약(Tratado de Limites)을 체결했는데, 브라질은 이 협정이 자국의 이익을 위협하는 것이라고 인정하지 않았다. 이에 미국의 찰스 휴스(Charles Hughes)의 요청으로 브라질은 페루와 기존의 국경선을 인정하면서 콜롬비아와 공동 국경선으로 타바칭가와 아파포리스 강 하구의 경계선을 수용했다. 이 협정의 결과 브라질은 콜롬비아와 1928년 11월 15일에 리우데자네이루에서 다시 내륙운항과 국경 조약 (Tratado de Limite e Navegação Fluvial)에 서명해 양국 모두가 항해 가능한 강을 이용할 수 있도록 하면서 국경협정은 마무리되었다. 이런 협의서는 1930년에 수정되었는데 기본적인 골격은 변하지 않았다. 협정에 따라 1930년 12월 3일에 브라질-콜롬비아 국경선 확정 위원회를 구성하기 위한 제1회 컨퍼런스가 개최되었다. 이후 양국은 필요에 따라 브라질-콜롬비아 국경 조정위원회를 설치하여 운영하고 있으며 국경문제가 발생할 경우에 조정위원회를 통해 조정하고 있다.

브라질-콜롬비아 국경은 특별한 분쟁 없이 잘 유지되고 있으나 콜롬비아 내전과 브라질인들의 월경으로 종종 문제를 일으키고 있다. 브라질의 입장에서 보면 콜롬비아 내전이 확대될 경우 게릴라나 피난민들이 브라질 영내로 침범할 것을 우려하고 있다. 미국이 플라노 콜롬비아라는 군사원조를 강화하면서 내전이 더욱 극화된 양상을 보였던 2000~2010년 사이 많은 콜롬비아 인들이 국경지역으로 이동하고 있어 브라질 정부가 촉각을 곤두세우고 있다. 콜롬비아는 브라질의 귀금속 채취자, 범죄자들이 아마존을 통해 월경하는 것에 대해 많은 우려를 표명하고 있다. 사실 이런 문제들은 어떤 일국이 국경 수비를 강화한다거나 경찰력을 확대하는 문제로 해결되지 않는다. 아마존이라는 지리적 특성 때문에 양국이 공조해야만 극복될 수 있는 문제이다.

Ⅳ. 브라질 – 콜롬비아 접경지역의 갈등과 공존

1. 오리노코 지역의 종족과 문화

오리노코 지역은 현재에도 국민국가들 사이에 걸쳐 있는 대표적인 접경지역 가운데 하나다. 브라질의 아마존 강, 콜롬비아의 과이니아(Guainía), 그리고 콜롬비아와 피에드라데 코쿠이(Piedra del Cocuy)를 경계로 마주하고 있는 베네수엘라를 포괄하는 이 지역은 과이니아와 네그로 강을 끼고서 하나의 생활공동체를 이루고 있다. 이 지역은 면적 2.235km^{2}에 해당하여 아마존 강 입구로서 오리노코와 아마존 강 사이의 하상활동을 허용하는 카시키아레(Casiquiare) 지역을 포함하고 있다.

이 접경지역에는 15.443명의 인구가 거주하고 있으며 이들 대부분은 아라와크족의 일부인 쿠리파코(Curipaco) 종족으로 알려져 있다. 브라질 영토에는 5.141명의 주민이 거주하며 이들은 주로 리카나 강(Rio Icana)과 쿠이아리(Cuiari), 아이아이리(Aiairi)와 네그로 강(Río Negro)의 쿠바테(Cubate), 에 과이니아 알토(el Guainía Alto)와 산 가브리엘 두 카초에리라(San Gabriel do Cachoeira) 도시언덕과 사나트 이사벨(Sanat Isabel), 그리고 바르셀로스(Barcelos) 지역에서 생활하고 있다. 콜롬비아에는 푸에르토 카레뇨(Puerto Carreño), 비치다(Vichada), 산 토메(San Tomé),

엘 베니도(El Venado)와 과이니아(Guainía) 지역에 걸쳐 7,066명의 쿠리파코족이 거주하고 있으며 베네수엘라 영토에는 3,236명이 생존하고 있는 것으로 알려져 있다.

16~18세기 황금을 찾아 식민지를 개척하던 스페인과 포르투갈 제국에게 이 지역은 갈등의 대상이었다. 1740년 카시키아레와 네그로 강을 둘러싼 양제국의 첨예한 대립과 기독교화를 위한 종교적 미션, 그리고 산 펠리페(San Felipe), 산 카를로스(San Carlos), 쿠쿠이(Cucuí)와 산 가브리엘(San Gabriel)과 같은 지역에서의 스페인과 포르투갈의 무력충돌은 오리노코와 아마존 강 지역에 거주하는 주민들의 소통을 가능케 했다. 그리고 나켄(Naquén), 투파로(Tuparro), 캄포 알레그레(Campo Alegre)와 같은 지역에 쿠리파코족에 속하는 종족이 거주하기 시작했다. 이들은 바니와(Baniwa), 바레(Baré), 과레케나(Guarequena) 카루파카(Karupaka) 혹은 쿠린(Kurrin)과 카루타마(Karutama)와 같은 부족으로서 모두 아라와크(Arawak) 언어로 하나의 문화적 공동체를 형성하던 집단이었다(Gonzalos Bermudez: 74, 104). 쿠리파코족은 게보(Cuebo), 푸이나베(Puinave)와 피아포코(Piapoco)와 같은 다른 원주민 집단과 결혼을 통한 동맹 등 우호적인 관계를 맺어 왔다.

〈표 4〉 Curripaco 원주민 그룹 현황

그룹	콜롬비아	브라질	베네수엘라
주민수 : 15,443명 종족 : 쿠리파코, 아라와크	7,066명 라구아 네그라 (Lagua Negra), 비 차다, 산 토메, 엘 베나도 과이니아	5,141명 리오 이카나(Rio Icana), 구이아리, 리오네그로 주변의 쿠바테(Cubate) 아이아이리(Cuiari), 엘 구아이니아 알토(el Guainía Alto), 산 가브리엘 도시 언덕(los cerros ubanos de San Gabriel), 사나 트(Sanat), 이사벨(Isabel)과 바르셀로스(Barcelos)	3,236명 콜롬비아와 국경을 마주 하고 있는 주

출처: Catherine Walsh & Lucy Santa Cruz, 2006, p.110.

이 접경지역은 20세기 중반까지 초국가적인 금광채굴활동으로 인해 적지 않은 분쟁이 발생했다. 금광 개발로 인해 접경지대의 긴장이 초래되었다. 특히 과이니아 주 동쪽 광산 개발은 베네수엘라와 콜롬비아의 분쟁을 야기했다. 이 지역에서 더 많은 영토를 확보하고 있는 베네수엘라는 접경지역에서 금광개발을 제한하고 수출에 대한 제재조치도 취했다. 그리고 수질오염으로 인한 환경문제도 거론하여(Eduardo Ariza: 1998, 121) 콜롬비아와 마찰을 불러오기도 했다.

금 개발과 함께 전개된 식민화 과정에서 쿠리파코 전통문화의 변화가 동반되었다. 그리고 종교 미션 역시 쿠리파코 사회조직 형태에 변화를 초래했다. 현재 종족사회 내의 문제를 해결하는 카피탄은 프로테스탄테 목사가 맡고 있다. 더욱이 공동소유 개념은 사라지고 냉장고, 레인지, 시멘트 및 기와와 같은 공산품의 소비와 함께 사적 소유 개념이 확산되었다. 지역의 각 종족이 보유하고 있던 전통음악과 춤은 바제나토(Vallenato), 호로포(Joropo), 란체라(Ranchera)로 대체되었다. 또한 원주민들이 식민자들과 결혼을 통해 혼혈됨으로써 쿠리파코 사회의 모습은 변화되었다(ibid: 212).

이러한 과정 속에서 이 지역은 하나의 문화공간을 형성했다. 그리고 지리적 측면에서도 동일 공간을 형성하고 있다. 공통의 문화적 유산을 가진 공간으로서 이 지역이 하나의 동일한 문화적 공간이라는 사실은 이 지역의 정체성은 아라와크로 알려진 언어에 의지하고 있다는 점에서 설명 가능하다. 이런 문화적 유사성은 근래에 들어 강화되고 있는 양 국가의 정치적 접근과 함께 지역 간 협력의 바탕이 되고 있는 요소로 작용한다. 이 지역의 적대 의식이 사라지고 친선관계가 강화되고 있는 것은 문화적이고 역사적인 동질성 없이는 불가능한 일일 것이다.

2. 아마존 지역의 이주와 이동

aus: Dilwyn Jenkins: The Rough Guide to Peru (2006); www.roughguides.com

〈그림 2〉 삼국 국경 지역

　브라질과 콜롬비아의 아마존 국경지역은 두 국가뿐만 아니라 페루
가 인접해 있어 삼중 국경지역이다. 브라질－콜롬비아－페루 국경지
역에는 브라질의 타바칭가, 콜롬비아의 레티시아, 페루의 산타 로사
(Santa Rosa)가 하나의 공동 생활권을 이루고 있다. 쌍둥이 도시인 브
라질과 콜롬비아의 타바칭가와 레티시아는 시내를 가로지르는 "우정
의 거리(Avenida da Amizade)"가 국적을 구분하는 국경선이다. 마치 국
경선이라는 표지석이 없다면 그냥 평범한 도시의 모습을 하고 있다.
우정의 거리는 두 국가를 분리시키는 역할을 하기도 하지만 두 도시의 사람들이 서로 소통하는 만남의 공간이기도 하다. 브라질과 페루 사이에는 브라질의 아크리 주의 아시스 브라질(Assis Brazil)과 페루의 이냐파리(Iñapari)를 연결하는 "통합의 다리(Ponte da Integração)"가 건설되어 있다. 이 다리를 통해 두 국가의 사람들과 문화의 교류가 이루어진다. 아탈라이아 두 노르치는 페루의 빌라 데 산타 마엘리아(Vila de Santa Amélia)와 쌍둥이 도시를 이루고 있다. 이와 같이 브라질－콜롬비아－페루의 접경지역은 아마존 강을 중심으로 형성되어 있어 마치 물이 끊임없이 흘러가듯 삼국 영토의 끝이면서 동시에 삼국의 영토가 시작되는 시점이다.

삼중 국경지역에는 위 표에서 보는 바와 같이 2008년 현재 브라질 82,194명, 콜롬비아 46,293명, 페루 10,225명을 합하여 전체 138,712명이 거주하고 있다. 지방으로 보면 타바칭가와 레티시아가 각각

〈표 5〉 삼중 국경지역 인구 분포 현황

구분		전체 인구	도시지역		농촌지역		원주민 인구	
			인구수	비율	인구수	비율	인구수	비율
브라질	타바칭가	45,293명	31,796명	70.2%	13,497명	29.8%	8,395명	18.5%
	벤자민 콩스탕	23,219명	14,171명	61.0%	9,048명	39.0%	6,153명	26.5%
	아탈라이아 두 노르치	13,682명	7,814명	57.1%	5,868명	42.9%	2,230명	16.3%
콜롬비아	레티시아	38,955명	24,449명	62.8%	14,506명	37.2%	8,792명	22.6%
	푸에르토 나리뇨	7,338명	1,922명	26.2%	5,416명	73.8%	4,300명	58.6%
페루	디스트리토 야바리	10,225명	2,310명	22.6%	7,915명	77.4%	s.d	s.d
전체		138,712명	82,462명	59.4%	56,250명	40.6%	29,870명	23.0%

출처: Marba C. Suárea-Mutis, Claudia M. Mora, Ligia del Pilar Pérez, Paulo Peiter, "Interacciones Transfronterizas y Salud en La Forntera Brasil-Colombia-Perú", Mundo Amazonico 1, 2010, p.246 재인용.

45,293명과 38,955명으로 이 지역에서 가장 큰 도시를 이루고 있다. 전체인구에서 차지하는 비율이 높은 만큼 지역에 미치는 영향력도 매우 크다. 원주민들은 전체인구의 23%인 29,870명이 살고 있는데, 티쿠나(Tikuna) 부족이 1/4 이상을 차지하고 있고, 나머지는 안데스 지역에서 온 사람들, 이주자와 무역업자들로 구성되어 있다. 특히, 쌍둥이 도시인 브라질의 타바칭가와 콜롬비아의 레티시아가 각 국가에서 이주해 온 많은 사람들이 정착하는 곳이다.

브라질의 타바칭가는 아마존주의 주도인 마나우스에서 직선거리로는 약 1,105km, 수로로는 1,607km 정도 떨어져 있으며, 콜롬비아와 페루의 이민자들이 많이 유입되는 지역으로 브라질로 들어오는 통로로 활용되고 있다. 따라서 이 지역은 삼국에서 발생하는 마약밀매, 실업과 비공식 부문의 증가 등의 문제들이 재현되고 있다. 1970년대까지 이 지역의 주요 경제활동은 고무채취, 마가목과 목재 벌채였다. 콜롬비아와 페루 지역의 고무 채취 산업은 19세기 말이 전성기였다. 고무채취 지역이 고갈되자 푸투마요와 카케타와 같이 잘 알려지지 않은 지역으로 콜롬비아인들이 이동했다. 이 지역의 주요 노동력은 생필품과 생고무를 교환하면서 고무 자본가들을 믿지 못하는 위토투(Witotos) 원주민들이었다. 그러나 고무 산업은 인도차이나산 고무와 화학 고무가 생산되면서 급속하게 쇠퇴했다. 새로운 경제동력으로 1960년대와 1970년대 가죽과 야생동물 판매가 등장했다. 미국인 마이크 스라키스(Myke Tslakis)가 레티시아에 정착하여 야생동물들을 미국으로 수출했다. 이 시기에 식생 채취를 관리하는 환경법이 생기기 시작하면서 산업이 위축되었다. 그러면서 다시 목재 벌채 산업이 성장하여 원주민 토지의 제도화, 엄격한 환경법의 적용이 이루어지는 1990년대까지 주요 경제활동이었다. 콜롬비아는 타라파카와 라페드레라와 같은 도시 주변에서 채취해 푸투마요 강을 통해 푸에르토 아시스까지 보내 다시 육로로 칼리와 보고타로 보냈다. 브라질은 주로 자바리(Javari) 강에서 벌목했고 벤자민 콩스탕이 가장 큰 혜택을 봤다(Steiman: 2002, 64~65). 다음으로는 마약산업이 지역 경제를 장악했다. 마약 밀매는 콜롬비아의 아마존 지역에서 마약을 재배하기 시작한 1977년과 1986년 기간에 급성장했다. 중소 마약밀매업자들을 직접적으로 고용하는 것 외 간접적인 효과도 있었다. 이 지역에 1차 코카인 밀매 붐이 일었던 1977~1982년에 달러가 엄청나게 늘어났고 자연히 레티시아의 생활비도 고공행진을 했다. 1983년 국제시장에서 코카인 가격이 하락하면서 레티시아와 콜롬비아인들의 흡수력이 한계에 도달했다. 이런 현상과 더불어 마나우스와 다른 지역에서 많은 사람들이 유입되었다.

이민자 이동이라는 측면에서 보면 삼중 국경은 정착지로서 역할을 하기도 하지만 삼국으로 들어오고 나가는 통로 역할을 한다. 이민의 이유가 비슷한 것 같지만 이민을 선택하는 사회적, 정치적, 경제적 이유는 삼국 모두 다르다고 할 수 있다. 삼중 국경 중에 브라질 국경이 이민자들이 왕래하기에 가장 유리한 곳이다. 때문에 가장 심각한 문제는 역시 입국 서류 없이 무단으로 이주하는 사람들이다. 연방경찰이 국경 검문을 강화하고 있지만 아마존 밀림 지역이기 때문에 100% 통제한다는 것은 불가능하다. 페루인의 이민은 몇 가지 특성을 보이는데, 페루 국내 이주가 20세기 초에 시작되었다. 이 기간 페루 사회·경제구조는 지배 부르주아인 백인과 원주민으로 구분되는 봉건적 특성, 서구 문화와 원주민 문화로 구분되는 문화적 이중주의, 생계형 경제로 특징지을 수 있다. 이 때문에 페루 이민자들은 타바칭가에 정착하거나 마나우스로 이동하는 경우가 대부분이었다. 페루인들이 브라질 이민을 선택하는 이유는 문화적 요인, 지리적 요인과 경제적 요인으로 구분할 수 있다. 문화적 요인은 역시 원주민들이 많이 거주하는 지역이고 원주민 문화가 브라질 내에서 가장 잘 보존된 지역이라는 것이다. 지리적인 요인으로는 아마존이라는 자연환경으로 인해 장거리 이동에 많은 어려움이 있어 정착하는 경우라 할 수 있다(Steiman: 2002, 56). 경제적 요인은 페루가 오랫동안 극복하지 못하고 있는 경제 불황이 지속되고 있기 때문에 이를 회피하려는 선택으로 보인다.

페루이민자들은 주로 아레키파(Arequipa), 이키토스(Iquitos), 유리마구아스(Yurimaguas)와 푸칼파(Pucallpa) 지역에서 유입되고 있는데 1980년대 중반에서 1990년대 초반에 많이 유입되었다. 이들 중 많은 사람들이 벤자민 콩스탕(Benjamin Constant), 주타이(Jutaí), 아마투라(Amaturá), 상가브리엘 다 카쇼에이라(São Gabriel da Cachoeira) 등이 있는 알투 솔리몽이스 지방으로 이주했다. 또한 많은 사람들이 아마존 주의 주도인 마나우스로 이주했는데 이들은 대부분이 페루 정글 출신들이고, 비숙련 노동자들이고, 교육수준이 낮고, 경제수준이 낮은 것 등의 공통점을 지니고 있다. 또한 대부분이 불법 이민자들이거나 불법 체류자들이고 비공식 노동시장에서 일하고 있다.

콜롬비아와는 알투 솔리몽이스 전 지역을 접하고 있다. 타바칭가와 레티시아처럼 양국의 국경은 거리를 기점으로 하고 있다. 이 때문에 일상생활에서 많은 사람들이 매 순간 국경선을 넘나들고 있고 사법적인 절차에 따라서 영토적인 분리가 이루어지지 않고 있다. 레티시아 사제인 넬시 하미네스 그리말도스(Nelcy Jaimes Grimaldos)는 지난 50년간 지속된 콜롬비아의 내전이 국경지역에서도 가장 큰 문제라고 지적한다. 미국이 콜롬비아 군대에게 13억 달러를 지원하는 플란 콜롬비아(Plano Colômbia) 이후 정부군과 민병대 간의 대립이 격화되면서 많은 콜롬비아인들이 레티시아로 이주하고 있고 브라질 국경을 넘어 들어오는 경우가 많아졌다. 내전 기간 많은 사람들이 피해를 입었지만 여전히 내전은 계속되고 있고 지난 10년간 수백만 명의 난민이 발생했다. 도망자들과 달리 난민(Desplazados)들은 정부군, 민병대, FARC와 마약밀매업자들이 장악하고 있는 지역에서 계속되는 위협과 죽음의 공포를 피해 계획 없이 도망해 절망 속에 살고 있다. FARC 게릴라들은 콜롬비아 영토에서 끊임없이 신병을 징집하고 있을 뿐만 아니라 브라질과 페루의 국경지역에서도 신병을 찾고 있다. FARC는 약 12,000명에서 18,000명 정도인데 35~40%가 콜롬비아 영내에 있고, 나머지는 안데스 산맥 동북부에서 활동했는데 최근에는 콜롬비아 측 아마존 정글로 이동하고 있다.

때문에 레티시아는 점점 내전을 피해 도망 온 피난민들의 피난처가 되어 가고 있다. 도시 북쪽 11km 지점에 450가족에서 500가족을 수용할 수 있는 임시 막사를 설치했다. 대부분의 경우 피난민들은 연방경찰들이 강경한 입장을 견지해 왔기 때문에 브라질 국경 검문소에 공식적으로 나타나지 않는다. 또한 잡혀 추방당할까봐 두려워하고 있다. 이것은 브라질 정부가 이들에게 이민자 신분을 보장하고 정착할 수 있도록 보장해주지 않기 때문이다. 공식기관에 잡혀 왔을 때 모두가 동일하게 적용된다. 브라질 연방 경찰이 콜롬비아인들을 마약밀매업자로 인식하고 있어 콜롬비아인들에 대한 처우가 좋지 않다. 이런 이유 때문에 콜롬비아 국적을 가진 사람이 브라질 영토에 정착하거나 정주하는 것이 어렵다. 이런 상황은 2004년 유엔 난민 고등 판무관실이 연방경찰과의 중재를 통해 피난민 지위를 인정해줄 것을 요청하면서 개선되고 있다. 고등 판무관실은 지방 시민 단체와 지방 정부와 함께 아마존 지역의 도시와 농촌지역에 정착한 콜롬비아 난민들이 지역 사회에 쉽게 적응할 수 있는 기회를 제공하는 등 다각적인 차원에서 지원하고 있다. 난민기관들은 법적·재정적 지원뿐만 아니라 포르투갈어 수업도 제공하고 있다. 2007년에는 유엔 고등 판무관실과 마나우스 지방청이 난민보호, 사회통합지원과 공공서비스 제공에 대한 상호협약을 체결했다(UNHCR: 2007). 이와 같이 국제기구들이 콜롬비아 피난민들에게 난민 지위를 부여하고 필요한 정책을 추진하도록 압력을 행사하고 있기 때문만이 아니라 브라질 연방정부와 지방정부도 자각하여 콜롬비아인들뿐만 아니라 페루인들도 흡수하여 브라질 사회에 정착할 수 있도록 지원하고 있다.

V. 결론

브라질과 콜롬비아가 접하고 있는 국경지역은 브라질 입장에서 보면 아마존 지역으로 통칭되지만 콜롬비아 입장에서는 오리노코와 아마존 지역으로 구분된다. 이 지역들은 페루와 베네수엘라와 인접해 있어 기본적으로 삼중 국경을 이루고 있다. 그리고 국경선은 주로 아마존 지역을 흐르는 아마존 강과 지류들이 경계를 이루고 있다. 이 때문에 국경지역은 하나의 공동생활 공간으로 인식하고 있다. 아마존이라는 지리·환경적 특성 때문에 다른 지역에 비해 경제적·문화적 관심이 적지만 브라질과 콜롬비아가 국경을 이루는 접경지역에도 역동적인 삶들이 존재하고 있다.

브라질-콜롬비아의 국경은 1928년 경계선 확정 이후 형성되어 접경지역의 주민들은 양국의 경계선이 확정된 이후에도 동일한 문화권 속에 공존하며 살아가고 있다. 국경지역에 거주하고 있는 지역민들은 각각 국가의 소속을 달리하지만 하나의 삶의 터전 속에 살아가고 있으며 동일한 문화권 속에서 공통의 정체성을 지향할 가능성을 가지고 있는 경우가 대부분이다.

브라질-콜롬비아 국경문제는 정치, 경제와 군사적 동기보다는 접경지역에 거주하고 있는 지역민들 간의 문제로 여겨져 왔다. 양국 간 국경이 형성되는 과정에서도 대립보다는 기존의 질서를 유지하는 차원에서 협상이 진행되어 국경선이 확정되었다. 브라질의 입장에서는 제2왕정기를 거치면서 서부 아마존 지역에 대한 영토권 확보가 중요한 외교적 사안으로 등장해 그란 콜롬비아로 독립하였다가 분리 독립한 인접 국가들과의 국경 문제에 직면했다. 그럼에도 불구하고 국경선은 라틴아메리카 국가들이 일반적으로 수용하고 있는 현상유보 원칙을 준수하여 폭력적인 분쟁으로 발생하지 않았다.

이러한 역사적 배경을 지닌 브라질-콜롬비아의 국경지역은 국경이 지니는 경계와 격리, 대립과 충돌의 모습보다는 하나의 문화가 만나는 곳이고 국가 간의 협력과 소통이 이루어지는 곳이었다. 물론 조화로운 관계만이 있었던 것은 아니다. 앞에서 살펴본 바와 같이 국경선 확정을 두고 양국이 첨예한 대립각을 세우기도 하고 일국의 내전이 인접국가로 확산되어 불안감을 증가시키기도 했지만 브라질-콜롬비아 국경은 쌍둥이 도시인 타바칭가와 레티시아로 대변되는 것처럼 조화와 통합이 이루어지는 공간이다.

참고문헌

강석영(2005), 『중남미 정치와 국제관계』, 서울, 한국외국어대학교출판부.

김승렬 외(2008), 『유럽의 영토분쟁과 역사분쟁』, 동북아역사재단.

이광윤(2009), 『브라질 역사』, 부산외국어대학교 출판부.

최영수(2008), 「브라질 국가형성과정」, 『제지역연구』, 제12권 3호.

Amazonico 1, 2010,UNHCR(2007), "Colombian makes fountains to integrate in Brazil's Amazon zone", http://www.unhcr.org/4762af4e4.html(2010.11.22.)

Bermúdez Jorge Luis(1996), *Historia de la Amazonia*, Tomo 4, Bogotá, Ministerio de Educación Nacional, Programa Fundación.

Bureau of Intelligence and Research(1985), *International Boundry Study: Brazil-Colombia Boundry*, No.174.

Catherine Walsh y Lucy Santa Cruz(2006), *La Integración y el Desarrollo Social Fronterizo*, Convenio Andrés Bello.

Claudia Leonor López(2003), "Etinicidad y Nacionalidad en la Frontera entre Brasil, Colombia y Perú, Los Ticuna frente a los Procesos de Nacionalidad", *Fronteras: Territorios y Metáforas, Medellín*, Hombre Nuevo Editores, Universidad de Antioquia(UDEA), Instituto de Estudios Regionales(IER).

Cristina Bernat de BollaMaría(2009), *Pérdidas Territoriales Colombianas*, Universidad Javeriana, de Cal Ⅰ.

Daniel J. Dzurek(1999∼2000), "What Makes some Boundary Disputes Important?", *IBRU Boundary and Security Bulletin*, Winter.

Domíngues, Jorge I., *Boundry Disputes in Latin America*, United States Institute of Peace.

Eduardo Ariza(1998), *Altos Cultural de la Amazona*, ICA. Ministerio de Cultura.

Ignacio Jorgé Ruiz(1990), *Sociedad Geográfica de Colombia*.

Junior, Laercio Furquim(2007), *Fronteiras Terrestres e Marítimas do Brasil: Um Contorno Dinâmico*, USP.

López A. Fernado(2003), *La Formación del Estado y la Democracia e América Latina*, Editorial Norma. Bogotá.

Oliveira(2006),Márcia Maria "A Mobilidade Humana na Tríplice Fronteira: Peru, Brasil e Colômbia", Estado Avançados 20(57).

Saaty, T. L.(1990), "Decision Asking for Leaders", *The Analytic Hierarchy Process of Decision in a Complex World*, Pittsburgh: RWN Pubilcations.

Steiman, Rebeca(2002), *A Geografía das Cidades de Fronteria: Um Estudo de Caso de Tabatinga(Brasil) e Letícia(Colombia)*, UFRJ. Dissertação.

Suárea-Mutis, Marba C., Claudia M. Mora, Ligia del Pilar Pérez, Paulo Peiter(2010), *"Interacciones Transfronterizas y Salud en La Forntera Brasil-Colombia-Perú"*, Mundo.

Urdaneta Andrés(2009), *Problemas Fronterizos Colombo-Venezolanos*. Minosterio del Poder Popular para la Educación.

Wanana Milciades Borrero(2004), *Vaupés Mito y Realidad,* Carlos Garzón. Bogotá.

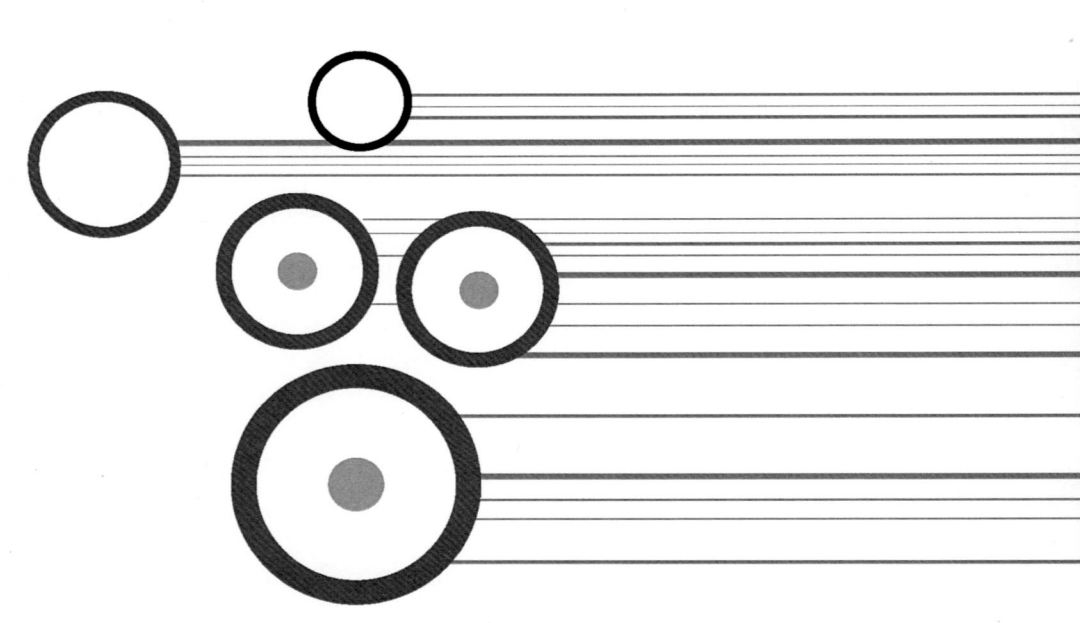

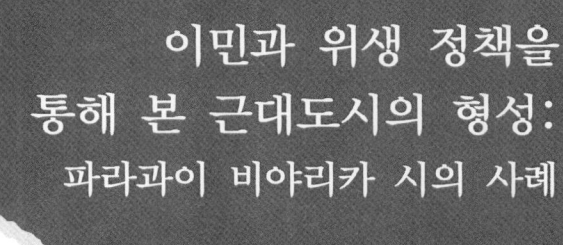

이민과 위생 정책을
통해 본 근대도시의 형성:
파라과이 비야리카 시의 사례

구경모

I. 이민과 위생, 근대도시

근대도시는 직·간접적으로 가장 흔하게 다룬 연구 주제 중에 하나이다. 마르크스를 비롯한 베버, 뒤르켐 등 사회과학의 고전 이론가들은 초기 자본주의 특성을 연구하기 위해 근대도시를 중요하게 다뤘으며, 고전 사가에 속하는 톰슨과 브로델도 자본주의 역사를 분석하기 위해 근대 도시 분석을 마다하지 않았다. 이러한 고전적인 연구들은 주로 유럽에 한정되긴 했지만, 이들 연구에서 근대 도시의 특성을 추출할 수 있는 공통적인 요소를 발견할 수 있다. 그것은 바로 이민과 빈곤, 위생이다. 자본주의가 태동하면서 유럽의 주요 도시들은 시골에서 이주한 노동자의 주거 및 생활환경 문제에 봉착하였다. 도시 인프라가 제대로 구축되지 않은 상황에서 이민에 의한 급격한 도시 팽창은 열악한 주거 상태를 그대로 노출시켰고, 이로 인해 도시는 다양한 사회문제, 그중에서도 위생 문제에 봉착하게 된다. 특히 19세기 중반 페스트류의 전염병이 열악한 환경에 의해 발생하고 전염된다는 사실의 발견으로 인해, 공중 보건과 위생 문제는 도시 정책을 결정하는 데 중요한 요소가 되었다(민유기: 2006, 155~157).

유럽의 영향으로 인해 라틴아메리카에서도 위생과 보건에 대한 관념이 도시 정책 및 계획에 반영되기 시작하였다. 19세기 말 멕시코 푸에블라 시의 위생 정책 역사를 분석한 갈린도(Galindo: 2006)는 유럽계 이민자들의 지원에 의해 공중 보건이 실시되었다는 사실을 밝혔으며, 이러한 공중 보건과 위생 문제가 도시 계획에 직접적으로 영향을 주었다고 분석하였다. 카사스(Casas: 2000)는 19세기 말 20세기 초 콜롬비아 카르타헤나 시의 급배수 체계 정비 과정을 기술하면서 의사에게 일임되었던 보건위생 정책이 도시 건설자와 과학자, 정책입안자로 확대되었고, 이를 통해 위생이 도시 인프라의 구축에 중요한 역할을 했다고 분석하였다.

상기의 연구들은 일부 도시 계획을 통해 근대도시와 위생, 이민의 관계를 설명하고 있다. 이러한 연구들은 이민과 위생, 근대 도시의 상관관계를 파악하기에 용이하지만, 그 당시의 이민과 위생 정책이 구체적으로 근대 도시 구조에 어떤 영향을 미쳤는가에 대한 부분을 이해하기에는 부족한 측면이 있다. 이에 본 연구는 이민과 위생의 문제가 근대 도시 정책과 계획에 어떠한 영향을 미쳤으며, 동시에 그러한 정책이 근대 도시 형성에 주도적인 역할을 했음을 밝히고자 한다. 이를 위해 필자는 사례 지역인 비야리카(Villarrica)[1] 시가 이민과 위생 정책의 영향으로 식민시기의 도시 모습을 탈피하여 근대 도시로 재편되는

---

1) 비야리카(Villarrica)는 파라과이 동남부에 위치한 과이라 주(Departamento del Guaira)의 주도(主都)이며, 인구는 약 8만 6천 명(2008년 인구센서스 기준)이다. 비야리카는 수도인 아순시온에서 약 3시간 거리에 있다.

과정에 주목하고자 한다. 시기는 1872년부터 1936년까지로 한정해서 분석할 것이다. 1872년은 삼국동맹전쟁 이후 황폐화된 도시를 재건하려는 노력이 시작되는 시기로 이때부터 지금의 도시 모습을 갖추기 시작했기 때문이다. 그리고 1936년은 도시 계획이 마무리되는 시기이다. 다르게 표현하면, 1936년은 현재의 도시 구조를 갖춘 시점이 된다.

이와 같은 연구목적을 바탕으로 본 연구의 2장에서는 근대 도시 이전의 비야리카의 모습과 근대도시의 모습을 갖춘 비야리카를 서로 비교하고자 한다. 이를 위해 도시 계획이 시작되기 전인 1872년 이전의 비야리카 모습과 현재 도시의 모습을 갖춘 1936년도의 비야리카를 살펴볼 것이다. 3장은 이민정책을 통한 인구 증가로 도시의 경계가 확장되는 과정을 분석할 것이다. 이를 위해 1872년의 법령과 1905년의 도시 계획 정책 사례를 중심으로 살펴볼 것이다. 4장은 도시의 팽창과 그로 인한 위생 정책의 대두로 인해 근대 도시 구조로 변화하는 과정을 살펴볼 것이다.

본 연구자가 파라과이의 비야리카를 조사 대상지로 선택한 것은 근대 도시 형성과정을 이해하는 데 적합했기 때문이다. 특히 비야리카는 19세기와 20세기 초까지 파라과이의 2대 도시에 속할 정도로 규모가 커서 근대 도시로의 이행 과정이 잘 드러남과 동시에 최근 반세기 동안 정치·경제적인 문제로 인해 도시 규모와 인프라가 거의 변화하지 않아 근대 도시 구조가 잘 보존되어 있다.

본 연구는 2007년과 2010년 두 차례 비야리카에 체류하면서 수집한 자료를 토대로 이루어졌다. 2007년 4월부터 10월까지, 약 6개월 동안은 이민 정책과 유럽계 이민자에 관한 정보를 수집하였다. 2010년 1월부터 2월까지의 현지조사에서는 위생 정책 부분에 관한 자료 수

집에 치중하였다. 주요 분석 자료는 비야리카 시청 문서보관소에 소장된 고(古)문서와 에르네스토 메아우리오(Ernesto Meaurio)[2]가 펴낸『동시대의 비야리카 시(Villarrica Contemporánea y Su Municipio)』라는 책이다. 이 책에는 1872년부터 1939년까지의 비야리카 시와 시의회 정책 자료가 고스란히 들어 있다. 문서자료 이외에 필자가 현지조사하면서 수집한 주민들과의 인터뷰 내용도 참조하였다. 시청 문서보관소 담당자인 루르데스 소토(Lourdes Soto)는 고문서 해독에 많은 도움을 주었다. 앞서 설명한 바와 같이 시청 문서보관소의 자료는 근대 도시 형성의 기반이 된 시기인 1872년부터 1936년까지의 자료를 중심으로 분석하였다.

II. 근대도시로의 전환

1. 1872년 이전의 비야리카

1872년 이전의 비야리카는 식민 시기의 도시 형태를 그대로 갖추고 있었다. 물론 독립 이후 일부 건물은 용도가 변경되었고, 새로운 주거지도 생겨났지만 식민 시기의 도시의 틀을 크게 벗어나진 못하였다. 비야리카는 1570년 스페인계 정복자인 멜가레호가 지금의 브라질 꾸리찌바 인근지역에 세운 식민도시였다.[3] 이 도시가 지금의 자리

---

2) 에르네스토 메아우리오는 비야리카에서 시장(市長)을 역임하였다.

3) Cardozo, Ramon, *La Antigua Provincia de Guairá y la Villarica del Espíritu Santo*, Buenos Aires: Librería y Casa Editora, 1938, 7쪽

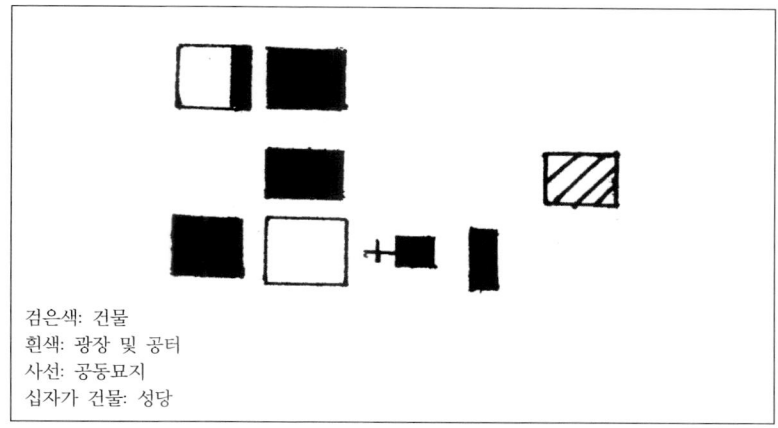

검은색: 건물
흰색: 광장 및 공터
사선: 공동묘지
십자가 건물: 성당

〈그림 1〉 1872년 이전의 비야리카의 모습[4]

로 이동한 것은 상파울루의 포르투갈계 정복자의 후손들인 마멜루코의 침입 때문이었다. 현재의 비야리카는 이들의 침입을 피해 1701년에 다시 설립된 것이다.

위의 지도는 1701년부터 1872년 이전까지 형성된 주요 건물 모습이다. 이 당시의 비야리카의 도심의 반경은 0.5km를 넘지 못했다. 지금처럼 도시 계획이 이루어지지 않아 블록과 도로는 구획되지 않은 상태였다. 도시의 중심은 성당이었다. 당시의 성당은 지금처럼 첨탑도 없이 기와를 올려서 건축한 식민시기 건축 양식이었다. 성당은 1886년도에 지금의 형태로 증축되었고, 첨탑은 이때 만들었다. 교회 뒤편에는 교회와 유사한 건축 양식으로 지은 초등학교(La Escuela de Niño)가 있었다. 이 초등학교는 현재 박물관으로 쓰고 있다. 성당의 맞은편은 이름 없는 넓은 공터였으나, 19세기 말에 12월 25일 광장

---

4) 본 지도는 필자가 Ernesto Meaurio, Villarrica Contemporanea y Su Municipi, 1946. 12~18쪽의 내용과 현재의 지도를 참고하여 그린 것이다.

(Plaza 25 de Diciembre)으로 이름을 붙였다. 지금은 자유 광장(Plaza de Libertad)으로 이름이 바뀌었다. 공터 너머에는 군사령부(La Comandacia Militar)가 있었다. 군사령부의 건물은 식민시기에 카빌도(Cabildo)와 아윤타미엔토(Ayuntamiento)[5]로 쓰였다. 군사령부 건물은 삼국동맹전쟁을 치르면서 들어선 것으로 보인다. 20세기 초에 이 건물의 용도는 비야리카 경찰청으로 쓰인다. 지금은 주청사로 사용하고 있다. 교회 앞 공터 북쪽에는 옛 경비대(La Guardia Cué) 건물이 있었다. 경비대는 지금의 경찰로서 도시 치안을 담당하였다. 경비대 내부에는 구치소도 있었다. 교회의 북서쪽에는 예수회 시기 양식의 프란시스코회의 옛 수도원(Convento Cué)과 옛 신학교(Colegio Cué)가 있었다. 수도원의 서쪽은 임시 장터(La Recova)가 열리는 공터가 있었다. 위의 그림에서는 네모의 일부만 검은색을 칠한 부분을 말한다. 이 시장은 나중에 큰 시장(Mercado Guasu)으로 불렸다. 1936년 위생 문제로 큰 시장이 철폐되면서, 그 자리에는 차코전쟁[6] 승리를 기념하는 영웅광장(Plaza de los Heroes)이 들어선다. 사선으로 표시된 부분은 공동묘지 자리이다. 이 공동묘지는 1873년경에 철폐되었고, 새로운 공동묘지는 도시 북쪽 외곽지에 자리 잡았다. 가옥이 큰 시장을 벗어나지 못했다는 기록으로 보아 주민들의 거주지는 위의 지도에 나타난 도시의 주요 건물 인근을 크게 벗어나지 않은 지역에 위치한 것으로 보인다.[7]

이 시기에는 지금처럼 도시 구획이나 도로 정비가 제대로 이루어지지 않았다. 유일한 도로는 비야리카(Villa Rica) 거리가 있었다. 이 거리는

---

5) 카빌도와 아윤타미엔토는 식민시기 도시를 관장한 기관으로 현재의 시청과 그 기능이 유사하다.

6) 차코 전쟁(Guerra de Chaco)은 1932년부터 1935년간 약 3년 동안 파라과이와 볼리비아가 차코지역을 놓고 벌인 전투를 말한다. 파라과이는 이 전쟁에서 승리하였다.

7) Meaurio, Ernesto, *Villarrica Contempóranea y Su Municipio*, Asunción, 1946, p.16.

상업거리로서 군사령부 앞과 임시 장터가 서는 공터 앞의 길을 말한다. 현재 이 거리의 명칭은 코로넬 보가도(Coronel Bogado)로 변경되었다.

2. 근대 도시로서의 비야리카

비야리카 식민 시기의 도시 모습에서 근대적인 도시 구조를 갖추게 된 것은 삼국동맹전쟁[8] 이후 도시 재건을 위해 1872년 제정된 이주민 관련 도시 계획 법령과 1905년 시에서 추진한 도로 정비를 통한 시 경계의 확립을 들 수 있다. 이 두 계획을 통해 비야리카는 현재와 같은 도시의 모습을 갖게 되었다. 1872년의 법령을 통해 비야리카의 주거지는 비로소 현재와 같은 정방형의 블록으로 일정하게 구획되었으며, 정방형 사이는 도로로 연결되었다. 1905년은 인구의 증가로 도시의 규모가 확대되면서 도시의 경계 정립과 도로 정비를 실시하였다.

1905년 이후에는 도시 인프라를 토대로 도시 내부의 기반 시설들도 새로 건축되거나 이전하기 시작한다. 대표적인 시설과 건물은 시청과 시장, 광장, 공동묘지 등을 들 수 있다. 구(舊) 시장 철폐와 신(新) 시장 건설을 마지막으로 비야리카의 주요한 시설은 1936년 이전에 건축되었으며, 현재까지 그 모습을 유지하고 있다.

이 시기의 도시 인프라 재정비는 법령 제정과 정책, 이주민의 증가가 상호작용한 결과이다. 기존의 도시 인프라는 인구 압력을 감당하지 못하였고, 이에 새로운 도시 계획과 정책들이 나왔다. 그 대표적인

---

8) 삼국동맹전쟁(Guerra de la Triple Ailanza)은 파라과이가 브라질, 아르헨티나, 우루과이의 삼국동맹과 벌인 전쟁을 말한다. 이 전쟁은 1865년에 발발하여 1870년까지 5년 동안 지속되었다. 파라과이 사람들은 이 전쟁을 '큰 전쟁(Guerra Grande)'이라 부르기도 한다: 구경모, 「유럽계 이주민의 유입에 따른 과이레뇨(Guaireño)의 타자화: 파라과이 비야리까(Villarrica) 시의 사례」, 『비교문화연구 14집 2호』, 2008, p.12.

정책이 1905년의 도로정비와 시청 건설이 있다. 또한 이 시기에 유입된 유럽식 공중보건 관념이 비야리카의 위생 문제와 결합되면서, 위생은 도시 계획에 중요한 역할을 하였다. 특히 전염병의 발병은 위생에 따른 도시 계획 수립에 힘을 더하였다. 위생과 관련하여 도시 계획에 큰 비중을 차지한 시설은 공동묘지와 시장이었다.

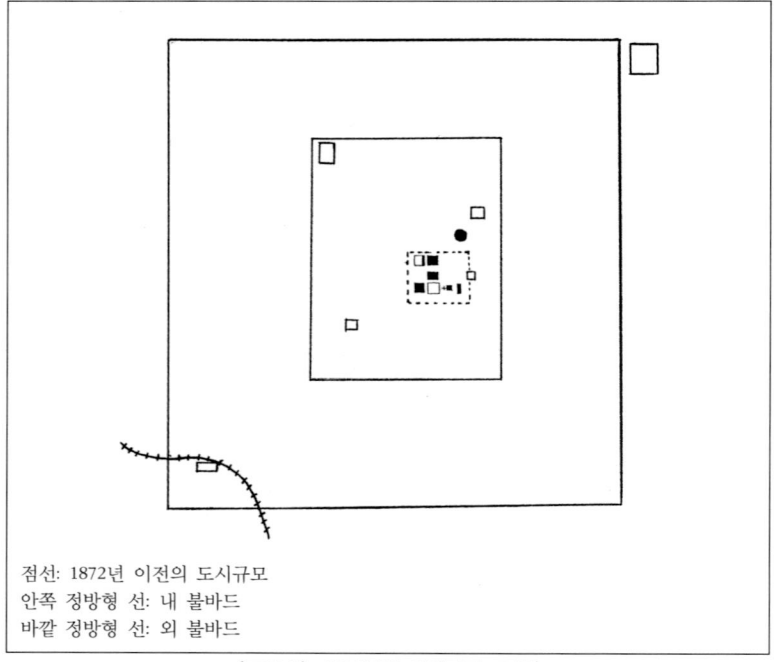

점선: 1872년 이전의 도시규모
안쪽 정방형 선: 내 불바드
바깥 정방형 선: 외 불바드

〈그림 2〉 1936년의 비야리카 모습9)

위의 지도는 1936년 비야리카 시의 모습이다. 도시의 규모는 1872

---

9) 본 지도는 필자가 Ernesto Meaurio, *Villarrica Contempóranea y Su Municipio*, 1946.의 자료와 주민들의 증언을 통해 구성한 것이다.

년 이전과 비교할 수 없을 정도로 확대되었으며, 도시의 구획도 계획적으로 이루어졌다. 이처럼 도시 구역이 정확히 설정된 것은 1905년에 건설된 불바드(boulevard)에 의해서였다. 불바드는 일반도로의 두세 배 폭으로 건설되는 일종의 순환도로로써 도시 경계를 나타낸다. 이 당시에 불바드는 내·외 불바드로 건설되었다. 내불바드의 안쪽은 도시의 중심지로서 상업 지구에 해당되며, 내불바드와 외불바드의 사이의 공간은 주거지로서 가옥이 주를 이루었다. 외불바드 밖은 도시구역이 아니다.

점선 사이의 작은 빈 네모 칸은 1872년 이전에 있던 공동묘지이다. 이 공동묘지는 1872년 도시계획 법령제정에 따라 그 이듬해에 없어졌다. 비야리카 경제행정위원회[10]는 내불바드 북서쪽 내부지역, 지도상의 왼쪽 모서리 안쪽 지점에 새로운 공동묘지를 지었다. 새로운 공동묘지를 건설할 당시에는 불바드가 존재하지 않았고, 그 지역은 도심지와 떨어진 곳이었다. 그러나 계속된 인구 증가로 인해 주거지가 공동묘지를 둘러싸게 되었다. 시는 1910년에 공동묘지를 외불바드 북동쪽 외곽지역, 지도상의 오른쪽 윗부분 모서리에 다시 신축한다. 이 공동묘지는 현재까지 사용되고 있다.

큰 시장은 1936년에 없어지고 두 개의 시장으로 분리된다. 지도상의 점선부분 오른쪽 윗부분의 빈 네모 칸 지점은 1시장(Mercado Uno)이며, 지도상의 점선 부분 왼쪽 아래쪽 빈 네모 칸은 2시장(Mercado Dos)이다. 그리고 점선의 바로 윗부분의 동그란 점은 목재 적재장이었다. 그 주변은 목재소가 있었다. 목재 적재장은 1960년대에 버스정류장으로 바뀌었다.

---

10) 경제행정위원회(Junta Económico-Administrativa)는 시정(市政)을 맡은 임시기구였다.

도시의 왼쪽 아래에 지나는 선은 바로 철도이다. 철도는 아순시온과 아르헨티나를 이어주며 1887년에 완공되었다. 철도로 인해 비야리카에는 많은 유럽계 및 아랍계 이민자들이 유입되었다. 철도와 유럽계 이주민들로 인해 비야리카는 급속히 성장하였다. 철도 주변에는 설탕과 빵, 비누, 국수, 포도주 공장이 들어섰으며, 철도역에 내린 물건들은 큰 시장에 수레로 운반되었다. 또한 비야리카는 각지에서 온 목재를 모아 철도를 통해 아르헨티나로 수송하는 역할도 담당하였다.[11] 철도는 정치·경제적 이유로 1960년대 사라지고, 대신 버스정류장이 생겼다.

III. 이민 정책과 도시 계획

삼국동맹전쟁은 파라과이 사회 구조가 재편되는 결과를 가져왔다. 각종 시설 및 기간산업의 파괴는 둘째 치더라도, 인구 감소는 정부입장에서 가장 심각한 문제로 다가왔다. 의견의 차이는 있지만, 학자들은 전쟁 이후 그 이전 인구와 비교하여 10분의 1 정도만 생존했다는 의견에서부터 4분의 1 수준으로 줄었다는 견해에 이르기까지 다양한 분석결과를 제시하고 있다.[12] 이렇듯 전쟁으로 인한 파라과이 사람

---

11) 주민들의 증언에 따르면, 이 당시 목재는 파라과이의 주 수출 품목이었다. 바다가 없는 파라과이는 아르헨티나를 통해 유럽 등지로 수출하였다. 목재를 아르헨티나로 운반하는 방법은 두 가지였다. 강 근처의 지역은 파라나 강과 리 오 데라 플라타 강을 이용하여 뗏목으로 목재를 운반하는 것이다. 내륙 지역은 수레를 통해 비야리카로 가져와 철도를 통해 아르헨티나로 운반하였다.

12) 이와 관련하여 아레야노(Arellano: 2005, 39)는 전체 생존자수가 221,349명이라고 주장하였다. 치아베나토(Chiavenato: 1984)는 파라과이 전체 인구 4분의 1인 194,000명이 생존하였다고 보았다. 이렇게 학자들마다 의견은 다르지만, 삼국동맹전쟁으로 인해 엄청난 수의 파라과이 사람들이 사망한 것을 알 수 있다: 구경모, 「유럽계 이주민의 유입에 따른 과이레뇨(Guaireño)의 타자화: 파라과이 비야리까(Villarrica)시의 사례」, 『비교문화연구 14집 2호』, 2008, p.13.

들의 사망 숫자는 의견이 분분하지만, 상당한 수가 희생되었다는 것은 분명한 사실이다. 특히 생존자의 대부분이 여성 혹은 노약자와 어린 이로서 국가 재건을 위한 성인 남성의 수가 절대적으로 부족하였다.

정부는 도시 계획을 통해 인구 유입 정책을 마련한다. 먼저 6개의 거점 도시를 지정하여 도시 정비와 관련된 법령을 준비하였다. 이어서 수도인 아순시온을 비롯한 거점 도시에 경제행정위원회를 설립하였다. 경제행정위원회는 시의 행정과 의회를 통합한 임시기구에 해당되는 것으로 시의 주요 사안을 의결하고 실행하였다. 파라과이 정부와 의회는 1872년 5월 25일 법안을 통과시킨 후 각 도시의 경제행정위원회에 하달하였다.

제1조　지방정부는 법률에 의거하여 각 마을에 집을 짓기 위해 땅을 청구하는 모든 내국인과 외국인에게 무상으로 토지를 제공한다.

제2조　앞 조항에서 다룬 토지는 각 마을의 성당을 기준으로 동서 남북으로 750바라[13]까지로 한정한다.

제3조　각 블록 4면의 폭은 150바라로 하며, 블록마다 12개의 부지로 나눈다. 4개 부지의 전면은 55바라로 하고 길이는 50바라로 한다. 이 부지들은 첨부된 도면에 A로 표시되어 있다. 다른 4개의 부지는 두 전면으로 40바라로 하고 길이는 50바라로 한다. B로 표시되어 있다. 다른 4개 부지는 전면이 25바라로 하고 길이는 65바라로 한다. 첨부된 소형 도면에 C로 표기되어 있다.

출처: 비야리카 시청 문서보관소[14]

---

13) 1바라(vara)는 0.425m이다. 따라서 750바라는 318.75m이다.
14) 출처의 1항과 2항은 구경모(2008, 14)의 글에서 인용한 것이며, 3항은 새로 추가한 것이다. 이 문서는 첫

위의 문서는 법안이 통과된 지 3일 후에 국회가 비야리카 시의 경제행정위원회로 발송한 것이다. 제1항은 토지 제공에 있어 내외국인의 차별을 두지 않는다는 것으로 외국인 이민을 적극적으로 받아들이겠다는 정부의 의지를 엿볼 수 있다. 2항은 성당을 기준으로 토지 무상제공의 범위를 다루고 있다. 여기서 말하는 성당(capilla)은 현재의 대성당(catedral)[15]이다. 성당을 중심으로 사방(四方) 750바라는 현재의 센트로의 경계에 못 미치는 거리이다. 한 블록이 150바라이면 성당을 중심으로 사방 5블록은 토지를 무상으로 증여하는 구역이다.[16]

법안의 나머지 항의 내용은 1872년 5월 29일 부통령이 비야리카 경제행정위원회에 보낸 시행규칙 문서에서 유추해 볼 수 있다. 이 시행규칙은 총 13항으로 내외국인에게 토지를 무료로 제공하는 방식과 관리, 집의 규격 등 각 시에서 법령을 시행하기 위한 준수사항을 구체적으로 담고 있다.

제7항 모든 집은 두 종류 이하로 지어야 한다. 전면은 막혀 있어야 하며 붉은 나무 혹은 벽돌로 건축해야 한다.

제8항 집 건축의 일정한 형태를 유지하기 위해 모든 갓돌은 6바라 높이로 해야 하며 지붕은 2바라 경사로 해야 한다.

출처: 비야리카 시청 문서보관소[17]

장의 4개 항만 남아 있으며, 여기서는 세 항목만 인용하였다. 4항은 첫 줄만 남아 있어 그 내용을 이해할 수가 없다.

15) 대성당이 현재와 같은 모습을 갖춘 것은 1886년 6월경에 증축을 하면서이다.

16) 현재 센트로의 북쪽과 서쪽 경계는 이 당시보다 4블록 확대되었으며, 남쪽은 2블록, 동쪽은 그대로이다.

17) 이 시행규칙은 13항으로 구성되어 있다.

이러한 건축 양식은 시내에서 흔히 볼 수 있다. 당시의 블록과 건물 구조는 현재 비야리카 도시 구조의 맹아가 되었다. 내외국인을 구별하지 않은 인구 확대 정책은 최소한 비야리카에서 성공을 거두었다. 특히 1880년대 후반에 철도가 건설되면서 비야리카에는 아르헨티나를 통해 들어온 유럽계 이민자들, 특히 이탈리아계 건설노동자와 상인이 대거 정착하였다.[18] 이탈리아계로 철도공사에 참여한 페드로 보지노(Pedro Boggino)의 아들인 루이스 보지노(Luis Boggino)에 따르면, 이 당시에 철도 건설을 위해 들어온 이탈리아 노동자들 중 약 200~300명이 비야리카에 정착했다고 한다.[19] 지금도 비야리카에는 이탈리아계 후손들의 모임이 유지되고 있다. 철도건설을 전후하여 이탈리아계 이민자들이 비야리카에 정착한 증거는 다음의 문서에서 잘 드러난다.

비야리카 1888년 11월 29일

시장님께

엘레우테리오 히메네스(Eleuterio Giménez)

기혼이며 이웃인 이탈리아 국적의 후안 팜부티(Juan Fambuti)가 자격을 갖고 정중하게 요청한다.

공화국의 헌법에서 특히 1872년 5월 25일 법령 6조에 의거하여 시청 소유의 대지를 청구한다. 그는 아래에서 설명하는 곳 근처의 20년 된 집에서 살고 있다. 그의 집은 정면에서 대략 비야리카 거리 방향의 12월 15일 광장에서 1,000바라 떨어진 곳에 있다. 청구자의 거주지에서 80바라 떨어진 지점에 으쿠아-앙과[20]라 불리는 샘이

---

18) ibid., p.17.

19) ibid., p.18.

20) Ycuá-Anguá(donde sale el agua)는 과라니어로서 물이 나오는 곳, 즉 샘을 말한다.

있으며, 북쪽으로 60바라 떨어진 곳에 펠파 오레고(Felpa Orrego) 여사가 거주하고 있다.

요청자는 위에서 설명한 토지를 청구하며, 관련 문서는 세르데 후스티나 그라우 람베르토(Cerde Justina Grau Lamberto)가 준비하고 있다.

같은 날 오후 4시에 비서에게 전달됨.

접수

리벨리(Livelli)

출처: 비야리카 시청 문서보관소

이 문서는 이탈리아계인 후안 팜부티가 1888년 11월 29일 시청소유의 토지를 청구한 것이다. 엘레우테리오 히메네스는 스페인어를 쓸 수 없는 후안 팜부티를 대신하여 대필한 사람이다. 문서의 내용을 보면, 그는 1872년 제정된 법령에서 외국인 정착을 위한 토지 무료 제공 조항에 의거하여 그가 살고 있던 시청소유의 땅을 청구하였다. 이 문서는 내외국인을 차별하지 않았던 정부의 이민 정책이 실효성을 거두고 있음을 증명하고 있다. 특히 이 업무의 담당자가 이탈리아계인 리벨리라는 것은 이미 이탈리아계 이민자들이 비야리카에 성공적으로 정착했음을 보여 준다.

19세기 후반부터 20세기 초반까지 내외국인 토지 제공 정책과 철도의 건설은 대규모의 외국인들이 비야리카에 정착한 원인이 되었다. 이들의 대부분은 유럽계와 아랍계로서 이탈리아와 독일, 프랑스, 영국, 헝가리, 크로아티아, 레바논, 시리아 등지에서 이주하였다. 이들은 주요 상권과 공장을 소유하였다.[21] 이 시기에 얼마나 많은 수의 유럽계 이민자들이 비야리카에 정착했는가는 정확히 알 수가 없지만, 지금까지 비야리카에 살고 있는 상당수의 유럽계 이민자의 후손들을 통해 간접적으로 확인할 수 있다. 또한 향토 사학자인 프랑코는 그의 조사를 통해 19세기 말에서 20세기 초까지 비야리카에 정착한 유럽계 이주민의 성씨가 228개라고 밝히고 있다.[22] 이 성씨 통계는 많은 수의 유럽계 이주민들이 유입되었다는 사실을 증명하고 있다.

이민정책의 성공과 함께 비야리카의 인구가 급증함에 따라 비야리카의 도시 구조는 변화하게 된다. 1905년에 도로와 시청이 건설되면서 비야리카는 식민 도시의 틀을 벗어나 현재와 같은 모습의 도시로 재편된다. 불바드의 건설은 비야리카의 경계를 명확히 하였다. 앞서 언급한 것처럼 불바드는 도시의 경계를 나타내는 도로로써 도심의 도로보다 그 폭이 두세 배가량 넓다. 비야리카에서는 내불바드와 외불바드가 건설되었다. 내불바드는 도시의 중심과 외곽을 경계 짓는 불바드이며, 외불바드는 도시와 시골을 구분하는 불바드이다. 내불바드는 1872년 법률에서 제시한 마을 규모인 사방 750바라보다 2~3블록 확장된 지점에 건설되었다. 외불바드는 도시 전체를 감싸듯이 외곽지역에 위치하였다. 이렇게 도시의 규모가 커지면서 시에서는 불바드를 통해 도시의 경계를 새로이 조정하였다. 그리고 도시를 네 개의 구역으로 나누어 관리하였다. 첫 번째 구역은 도시의 북서쪽, 두 번째 구역은 도시의 남서쪽, 세 번째 구역은 도시의 북동쪽, 네 번째 구역은 도시의 남동쪽이었다. 현재 비야리카는 총 9개 구역으로 구성되어

---

21) 현재에도 이 시기에 유입된 유럽계 이민자들의 후손들은 비야리카의 경제를 좌지우지할 정도로 영향력이 막강하다.

22) Franco, Artemio, *Villarrica: Un Mosaico de su Historia y Folklore en Romántica Evocación*, 1984.

있으며, 이는 한국의 동(洞)과 유사한 개념인 바리오로 구분된다. 내 불바드의 안쪽은 센트로(centro)이며, 내불바드와 외불바드 사이에는 8 개의 바리오가 있다. 시청은 불바드보다 1년 뒤에 건설되었다. 그 이 유는 시청이 들어설 자리에 있던 프란시스코 수도원을 철거해야 했기 때문이다. 시장과 붙어 있던 프란시스코 수도원이 철거된 자리에 시청 이 들어서면서 시장과 시청 사이에 도로가 건설되었다. 이때부터 비야 리카는 지금과 같은 도로구조와 도심지의 모습을 드러내기 시작한다.

Ⅳ. 도시의 성장과 위생 정책

1. 위생문제와 공동묘지 이전

도로와 같은 토목 공사가 비야리카의 기본적인 도시 구조를 만들었 다면, 주요 생활시설은 위생 관념의 대두와 그에 따른 정책의 뒷받침 속에서 이루어졌다. 물론 도시 인프라가 구축된 기본적 요인은 앞서 말한 이민 정책으로 인한 인구의 증가일 것이다. 인구 증가는 소수 인 구에 최적화된 생활시설에 대한 재정비를 요구하게 된 원인이 되었다.

위생 관념이 발생한 것은 전염병이 병원균에 의해 옮겨진다는 사 실을 발견한 이후부터였다. 비야리카에서 공중보건 및 위생과 관련된 조직은 1886년 10월에 처음 조직되었다. 이 당시 파라과이의 수도인 아순시온에서 전염병이 창궐하였고, 그에 대한 대비책으로 비야리카 시에서 보건위원회[23]를 설립하였다. 보건위원회는 자체 의료팀을 구 성함과 동시에 시민들에게 위생 규정을 준수하도록 다음과 같은 지침을 내렸다.

1. 각자의 집을 깨끗이 청소하라.
2. 쓰레기는 태워라.
3. 말뚝에 소가죽 말리는 것을 금한다(소가죽을 공기에 노출하는 것을 금한다).[24]

비야리카는 1855년에 이미 열병으로 인한 전염병 창궐로 큰 피해를 입었다. 그 당시 정부에서는 군의관이었던 스코틀랜드 출신의 페데리코 스킨네르트(Federico Skinnert) 박사를 비야리카에 급파할 정도로 상황이 심각하였다.[25] 범시민적으로 보건과 위생을 강조하게 된 계기는 전염병에 대한 경험과 위생에 대한 전문적인 지식을 가진 유럽계 이민자들, 특히 의사와 약사들이 정착하면서 시작되었다. 보건위원회 소속의 길츠와 챠세는 각각 독일계와 프랑스계 이민자들이었다. 길츠는 추후에 주거지에서 공동묘지를 옮기는 데 중요한 공헌을 했으며, 챠세는 비야리카에서 최초로 약국을 세운 인물이다.

공중보건 개념이 대두됨에 따라 비야리카 시에서 도시 인프라와 관련하여 중요하게 다루었던 위생 정책은 바로 공동묘지 이전이었다. 1873년 경제행정위원회에서는 옛 공동묘지(Cementerio-cué)에 매장하는 것을 금하고 새로운 공동묘지에 매장해야 한다는 규정을 수립하

---

23) 보건위원회는 후안 길츠(Juan Giltz)와 에스테반 고로스티아가(Esteban Gorostiaga), 호르헤 라타사(Jorge Lataza), 카를로스 챠세(Carlos Chase) 등의 의사와 약사로 이루어졌으며, 위원회 산하에 하부조직을 추가하여 각 가정을 담당할 수 있도록 구성하였다. 첫 번째 구역은 베르나르디노 보르돈(Bernardino Bordón)과 루카스 파팔루카(Lucas Papaluca), 막시모 마추카(Máximo Machuca), 이노센시오 탈라베라(Incencio Talavera)로 조직되었다. 두 번째 구역은 트리폰 고로스티아가(Triton Gorostiaga)와 플로렌시오 로페스(Florencio López), 호세 알폰소(José Alfonso), 페드로 아르구에요(Pedro Argüello)로 구성되었다(Meaurio: 1942, 95).

24) Meaurio, Ernesto(1942) *Villarrica Contemporanea y Su Municipio*, Asunción: Litocolor, p.96.

25) ibid., p.37

였다.[26] 옛 공동묘지는 성당에서 불과 동쪽으로 4블록 떨어진 곳에 위치하고 있었다.[27] 옛 공동묘지가 시내 중앙부에 위치하고 있는 관계로 위생문제와 도시 계획에 걸림돌로 작용하였고, 이로 인해 경제행정위원회에서는 북서쪽 공동묘지(Cementerio Nor-Oeste)를 건설하였다.

약 15년이 지난 1888년 길츠와 인사우랄데는 도시의 북동쪽에 새로운 공동묘지를 건설하자는 제안을 하였다. 길츠는 1855년 발생한 전염병에 의해 죽은 사람들이 북서 공동묘지가 있던 자리에 묻혔다는 것을 밝혔다. 이 사실을 바탕으로 그는 북서 공동묘지의 땅에 침투된 병원균으로 인해 주변 주민들의 공중보건이 매우 취약한 상태에 놓여 있다고 주장하였다.[28] 새로운 공동묘지 건설 문제는 토지 확보 등의 문제로 인해 바로 해결되지 못하고 논의만 계속해서 진행되었다.

1908년 한 시민에 의해 다시 공동묘지 신축에 관한 상세한 방안이 제시되었다. 다음은 시장에게 공동묘지 신축 필요성을 제안한 문서이다.

비야리카 1908년 12월 8일

존경하는 시장님께

나를 신뢰하는 영광스러운 시의회와 시장님께 공동묘지에 대한 의견을 제출합니다.

비야리카 시민들을 위한 나의 희망은 8년간 지체되어 온 공동묘지를 정리하는 것입니다. 나는 지금의 공동묘지를 폐쇄하고 신식(新式) 공동묘지를 남동쪽에 건설했으면 합니다. 신식 공동묘지 제안은 위생을 위한 것입니다. 지금의 공동묘지는 근처의 마을보다 높

---

26) ibid., p.37.
27) 옛 공동묘지는 알레호 가르시아와 헤네랄 카바예로, 아자라, 아순시온 거리에 위치하고 있었다.
28) ibid., p.37.

은 곳에 위치하고 있어 공동묘지의 구덩이에 스며든 물이 마을의 우물로 흘러갑니다. 우물들은 공동묘지 근처에 살고 있는 많은 주민들이 사용하고 있습니다.

다른 이유는 자주 발행하는 후텁지근한 북풍이 무덤의 냄새를 옮기고 있습니다.

이러한 이유들로 인해 지금의 공동묘지는 주민들에게 이롭지 않습니다. 도시 남동쪽 시청 소유의 값싼 땅이 있는 곳에 신식 공동묘지를 건설해야 합니다.
(생략)

출처: 비야리카 시청 문서보관소

이즈음에 인구가 점점 증가하여 내불바드 안쪽과 바깥쪽에는 집들이 빽빽이 들어섰다. 인구 증가에 따른 도시 성장도 신식 공동묘지의 필요성을 야기하였지만, 위의 문서 내용처럼 위생문제 해결은 더 시급한 과제였다. 시청에 청원 문서를 보낸 사람은 신축공동묘지의 설계도를 첨부하여 구체적인 대안을 제시하였다. 결과적으로 그의 계획은 시로부터 승인을 받지 못했지만, 공동묘지로 인한 거주지 주변의 식수와 공기의 오염으로 인한 공중 보건 문제가 당시에 주요한 화두였다는 것을 잘 보여 준다. 이 계획이 거부된 것은 길츠를 비롯한 보건위원회와 시관계자들이 주장하는 장소와 반대되는 곳에 공동묘지 건설을 제안했기 때문이다.

그 이듬해에 시에서는 1903년부터 약 10년간 끌어왔던 공동묘지 신축문제를 매듭짓기 위해 차세를 중심으로 공동묘지 신축을 위한 위원회를 발족하였다.[29] 시장과 위원들은 시의 북동쪽에 토목 기술

---

29) ibid., p.234.

자인 콘웬츠(Conwents)가 설계를 마친 지역을 공동묘지 자리로 선택하였다. 그리고 1910년, 시에서는 도시 북동쪽의 주민이 살지 않는 외불바드의 바깥 지점에 공동묘지를 건설하였다. 현재 비야리카에서는 북서쪽 공동묘지를 구(舊)공동묘지라 부르며, 북동쪽 공동묘지를 신(新)공동묘지라고 부르고 있다. 북동쪽 공동묘지는 관리 규정과 요건을 이전의 공동묘지와 달리 아주 까다롭게 만들었다.

지시 계획

비야리카 시의회

지시 사항

제1조 북동쪽의 공동묘지는 세 구역으로 나눈다. 첫 번째 등급 묘소는 1번부터 288번까지 분류한다. 두 번째 묘소 등급은 문자 A, B, C로 나눈다. 세 번째 등급 묘소는 로마자로 I y II로 나눈다.

제2조 첫 번째 등급은 영구소유의 형태로 판매한다. 두 번째 등급은 5년을 주기로 대한다. 세 번째 등급은 어떤 규정 없이 공짜로 준다.

······중략······

제4조 첫 번째 등급의 면적은 12.5㎡이어야 한다.

제5조 거리에 접한 묘소는 시에 50%의 세금을 더 부담해야 한다.

제6조 2번째 및 세 번째 등급은 1.25m의 깊이와 3㎡의 넓이여야 한다.

······중략······

제13조 소유자와 임대인은 묘소를 깨끗이 유지해야한다. 그렇지 않으면 벌금을 내야 한다.

······중략······

제15조 어떤 소유주든 한 개 이상의 묘소를 가질 수 없다. 묘소를 기부하거나 거래할 수도 없다.

제16조 도면에 따라 건축해야 하며 시청의 허가 없이 어떤 물건을 배치할 수도 없다.

······중략······

제18조 공동묘지 관리자는 거리를 깨끗하게 유지해야 하며 내부의 모든 것을 잘 보존해야 한다.
제19조 허가 없이 어떤 시신도 매장할 수 없다.
제20조 공동묘지 출입은 공휴일 혹은 특별 시청에서 허가를 받은 방문객만이 가능하다.

출처: 비야리카 시청 문서보관소

시청 문서 보관소의 위생 관련 문건 중에서 가장 많이 발견된 자료는 공동묘지에 관한 것이었다. 이는 1873년과 1910년 사이에 두 개의 공동묘지가 신축된 것을 보아도 잘 알 수 있다. 이처럼 공동묘지의 관리는 비야리카 시의 공중보건을 위한 우선 과제였다. 도시 계획에서 공동묘지를 외불바드 밖에 건설하고 신공동묘지의 규칙을 엄격하게 정한 것은 위생에 있어 공동묘지가 차지하는 비중을 잘 보여 준다. 역으로 말하면, 공동묘지는 공중 보건을 위협하는 대표적인 시설물이었던 것이다.

이렇게 공중보건과 위생의 문제에 있어 공동묘지가 주목받은 것은 전염병에 대한 역사적 경험과 유럽계 이민자에 의한 공중 보건 개념이 결합되었기 때문이다. 1855년의 전염병 환자가 묻힌 구공동묘지의 위험성은 아무도 몰랐지만, 유럽계 이민 집단이 위험성을 공론화하면서 구공동묘지는 몹쓸 장소가 되었다. 더구나 1886년에 수도인 아순시온에 전염병이 창궐하면서 공동묘지는 공중보건의 상징적인 대상이 되었다. 그 결과로 공중보건위원회가 발족되었으며, 1910년에는 신공동묘지가 건설되었다.

2. 위생 문제와 시장 이전

19세기 중반까지 비야리카에서 번화했던 곳은 성당과 그 앞의 12월 25일 광장이었다. 그러나 성당에서 북서쪽으로 두 블록 떨어진 곳에 큰 시장과 시청이 건축되면서 그 주변은 상업중심지로 변모하였다. 시장은 1835년 옛 수도원(Convento-Cué) 옆 공터에서 처음 개시하였다.[30] 이 시장은 큰 시장(Mercado Guasu)으로 불렸다.[31] 삼국동맹전쟁이 일어나기 전인 1862년의 기록에 의하면, 시장의 공터에는 북쪽에서 서쪽으로 약 55바라 길이의 오두막이 있었다고 한다.[32]

시장은 철도역에서 가져온 상품들과 그것을 운반한 수레, 수레를 끄는 동물들로 인산인해를 이루었다. 특히 음식물과 수레를 끄는 동물의 배설물, 사람들이 뒤섞이면서 시장의 위생 관리는 시청의 골칫거리로 등장하였다. 시에서는 환경 정비를 위해 몇 차례 시장을 개보수하였다. 1910년 4월에는 철골 기둥에 50개의 대리석 가판대를 설치하였고, 1921년에는 위생과 편리함을 위해 시장 건물을 새로 수리하였다. 아래의 사진은 수리한 이후의 시장의 모습이다.

가판대와 건물을 새로 지어도 시장의 위생 문제는 끊임없이 대두되었다. 시장 주변의 도로는 상거래를 위해 모여든 사람들, 특히 기차역에 물건을 싣고 온 수레들이 모이는 정류장 역할까지 담당하여 항

---

30) Franco, Artemio, *Villarrica: Un Mosaico de su Historia y Folklore en Romántica Evocación*, 1984, p.3

31) guasu는 과라니어로 크다는 뜻이다.

32) Franco, Artemio, *Villarrica: Un Mosaico de su Historia y Folklore en Romántica Evocación*, ibid., p.234.

33) 이 사진은 2007년도에 스카보네(Scavone)로부터 받은 것이다. 당시 스카보네는 주청사 농업과 담당자로 근무하였다. 그는 향토사에 관심이 많아 신문에 비야리카 역사 관련 글을 많이 기고하였다. 현재는 대학생 협동조합에서 근무하고 있다.

48. Mercado, Villarrica

〈그림 3〉 1921년 9월 22일 촬영한 큰 시장의 모습[33)

상 북적거렸으며, 상인들과 손님들이 버린 음식물 쓰레기와 수레를 끄는 동물들의 배설물이 넘쳐났다. 당시 지역신문에 '시장의 위생(La higiene en el mercado)'이라는 제목으로 실린 기사는 시장의 위생 상태가 심각했음을 잘 보여 준다.

> 무더운 더위와 함께 엄청난 양의 폐기물과 수박 껍질은 시장의 십자로에 가득 쌓여 있다. 거기에는 망아지들이 모여 있으며 마치 쓰레기 창고 같다.
> 앞서 지적한 장소가 청소와 위생으로부터 방치된 것은 시청이 태만한 탓이다. 시청은 단지 상인들로부터 세금을 받는 것에만 열중한다. 오물을 전혀 관리하지 않는다. 시청이 주민의 위생과 건강에 전념하도록 우리의 보건권(保健勸)에 대해 관심을 가져야 한다.
>
> 출처: 엘 수르코(El Surco) 1926년 1월 13일자

시장의 열악한 위생 상태는 주민들에게 시의 관리 소홀로 인식되었고, 주민들은 주변 환경에 대한 불안과 불만으로 가득 찼다. 결국 시에서는 주민들의 원성을 잠재우고 전염병에 대한 공포를 제거하기 위해 1936년에 큰 시장을 없애고 다른 곳에 시장을 세우기로 결정하였다. 시장의 위생 상태로 인해 주민들의 불만이 높았음에도 불구하고 시의 대책이 늦었던 것은 상권을 둘러싼 이권 문제 때문이었다. 큰 시장이 해체되면, 그 주변의 상업 활동은 침체될 것이 분명하였기 때문에 상가를 소유한 사람들이 시장 이전을 반대하였다. 특히 상가 소유자의 대다수는 유럽계와 아랍계 이민자들로 비야리카 시의 부와 권력을 좌지우지하는 사람들이었고, 그들의 결정은 시의 정책에 큰 영향을 미쳤다.[34]

새로운 시장은 수요를 분산하기 위해 두 곳에 설치하기로 하였다. 한 곳은 내불바드의 북동쪽이며, 다른 한 곳은 내불바드의 남서쪽에 세우기로 하였다. 시장의 이름은 북동쪽의 시장을 1시장(Mercado Uno)으로 명명하였고, 남서쪽의 시장은 2시장(Mercado Dos)으로 이름을 붙였다. 1시장은 1936년에 8월 26일에 착공하여 같은 해 12월 15일까지 약 4개월 동안 공사를 진행하였다. 2시장은 1936년 10월에 짓기 시작하여, 이듬해인 1월 12일에 공사를 마쳤다. 1시장은 2시장보다 규모가 크고 상권이 더 발달되어있다. 그 이유는 1시장 옆에 버스정류장[35]이 있어 물류 집하가 2시장보다 용이하기 때문이다.

---

34) 2007년도에 현지조사를 하던 당시 원단가게를 운영하고 있는 레바논계 이민자인 훌리오 무씨(Julio Mussi)는 큰 시장이 해체할 무렵 그의 아버지가 적극적으로 반대했다는 내용을 필자에게 언급하였다. 무씨(Mussi) 가족은 1902년에 비야리카에 이주하여 큰 시장 맞은편에 대형 원단 가게를 운영하였다. 그러나 시장이 없어지면서 무씨 가족은 새로 생긴 1시장 쪽으로 가게를 옮겨서 지금까지 운영하고 있다.

35) 비야리카의 버스정류장은 철도가 운행을 멈춘 1960년대에 건설되었다. 그 이전에는 큰 시장의 주변 도로가 정류장 역할을 담당하였다. 큰 시장이 없어진 이후, 약 20년 이상 큰 시장이 있던 자리의 주변 도로는

1936년에는 버스정류장을 제외한 도로와 기타 도시 인프라가 현재의 위치에 구축되었다. 특히 두 개의 시장이 내불바드 경계로 이동하면서 상권도 확장되었다. 기존의 상권은 큰 시장을 중심으로 주변 도로에만 상가들이 밀집한 형태였지만, 그 이후에는 상권이 내불바드 경계 내부 전체로 확장되었다. 시장의 이전으로 비야리카의 도심지는 현재의 모습을 갖추게 되었다.

V. 결론

도로 건설 및 공동묘지, 시장의 이전과 신축은 이민에 따른 인구 증가와 도시의 성장, 공중 보건과 위생 정책이 복합적으로 작용한 것이다. 비야리카는 이러한 요소들의 상호작용으로 인해 지금과 같은 도시구조를 이루게 되었다.

본 연구를 통해 필자는 이민과 위생 근대 도시의 관련성, 특히 라틴아메리카에 도입된 위생관념이 근대도시 형성에 어떻게 기여했는가를 밝혔다는 데 의의를 두고자 한다. 파라과이 비야리카 시의 사례에서 이민은 도시 성장과 공중보건개념 도입에 큰 역할을 담당하였다. 유럽계 이민자들은 위생 관념을 전파하였고, 이는 도시 인프라 구축에 영향을 미쳐 근대도시가 형성될 수 있는 원동력을 제공하였다. 도시 인프라 사례 가운데 공동묘지와 시장을 집중적으로 분석한 것은 근대 도시로 이행하는 단계에서 위생과 관련하여 가장 민감하게

정류장 역할을 유지하였다.

반응한 도시 구조물이기 때문이다. 특히 공동묘지는 1872년 이후부터 1910년 사이에 두 번이나 새로 건설되었으며, 그 과정에서 많은 논쟁이 있었다. 공중보건개념을 앞세운 유럽계 이민자들은 1855년에 발생한 전염병 사망자들이 구 공동묘지에 매장되었다는 사실을 발견하여 공동묘지 신축이전을 주장하였다. 1886년에 다시 전염병이 창궐하면서 공동묘지 이전 문제는 위생문제와 연관되면서 주민들 사이에서 주요한 화두로 등장하였다. 이에 따라 공동묘지는 도시 팽창에 의해 주거지를 벗어난 도시 외곽에 신축되었다. 공동묘지 이전은 근대 도시 성장 초기단계에서 주민들에 의해 많이 언급되었고, 시장의 위생문제는 근대 도시의 윤곽이 잡혀 갈 무렵에 수면 위로 떠올랐다. 이는 철도를 통해 꾸준히 이민자가 유입됨에 따라 도시 중심지의 상권과 교통이 포화상태에 이르면서 시장의 위생문제가 불거졌기 때문이다. 비야리카에서의 공동묘지와 시장의 이전문제는 이민과 위생이 근대 도시 형성에 미친 영향을 함축적으로 보여 준다. 그러나 병원과 도살장과 같은 위생 정책과 관련된 다양한 사례를 분석하지 못한 점은 아쉬움으로 남는다. 병원과 도살장은 근대 도시 구조와 큰 연관성을 짓기 어려워 이번 연구 사례에서 제외하였으나 두 개의 도시 구조물들도 공중보건개념이 도입되면서 생겨난 것으로 위생과 근대 도시의 관계에서 빼놓을 수 없는 소재이다. 또한 비야리카가 근대 도시로 성장하는 데 중추적인 역할을 담당한 철도를 크게 다루지 않은 것은 철도역이 비야리카 도시 경계에서 상당히 떨어진 곳에 위치하여 도시 계획과 위생 정책에 직접적인 영향을 미치지 못해서 상세히 다루지 않았다.

참고문헌

구경모(2008), 「유럽계 이주민의 유입에 따른 과이레뇨(Guaireño)의 타자화: 파라과
   이 비야리까(Villarrica) 시의 사례」, 비교문화연구, Vol.14, No.2, pp.5~36.
민유기(2007), 『도시이론과 프랑스 도시사 연구』, 서울: 심산.
Arellano, Diana(2005), *Movimiento 14 de Mayo para la liberación del Paraguay, 1959*,
   Posadas: Universitaria de Misiones.
Cardozo, Ramon(1938), *La Antigua Provincia de Guairá y la Villarica del Espíritu Santo*,
   Buenos Aires: Librería y Casa Editora.
Casas, Alvaro(2000), Water pipelines conduits and urban sanitation in Cartagena in the
   beginning of the twentieth century, *História, Ciências Saúde-Manguinhos*, vol.7,
   n.2, pp.349~377.
Chiavenato, Julio(1984), *Genocidio Americano: La Guerra del Paraguay*, Asunción: Carlos
   Schuman Editor.
Franco, Artemio(1984), *Villarrica: Un Mosaico de su Historia y Folklore en Romántica
   Evocación*, Villarrica: Escuela Técnica Salesia.
Galindo, Rosario(2006), Los Primeros Proyectos de Higiene y Salubridad Pública en
   Puebla a Finales del Siglo XIX.
   http://www.ocyt.org.co/esocite/Ponencias_ESOCITEPDF/3MEX064.pdf
Meaurio, Ernesto(1942), *Villarrica Contempóranea y Su Municipio*, Asunción: Litocolor.
Diario El Surco(1926년 1월 13일자).
Notas Recibidas(año 1872), Archivo de la Municipalidad de la Villarrica.
Notas Recibidas(año 1888), Archivo de la Municipalidad de la Villarrica.
Notas Recibidas(año 1908), Archivo de la Municipalidad de la Villarrica.
Notas Recibidas(año 1910), Archivo de la Municipalidad de la Villarrica.

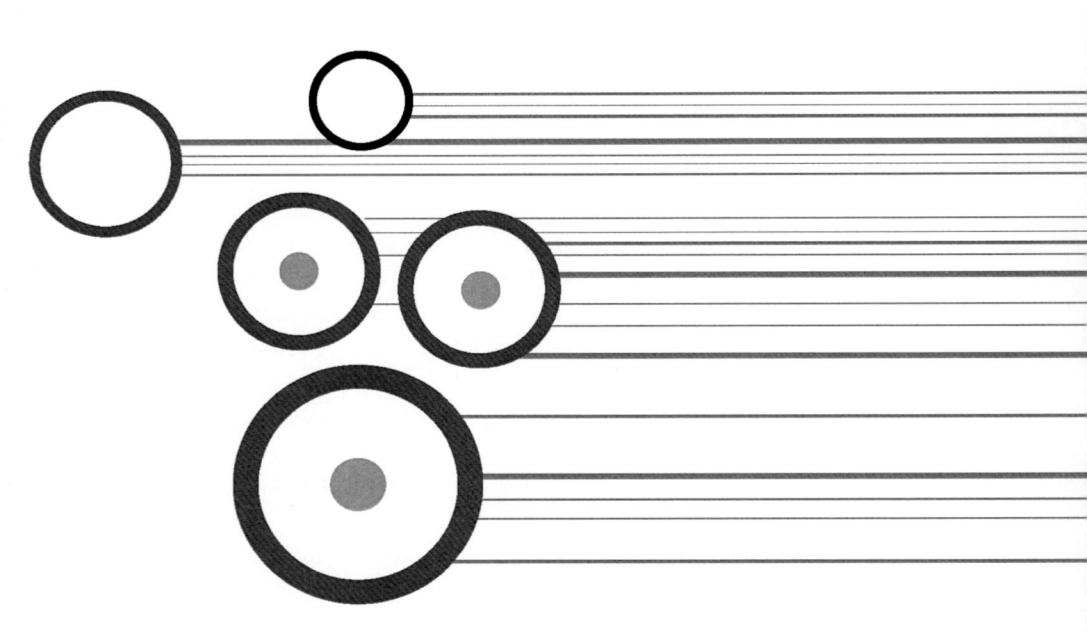

〈루시아〉의 여성 인물 분석을 통한 트라우마 직면의 문제

박종욱

Ⅰ. 들어가기

기억되고 재현되는 과정에서 극복의 개연적 가능성과 대면하게 된다. 트라우마는 아픈 상처에 대한 두려움과 공포 때문에 일상적 기억에서 왜곡되거나 변형된 채 억압되는 성향을 보일 수밖에 없으며, 가해자 혹은 가해원인이 소멸되지 않은 상태에서 피해자는 트라우마의 원인으로서 갈등이 재현되거나 증폭되는 것이 두려워 트라우마의 원인에 대한 기억조차 망각하는 속성을 지닌다. 그러나 트라우마 극복을 위한 과정에서 갈등은 필요한 것이며, 모든 관계에서 노출되는 건강한 양상으로 이해되어야 한다. 이때의 고통은 무엇이 잘못되었고 무엇을 변화시켜야 하며 필요한 문제가 무엇인지 알게 하기에 참으로 긍정적인 것이다(Martin Padovani: 2002, 69). 결국, 트라우마의 극복은 원인적 요소에 대한 성찰이 가능해야 하며, 이를 위해서는 트라우마에 대한 일상적 기억이라는 갈등과 두려움의 대상을 트라우마의 원인적 요소들과의 직면이라는 현실에서의 부담을 긍정적 장치를 통해 헤쳐 나가야 한다는 의미이다. 역사적 트라우마의 직면이란 '파편 조각들을 다시 연결하고, 역사를 재건하며, 과거의 사건을 바탕으로 현재 증상의 의미를 알아내는 일'(Judith Herman: 2007, 20)이기 때문이며, 일상의 기억을 회복하고 트라우마의 역사성을 재구성할 수 있는 '트라우마 직면 서술하기'가 중요한 것이다.

트라우마로서 역사적 과거에 대한 직면은 트라우마에 대한 서술을 통해 가능할 수 있으며, 이는 글쓰기와 영화 장르를 통해 빈번하게 시도되고 있다. 마이클 로스는 <히로시마 내 사랑>의 분석을 통해 "<히로시마 내 사랑>과 <루시아>와 같은" 일련의 영화들이 역사, 기억, 트라우마의 관계에 대한 풍부한 성찰을 담고 있음을 지적하고 있다(2002, 146). 이러한 영화들은 '가장 극단적인 상황들과 가장 일상적인 상황 모두에서 과거에 대해 얼마나 다른 종류의 관계가 확립되고 유지될 수 있는지를 탐구'(Michael Roth: 148)하는 과정에서 제공되는 관객과의 공감과 성찰을 매개로 트라우마의 역사성을 극복할 수 있도록 관객의 인식 전환을 위한 통찰이 가능하기 때문이다.

1959년 혁명 이후 60년대에 신영화의 운동이라는 성과를 만들어 낸 쿠바 영화는 '쿠바영화예술산업기구(ICAIC)'의 창조적인 기획이 시작된 이래 역사성에 대한 환기와 재해석을 추구하는 영화를 제작하는 데 성공적인 결과물을 만들어 내었으며(Ana M. López: 1997, 135; Michael Chanan: 1997, 201), <루시아>는 대표적인 역사 영화로서 정점에 놓여 있다(John Mraz: 2002, 180). 이는 영화 <루시아>가 영화 매체를 통해 새로운 과거와의 만남을 시도하고 있다는 상징성을 넘어 일상에서의 의식 전환이라는 긍정적 의미를 지니고 있음을 함축하는 지적이다.

<루시아>는 역사적(사회적) 콘텍스트와 개인의식 사이의 변증법적 서술에서 관객이 인물과의 동일시를 통해 트라우마를 공감함으로써, 트라우마가 지닌 역사성에 대한 인식의 환기를 목적으로 제작된 것으로 볼 수 있다.

<루시아>에 대한 국내의 연구는 임호준(2000; 2006)과 강태진(2007)을 찾을 수 있는데, 임호준은 "국가로서의 여성"이라는 측면에서 여성으로 표현된 쿠바의 국가주의 혹은 민족주의적 위상에 대한 연구에 주목하고 있으며, 강태진은 쿠바에서의 시대적 진행에 따른 여성의 역할에 집중하고 있다. 이들의 연구는 쿠바 영화에 대한 제한적인 국내 연구의 환경을 긍정적으로 발전시키고, 개별 영화로서 <루시아>가 지닌 주제적 접근에 상당한 성과를 거두고 있다. 제3세계 페미니즘과 관련된 식민주의/탈식민주의의 시각에서 페미니스트 영화 이론과 관련된 연구는 비교적 활발하며, 서인숙의 경우가 일반적인 사례의 하나이다. 서인숙은 권력이라는 측면에서 하위 주체로서의 제3세계 여성에 대한 연구(서인숙: 2003, 135~151)에 집중하고 있다. 본 연구의 차별성은 역사적 트라우마의 서술이라는 측면에서 영화 <루시아>가 지닌 장치로서의 특징과 그 의미에 대해 분석하는데에 있다. 따라서 쿠바인들이 지닌 트라우마의 심상을 여성적 상징으로 구현하는 문제의식이 영화가 의도하는 목표를 효율적으로 도출할 수 있다는 가설을 연구 문제로 상정하며, 일상의 기억으로서 트라우마를 여성적 주체를 통해 직면하도록 서술하는 장치의 구체적 의미를 분석할 수 있도록 한다.

Ⅱ. 트라우마의 역사성과 일상의 기억

역사적 트라우마는 개인의 일상적 기억으로서 하나의 일관된 전체 속에 통합되지 못한다. 트라우마는 대개 개인의 생명과 신체적 안녕을 위협하거나 폭력이나 죽음과 직접 맞닥뜨리는 경우와 관련되어 있으며, 개별 인간을 무력감과 공포의 극단에 직면시키고, 파국적 반응들을 유발하기 때문이다. 이때의 기억은 재현되기 어려운데, '외상의 재경험은, 그 형태가 침투적 기억이든지, 꿈이든지, 행위이든지와 상관없이, 본래 사건을 경험했을 당시의 정서적인 강도를 동반(Judith Herman: 83)'하여 트라우마의 원인적 요소의 재현을 위한 논리적이고 분석적인 기억의 재구성을 저해하기 때문이다. 일반적인 경우 피해자들은 트라우마의 영역과 자신들의 현재 일상에서의 삶을 이중적 환경으로 경험하는 것이다. 역사적 트라우마와 개인의 일상적 삶을 변증법적으로 '통합'한다는 것은 트라우마를 재현해야 하며, 재현되는 트라우마가 방출하는 엄청난 고통과 아픔을 고스란히 경험해야 함을 의미한다. 트라우마의 외상을 경험한 사람은 사건에 대한 명확한 기억 없이 강렬한 정서를 경험할 수도 있고, 강렬한 정서 없이 사건을 세밀하게 기억할 수도 있다. 자신이 왜 그러는지조차 모른 채, 과도한 각성과 과민한 기분에 노출되는 것이다. 외상 증상은 그 원천의 사건으로부터 단절되어 제 스스로 살아남으려는 경향(Judith Herman: 69)을 지닐 수밖에 없는데, 트라우마가 일상의 기억으로 '제대로' 존재하지 않으려는 속성은 바로 이러한 이유 때문이다.

역사적 과거로서의 트라우마는 대부분 명료한 기억의 대상으로 생존하기에 어려운 장애물과 충돌한다. 가해자의 입장에서는 책임에서 벗어나기 위해 망각을 조장하게 되며, 따라서 은폐와 침묵이 가해자의 첫 번째 방어책인 셈이다. 피해자의 입장에서는 트라우마의 생생한 기억을 재현하는 것이 고통과 두려움이므로 기억하는 작업이 갈등의 원인이 될 수밖에 없다. 심리적 외상은 무력한 이들의 고통이다. 외상 사건이 일어나는 순간, 피해자는 압도적인 세력에 의해 무기력해지고 만다. 그 세력이 다른 인간에 의한 것일 때, 우리는 그것을 잔학 행위라고 말한다. 외상 사건은 잔학 행위의 경험에 대한 일상의 기억을 통제함으로써, 피해자들의 일상적인 보살핌의 체계를 압도한다(Judith Herman: 67). 문제는 이러한 트라우마를 직면하여 극복할 때에 비로소 통찰이 가능하다는 데에 있다. 외상의 실재를 의식에 붙들어 놓기 위해서는 피해자를 인정하고 보호하며, 피해자의 트라우마를 공감할 수 있는 사회적 존재와 장치가 필요(Judith Herman: 25~28)한 것이다. 집단적 기억의 차원에서든 개인적 기억의 차원에서든 과거를 내러티브로 만드는 일은 과거와 망각의 힘이 겨루게 하는 작업(Michael Roth: 157)이다.

트라우마의 원인이 역사적 과거임에도 불구하고, 일상적 기억을 조절하여, 일상의 삶을 지배하게 되는 것이다. 이러한 기억은 언어적 기억을 넘어서는 것으로서, 트라우마 기억의 순간 시간이 멈추어 버린 것처럼, 트라우마의 순간은 이상(異狀) 형태의 기억으로 입력되어, 깨어 있는 동안은 플래시백(flashback)으로, 잠자는 동안은 트라우마성 악몽으로, 거침없이 의식 안으로 침입한다(Judith Herman: 73~74). '외상 기억은 언어적인 이야기체와 맥락이 결여되어 있고, 생생한 감각과 심상의 형태로만 입력(Judith Herman: 75)'되어 있기 때문에 문학적 표현 스타일에 있어서 이미지와 심상에 의존할 수밖에 없으며, 트라우마 서술이 문학 작품보다는 영상을 매개로 하는 증언적 다큐멘터리 성격의 영화가 적합하다.

마이클 로스(2002, 145)가 지적하듯, '트라우마의 대상으로서' 역사를 서술한다는 것이 이미 예술적 표현의 영역에 속하기 때문에 영화, 특히 다큐멘터리 형식을 차용한 극영화들이 일상에서의 트라우마의 기억을 극복하고 미래지향적 전망을 위한 인식 전환의 매체적 도구로서 선두에 있는 것도 자연스럽다.

<히로시마 내 사랑>은 과거를 지니고 산다는 것과 과거를 갖지 않고 산다는 것의 가능성을 탐색하고 있는 중요한 작품으로서, 여주인공은 '잊을 수 없는 것에 관한 환상을 추구하며 그것의 환영적 특질이 그 힘의 유일한 비밀이 아님을 충분히 숙지하고 있다'(Michael Roth: 150). 히로시마의 원폭이라는 사건은 트라우마로서 주인공의 일상적 기억을 왜곡하고 조정하고 있기 때문에 그녀는 기억을 제대로 통제할 수 있는 능력이 없는 채 기억할 수 없는 것을 기억해야 하는 의미에 대한 인식을 찾기 위해 싸우고 있는 것이다.

> 저 역시 당신처럼 온 힘을 다해 망각에 맞서 싸우고자 했어요.
> 저도 당신처럼 위로할 수 없는 기억, 그림자들에 관한, 그리고 돌에 관한 기억을 갖고 싶었어요.

<루시아>는 움베르토 솔라스(Humberto Solás) 감독이 1968년에 제작한 영화이다. 작품은 쿠바영화예술산업기구(ICAIC)의 대표작으로서, 감독의 대표작으로서 상징적 의미를 지닌다. 영화는 '1895', '1932', '196…'의 삼부로 구성되어 있다. 이는 칼라토조프 감독의 <나는 쿠바>가 스페인의 쿠바 도착에서 친미 독재정권의 포악성을 거쳐 혁명

의 당위성에 이르는 일련의 과정을 네 개의 상징적 표상으로 나누어 에피소드로 구성한 것과 비교되는 구성이다. 두 편 모두 증언적 다큐멘터리 영화의 특징을 극적 구조에 많이 활용하고 있으며, 여성을 국가적 상징의 표상으로 사용하고 있다는 점에서는 유사한 특징을 공유하고 있다고 할 수 있다. 그러나 구조적인 측면에서 살펴볼 때, <나는 쿠바>가 혁명의 당위성을 피력하기 위한 주제의 심화를 단계별 기준으로 삼아 플롯을 기-승-전-결의 구조로 구성한 것이라면, <루시아>는 쿠바 근현대 역사에 있어서 중요한 시점을 플롯으로 구성했다는 점에서 차별된다 할 수 있다. 또한 칼라토조프 감독의 영화에서 중심 코드로서의 여성 인물을 내세우고는 있지만, 모든 에피소드가 여성 주인공을 선택하는 일관성을 지니는 것은 아닌 반면, 솔라스 감독의 영화에 있어서 세 편의 에피소드는 각각의 주인공을 루시아라는 이름을 가진 개별적 여성을 중심으로 이야기를 서술하고 있다는 점에서 구성적 차이를 찾을 수 있다. 증언적 다큐멘터리 영화로서 두 영화의 공통적 특징 이외에도 두 영화의 유사점은 트라우마의 피해자가 지니는 히스테리아의 불가사의함에 대한 해결책으로서 기억의 재현을 통해 재연되는 고통을 견디며 역사적 과거를 재구성이라는 영화 기획의 공통된 목적에서 찾을 수 있지만, 특히 <루시아>는 트라우마의 역사성과 일상의 기억이라는 문제의식을 탁월하게 접근하여 풀어가는 장점을 지닌다.

트라우마의 속성으로서 피해자의 망각은 원인적 대상과 직면하는 것에 대한 두려움과 공포, 그리고 트라우마의 재현이 가져올 히스테리에 대한 거부 때문이다. 하지만 트라우마의 역사성은 기억되고 재구성됨으로써, 그 현재적 의미를 부여받을 수 있다. 따라서 일상의 기억이 피해자의 통제력 상실과 관련되어 형성된 것이라면, 트라우마의 역사성은 트라우마 직면이 생략된 경우에는 그 자체로서 왜곡되고 고착될 뿐이다. 결국, 트라우마를 이해하고, 문제의 대상을 극복하기 위해서는 일상의 망각과 싸우며 왜곡된 기억을 재구성하려는 트라우마 직면의 노력이 요구되는 것이다. 여기에 트라우마를 '응시'하는 카메라의 시선은 중요한 의미로 작동한다. 이 과정이 감독의 가장 중요한 시각이 되어야 함은 물론이다.

솔라스 감독의 역할은 트라우마의 역사성을 일상에서 망각하지 않도록, 망각을 스크린에 투사해야 하는 일이다. 그가 해야 할 일은 역사적 기억의 망각, 곧 쿠바 역사에 있어서 주요한 시점에서 주체적 개인이 소멸된 자신의 기억을 되살릴 수 있도록 개인의 일상적 삶에서 트라우마의 역사성에 대한 조망을 하는 것이다.

일상의 기억이 왜곡되어, 트라우마에 대한 간헐적인 기억이 '제대로' 반영되지 못하는 분위기에 노출되는 경우 피해자의 슬픔과 아픔의 감성은 분노와 광기로 표출된다. "당신도 알다시피, 광기는 지성과 같아요. 그건 설명될 수 없어요."라는 <히로시마 내 사랑>의 여주인공의 고백은 이미 선언과 다름이 아니다. <루시아>의 첫째 에피소드의 페르난디나의 광기가 그것이며, 주인공 루시아가 남동생의 죽음을 앞에 두고 페르난디나와 동일시를 경험하는 과정이 바로 그러하다. 둘째 에피소드에서 남편 알도의 죽음을 목도하며 남편의 이상을 현실적 목표로 체화하는 루시아의 감성적 반응이 그렇다. 셋째 에피소드의 루시아가 소금공장에서 자신을 노예화하려는 남편의 소유욕 앞에 "너는 아무도 아니야!"라는 말을 선언적으로 외칠 때가 바로 그렇다. 이때의 '분노'와 '광기'는 이성적 성찰을 넘어 직관적 '통찰'과 맞닿는다.

Ⅲ. 역사성과 일상성의 대립으로서 〈루시아〉의 인물 분석

　역사적 트라우마의 피해자들은 상대적 약자로서 여성 인물들을 통해 상징적 의미가 부각된다. 정신대 여인들이 그들이며, 수많은 이름 없이 고통받은 여성들이 역사적 트라우마의 잔혹함과 그 두려움으로부터 일상적 망각이라는 약물에 의존하는 경향을 보이도록 내몰리는 것이 현실이다. 일본군 위안부로 활동하도록 강요된 한국과 동남아시아 정신대 할머니들의 시위나 아르헨티나 오월 어머니회의 시위, 중동과 아프리카 지역에서 여성할례 반대 시위 등은 역사적 트라우마의 피해자인 여성 스스로가 일상의 삶에서 트라우마의 원인과 본질에 직면하는 놀랄 만한 태도이다. 이러한 사례들은 역사적 트라우마의 피해자인 여성들이 현실적으로 본질적 원인을 규명하거나 극복하려는 시도의 주체로서 외부에 노출되기 어려운 환경에 놓여 있는 정황을 고려한다면, 거의 예외적인 사례들이기 때문이다. 역사를 통해 오랫동안 여성의 현실은 개인적이고 사적인 삶의 영역 안에 숨겨져 왔으며, 현대에 이르기까지 '사생활'이라고 칭송받는 가치들은 의식에 강력한 장벽을 형성하였고, 따라서 여성의 현실은 사실상 보이지 않게 되어 버렸기 때문이다. 따라서 〈루시아〉와 같은 영화가 지향하는 목적 가운데 하나는 역사적 트라우마와 관련하여 개인으로서 여성 스스로의 변화에 초점을 맞추려는 것이 아니라, 개별 인격체로서 쿠바 사회를 대변하는 여성 인물과 관련된 인식의 사회적인 변화의 촉발에 있는 것이다(Judith Herman: 59~61). 여성 주인공들이 역사성과 일상성의 변증법적 대립의 구도에서 스스로 인식의 전환을 체험하며 변화할 수 있다는 주제는 관객의 공감을 통해 사회적인 변화의 틀로 외연이 확장될 수 있다는 인식의 공감으로 실현 가능한 실증적인 방안이기 때문이다.

<루시아>에 등장하는 인물 분석에 있어서 임호준은 세 개의 에피소드에 등장하는 세 여인들이 개별적 주체가 아니라 변하지 않는 추상적인 동일체로서 민족 자체를 표상하는 알레고리적인 존재라는 상징적 의미(임호준: 2000, 115)를 강조하고 있으며, 강태진은 가부장제 사회를 판단의 기준으로 삼아, 아버지가 부재하는 상황을 식민치하의 쿠바에 대한 의미에 주목하면서, 각각의 여성이 사회적 주체로서 보다 적극적인 역할에 집중하는 계기를 만나게 된다는 사실을 강조한다(강태진: 2007, 178~179). 임호준의 경우는 역사적 트라우마에 있어서 여성의 이미지가 지닌 상징성 때문이며, 강태진의 경우는 여성의 사회적인 역할과 참여의 정도가 독립 이전과 이후, 그리고 혁명 이후에 세부적으로 구분되기 때문에 주목한 문제의식일 것이다. 그러나 본 장에서는 앞의 두 연구가 주목하였던 주제와 문제에는 집중하지 않은 채, 역사적 트라우마와 일상적 기억이 세 여성 인물들의 사례를 통해 어떻게 직면의 단계를 거쳐 통찰적 전망으로 연결될 수 있는지의 연구 문제에 주목하여 각각의 에피소드를 인물 중심으로 분석하였다.

1. 1895년

첫 번째 에피소드인 '1895'는 쿠바의 역사에서 중요한 순간으로써 상징적 의미를 지닌다. 호세 마르티(José Martí)를 중심으로 쿠바의 독립을 위한 쿠바인들이 2차 봉기를 한 해이기 때문이다. 주인공 루시아는 상류층 사회에 속한 풍요로운 가정에서 '여성으로 곱게 키워진'

인물을 대표한다. 그녀의 가정에는 남자가 보이지 않는다. 아버지는 등장하지 않으며, 평범한 어머니는 종종 아버지에 대한 불만을 언어적으로 토로할 뿐이다. 아버지와 관계된 회상 장면도 없다. 아버지에 대한 그리움도 가부장적 권위에 대한 불만도 없다. 그저 부재할 뿐이다. 커피 농장에서 제2의 독립운동을 벌이고 있는 쿠바 병사인 남동생 또한 잠깐 등장한다. 이는 여성의 입장에서 전쟁의 소용돌이를 증언하는 시각이 강조되어 있기 때문이다. 그러나 에피소드의 초반부에서 전쟁의 트라우마에 대한 루시아의 경험은 아직 표면적이고 형식적이다. 루시아는 또래의 다른 여인들과 함께 독립운동을 하고 있는 쿠바 병사들을 위한 물품을 만들면서 전쟁에 참여하는데, 이 과정에서는 의식의 한 부분에서 전쟁을 체험하고 공감하고 있을 뿐이다. 루시아의 인식이 전환되는 계기는 평범한 일상 속에서 한 남성과 만나 사랑을 꿈꾸면서부터 시작된다. 성당에서 우연히 만난 그 남자는 이틀 전 쿠바에 도착한 스페인 군인, 라파엘이었다. 그들의 만남은 역사적 트라우마가 어떻게 개인화 과정을 거치게 되는지에 대한 장치이다.

두 사람의 만남의 의미는 미친 여인 페르난디나를 통해 관객에게 전달되고, 쿠바인들 모두에게 보내는 메시지로 확장된다. 그녀의 메시지는 두 사람의 만남이 맺게 될 결말에 대한 복선이며 예언적 기능이다. 윤간당한 수녀 페르난디나는 옥타비오 파스(Octavio Paz)가 『고독의 미로(El laberinto de la soledad)』(1950)에서 멕시코인을 '강간의 아들(hijo de la chingada)'로 표현한 것에 대한 환기의 기능을 지닌다. 서구로부터 지속적인 수탈을 경험하는 식민지의 후손들인 라틴아메리카인들의 자기 정체성에 대한 회의와 분노는 비극적 개별 사건으로 상징된다. 피식민의 고통이 성적 폭력으로 은유된 것이다. 라파엘에 의해 루시아의 옷이 벗겨지는 장면이야말로 제국주의 식민지 침탈에 대한 명백한 성적 은유이기도 하다(임호준: 2006, 38). 교수형에 처해진 병사들의 넋을 위로하며 기도를 드리던 수녀, 페르난디나를 강간하는 스페인 병사들의 소문은 거리를 헤집고 다니며 외마디를 던지는 그녀의 처참한 모습과 광기 어린 시선을 통해 사람(관객)들에게 그녀의 처절한 사연의 무게감을 전달한다. 트라우마 재현의 불가능함은 그녀의 광기에서 잘 드러난다. 끔찍한 사건을 겪은 뒤 정신을 놓은 수녀 페르난디나의 절규는 광기의 외마디가 아닌 경고와 각성을 향한 기도에 가깝다. 일상적 기억의 왜곡된 노출은 분노와 광기를 통해 드러나고, 그녀의 광기는 때론 성찰적 직관으로, 통찰로, 예언적 기능으로 묘사되는 것이다.

"쿠바인들이여, 자고 있나요?(¿Están durmiendo cubanos?)" 남자들은 그녀의 절규를 단호히 무시한다. 계속되는 그녀의 외마디. "죽은 것입니까? 잠을 자고 있는 것입니까? 쿠바인들이여, 일어나시오!(¿Están muertos? ¿Están durmiendo? Despierten cubanos.)" 그녀의 행각은 광기에 휩싸인 외형적 괴이함 때문에 쉽게 수용되지 못한다. 사람들은 "조용히 해!(A callarse.)"를 외치며, 그녀의 광기에 조소적인 반응을 보일 뿐 도무지 진지한 대응을 하지 않는다. 자신을 에워싼 현실의 실체에 대한 조망이 불가능한 탓이다. 페르난디나의 역할은 복선과 환기의 메시지이지만, 루시아의 개인적인 트라우마의 체험을 응시하는 관객의 공감을 통해 그녀의 복선과 환기의 메시지는 비로소 의미를 찾게 된다.

라파엘과의 사랑에 빠진 루시아는 그가 붙여준 이름, '치자꽃'에 환희를 느낀다. 순수함과 정결함의 상징인 하얀 치자꽃은 트라우마의 역사성에 대한 개오를 경험하기 전 '여성으로 곱게 키워진' 루시아를 상징한다. 숙녀로서의 우아함과 정갈함, 그리고 사회적 대인관계 속에서 조신함을 최고의 사회적 덕목으로 인식하도록 교육된 여인의 이미지인 것이다. 트라우마를 경험하기 전 루시아의 이미지는 라파엘과 사랑을 속삭이는 '정원'에서 완성된다. 사랑을 받으면서 비로소 여인으로 성장하는 이미지는 과실나무와 꽃이 가득한 그녀 정원의 이미지와 중첩되어 표현된다. 페르난디나의 경고도 거리의 소음일 뿐, 그녀의 가슴속에는 희망과 사랑의 기쁨으로 가득하다.

독립 전쟁을 하는 동생이 몰래 집에 숨어 들어오면서 이야기는 정점을 향해 접근한다. 남동생을 전쟁터에 되돌려 보내면서도 "나는 행복해(Soy feliz)."를 고백하던 그녀는 라파엘이 쿠바의 독립 운동을 감시하기 위해 파견된 스페인의 스파이이며, 유부남이라는 사실을 알게 되면서 스스로가 만든 고통의 감옥으로 들어간다. "어머니, 저에게 감옥을 주세요(Mamá, dame una cárcel)." 트라우마의 역사성이 개인화되는 시작이다. 역사적 트라우마를 체험하는 루시아의 모습에서는 간헐적으로 페르난디나의 광기가 오버랩된다. 재현이 불가능한 트라우마의 깊은 아픔 때문에 묘사된 서술일 것이다. 그러나 루시아와 페르난디나의 관계는 단순한 복선과 예언의 관계가 아니다. "당신을 믿을 수 있다면(Si pudiera creerte)."을 외치며 다시 한 번 라파엘을 믿기로 한 루시아는 독립 운동의 거점 가운데 하나인 커피 농장으로 사랑의 도피를 거행하기로 한다["그곳에서 우리는 자유롭고 행복할 거예요(Allí vamos a ser libres y felices)."]. 그에 대한 배신감이 스페인의 첩자이기 때문이 아니라, 유부남이기 때문이었음이 드러나는 대목이다. 그녀를 사랑한다는 말에 그를 믿기로 한 그녀의 태도는 여전히 개인적 기준에 따른 것이다. 페르난디나는 "그와 함께 가지 말아요(No se vaya con él)."라며 그녀의 앞길을 막아서지만, 루시아는 "나를 내버려 둬요(Déjame)."라며 페르난디나의 절규 어린 요청을 거부한다. 두 사람의 여행을 통해 스페인 군인들에게 위치도 가늠이 되지 않았던 독립운동의 본거지인 커피 농장의 위치가 노출되었고, 무엇보다 남동생이 죽임을 당하면서 그녀, 루시아의 분노는 페리난디나의 광기를 닮아간다. 트라우마의 역사성에 대한 개인의 체험이 사회화 과정을 겪는 순간이다. 역사적 트라우마의 원인적 대상과 직면하게 된 루시아는 자신의 비극적 상황을 논리적으로 드러내어 표현하지 못한다. 그저 페르난디나의 광기와 같은 절규를 재현하게 될 뿐이다. 일상의 삶에서 역사적 트라우마와 직면한 루시아는 흔들리는 화면의 틀 속을 걷는다. 인식의 본질적인 전환을 광기와 흥분을 계기로 표현한 솔라스 감독의 의도는 화면의 구도와 불안정에서 찾아진다. 시내에서는 산테리아 의식이 벌어지고 있으며, 아프로 타악기 리듬과 운율에 맞춰 십자가를 들고 있는 일군의 시민들은 산테리아 의례를 수행하고 있다. 그들의 시선은 이미 일상적 시선이 아니라, 현실을 넘어선 것으로 보인다. 루시아는 스페인 군인의 칼을 빼앗아, 스페인 군복을 입고 있던 라파엘을 찌른다. 군중들의 집단 광기와 광란이 절규와 두려움, 공포들 통해 드러난다. 고통으로 죽어가는 라파엘과 붙잡혀가면서도 분노를 삭이지 못하는 루시아에게 여인이 다가선다. 정신을 놓았던 수녀 페르난디나이다. 루시아는 눈을 뜬 채, 허공을 본다. 그녀의 시선은 이미 현실에 있지 않다. 트라우마의 역사성은 일상의 기억에서 망각되는 것이 아니라, 두려움과 공포의 대상과의 직면을 통해 더욱 간절하게 그 비극의 모습을 드러내고 있다. 역사적 트라우마의 직면은 사회적 시각에 의해 '여성으로 곱게 키워진' 여인 루시아에게서 '치자꽃' 같은 이미지를 지우고, 페르난디나의 이미지로 중첩된 서술을 통해 개인의 일상적 삶에서 트라우마의 기억을 묘사하고 있는 것이다.

2. 1932년

두 번째 에피소드인 '1932'는 마차도 독재정권이 폭력 정치의 극을 달리던 해를 무대로 한다. 소녀의 티를 채 벗지 못한 처녀 루시아는 첫 번째 루시아가 '치자꽃'으로 불리었던 의미 이상으로 사회적 갈등으로부터 일정한 거리를 둔 채 일상적 삶을 살아가고 있었다. 연일 계속되는 반독재 항거 시위의 사회적 갈등과 폭력적 상황으로부터 보호하기 위해 루시아의 아버지는 그녀를 어머니와 함께 역사적 현장으로부터 벗어나 있는 섬에 보냈던 것이다. 아버지는 선착장에서 뒷모습을 드러낸 이후, 어머니의 푸념 속에서만 존재할 뿐 구체적인 이미지나 실체는 드러나지 않는다. 역시 여성의 눈으로 역사적 트라우마의 현장을 증언적 시선으로 바라볼 수 있도록 하기 위함이다. 언제나처럼 남편에 대해 푸념을 늘어놓는 어머니에게 루시아는 강하게 저항한다. 그녀의 시선은 부모의 시선을 벗어나 스스로의 시각으로 세상을 관찰하기 시작한다. 안전할 줄 알았던 섬에서도 어두운 밤이면 사복경찰에 의해 누군가가 육지로 끌려 나가곤 했는데, 그러던 어느 날 루시아는 경찰의 눈을 피해 숨어 있는 청년 투쟁가, 알도와 만난다. 그와의 만남은 사회적으로 길들여지는 여성의 수동성과 소극성에 본질적인 변화의 계기를 만들게 된다. 알도가 사회적 조건과 갈등에 대해 적극적이고 이념적이라면, 루시아는 일상적이고 개인적인 삶의 태도를 대변한다. 그들은 알도의 도피처에서 즉흥적으로 춤을 추려는 상황에서도 다른 취향을 드러낸다. 루시아가 왈츠를 생각하는 반면, 알도는 탱고를 제안한다. 사회적 갈등 상황에 대해 단호한 알도에게서 남자의 매력을 발견한 루시아는 알도에게 먼저 호감을 표현한다. "당신은 나를 기쁘게 해요(Tú me agrada)." 알도에게 루시아는 순진무구한 아름다움이다. "그대는 다정하고, 상냥하며, 순수해요. 가끔은 정말 부드러워. …… 후회하지 않을 거야. 너는 내 첫사랑이야(Eres una muchacha dulce, agradable, inocente y a veces muy tierna. …… No te arrepientas. Tú eres mi primer amor.)." 루시아와 알도는 순식간에 가까워지고, 둘의 곁에 알도의 투쟁 동지인 안토니오와 그의 애인 플로라가 등장한다. 그들의 시선은 사회의 갈등과 현 정부의 폭력 정치에 응시의 시점을 맞춘다. 루시아는 어머니의 간섭으로부터 벗어나 알도와의 살림을 시작하면서, 생계를 잇기 위해 플로라와 함께 공장에서 일하게 된다. 그녀가 스스로의 판단과 결정으로 사회에 접근하는 단계이다. 일상적 삶이 역사성을 부여받게 되는 것이다. 여인들이 공장에서 간헐적인 투쟁의식을 유희와 전투적 삶의 구분이 모호한 채 수행하고 있는 한편, 알도와 안토니오는 마차도 정권에서 일하는 경찰과 군인들을 향해 테러를 감행한다. 살사의 선율이 화면의 어지러운 구도 위에 겹쳐지며 장면을 긴장으로 유도한다. 전투의 위기감이 팽배해지는 동안 극장 밖에서는 여인들이 시위에 나선다. "마차도는 물러가라(Abajo Machado)." 극장에서는 드디어 긴장이 극에 달한다. 총격전이 벌어진 것이다. 알도 일행은 마차도 정권이 유지하는 사회의 혼란을 가중시키며 군중이 정권에 반대하고 있음을 피력하는 데에 총력을 기울인다. 거창한 이념과 구호는 보이지 않는다. 거리의 아비규환, 쓰러지는 군중들, 특히 시위하던 여인들이 쓰러지며 영화는 극적 상황으로 치닫는다. 소극적 삶을 살아가던 인물들의 적극적인 행위는 역사의 트라우마로서 관객의 일상 기억을 수정하며 동일시와 공감을 통해 트라우마가 재현되는 과정으로 확장된다.

영화가 지적하는 문제는 마차도의 실각 이후 바티스타 정권으로 바뀐 상황에서 여전히 변하지 않는 사회의 분위기가 실각 이전 부패한 정치권력에 대한 저항의식조차 소극적으로 만들어 놓았다는 데에 있다. 안토니오와 플로라의 해이해진 삶의 태도는 알도와 루시아의 불안함과 대조된다. 투쟁의 본질은 완성되지 않은 채 투쟁의 대상만 제거된 상황에서 알도의 넋두리가 의미를 더한다. "이건 똥이야. 아무것도 바뀐 것이 없어(Esto es una mierda. No se ha cambiado nada.)." 알도는 죽은 이들의 희생이 헛됨을 눈물로 호소한다. 플로라가 이상의 실현을 위한 투쟁보다는 당장 거리에 나가서 가족을 먹일 빵을 구하는 것이 더욱 간절할 뿐 더 이상의 투쟁은 소득 없는 싸움이라며 루시아를 설득하려 할 때, 그녀는 트라우마의 본질에 대해 고민하게 된다. 루시아는 변화되지 않는 속성 때문에 트라우마의 본질과 직면하지 않으려는 플로라와 안토니오의 태도에 분노를 느끼지만, 무기력할 수밖에 없는 현실에 진저리를 친다. 알도는 그녀를 설득한다. "아버지에게 돌아가(Vuelve con tu padre)." 이때의 아버지는 거부할 수 없는 역사의 무게에 대한 은유이다. 그러나 그녀는 알도의 곁에 머물기로 결심한다. 알도에 대한 그녀의 사랑은 트라우마의 본질을 직시하는 시선을 갖게 된 것이다. 알도는 계속해서 무장 투쟁을 수행하고, 담배공장에서 일하고 있던 루시아는 알도의 주검을 확인하라는 통보를 받고 경찰에 소환된다. 죽음을 확인한 루시아의 분노는 첫 번째 에피소드에서 루시아와 페르난디나의 광기를 닮아 있다. 위로하기 위해 찾아온 플로라의 방문에도 루시아는 더 이상 슬퍼하지 않는다. 비교적 경쾌한 관악과 그 뒤로 점점 커지는 타악기의 소리가 들려온다. 정면을 응시하는 루시아. 루시아의 일상적 삶의 태도는 트라우마와 직면하는 것을 통해 알도의 이상적 삶의 태도로 변화된다. 망각하기는 쉬워도 트라우마의 고통스러운 본질과 대면함으로써, 근원적인 변화의 가능성을 위해 나아가야 한다는 인식의 전환을 경험하게 된 것이다. 그녀의 이러한 본질적인 변화는 알도의 죽음을 통해 미래지향적인 통찰로 이어지게 된다. 루시아는 알도에 대한 사랑을 통해 개인적 트라우마를 사회화하는 과정을 경험하게 된 것이다.

3. 196…년

에피소드의 표제어인 '196…'은 혁명 이후 영화가 제작된 1968년 이전 쿠바 사회의 어느 시점을 의미한다. 혁명은 변화될 수 없을 것 같았던 쿠바의 정치 상황을 본질적으로 바꿔놓았다. 그러나 혁명은 일순간에 완성되는 것이 결코 아닐 것이다. 세 번째 에피소드의 주제는 여성으로서 혁명의 과정을 타성적인 시각이 아니라 자율적이고 주체적인 시각에서 어떻게 받아들이게 되는지에 대한 구성에 있다.

혁명 이후 쿠바 사회에서 노동자로 일하고 있는 루시아는 트럭 뒤칸에 타고 집단 농장으로 공동 작업에 나선다. 경쾌한 카리브의 음악이 노동자로서 화면 속의 루시아와 동료들의 태도를 긍정적 이미지로 그리고 있다. 여인들은 즐겁게 노동요를 읊조린다. 루시아는 농장에서 돌아오는 길에 자신을 태워준 트럭 기사, 토마스와 자연스럽게 사랑에 빠진다. 그녀는 앞의 두 에피소드의 여주인공들과는 외모와 신분 및 주거 환경에서도 구분된다. 평범한 노동자이며, 서민으로서 건강하게 생활하는 루시아의 모습은 쿠바 혁명 정부가 롤 모델로 내세울 수 있는 속성을 지녔다. 동료들과 함께 노동 현장에서 일하는 루시아의 모습은 일견 소유방식에서 존재적 방식으로의 삶의 전환이기라도 한 것같이 과장된 측면이 있다. 힘겨워야 할 노동은 세부적 구체성이 결여된 채로 즐거움의 대상으로 묘사되기 때문이다. 그러나 영화의 주제는 혁명 사회의 건전한 노동성에 있는 것이 아니다. 루시아가 경험하게 될 트라우마는 혁명 이후의 쿠바 사회의 본질과 크게 관련되지 않기 때문이다.

두 사람이 만나, 자연스럽게 가정을 이루는 과정에서 세부적인 절차에 대한 묘사는 제한적이다. 물론, 가부장제적 사회 구조에서의 부모의 역할에 대한 논의조차 생략되어 있다. 따라서 세대 간의 갈등에 대한 토픽 또한 보이지 않는다. 부모와 친척을 대신해서, 동료와 사회 조직이 그들의 삶을 축복하고, 지켜보고 있을 뿐이다. 쿠바가 지향하는 사회주의 사회의 대안적 전망이 드러나기도 한다.

루시아의 고통은 축복과 격려로 시작된 부부생활에서 시작된다. 그러나 루시아와 토마스는 존재적 방식으로 각자 개별적 주체로서 서로의 삶을 지켜주는 것이 아니다. 그녀는 소유적 방식으로 남편의 간섭과 애정을 구분하려 하지 않는다. 그는 그녀를 소유하려 한다. 토마스의 태도는 마치스따의 전형을 넘어선다. 자본주의 세계의 대표적인 부조리인 '소유'를 향한 욕망을 대표하기 때문이다. 토마스의 태도는 정도를 넘어서는 것이 사실이다. 루시아가 모임에서 다른 남자와 이야기를 나누거나, 춤을 춘다는 것은 결코 허용할 수 없는 한계로 인식한다. 결국, 루시아를 집 안에 가두고, 대인관계와 사회생활 모두를 제한하기에 이른다. 처음에는 애정과 간섭을 구분하지 않던, 루시아는 토마스의 행위를 폭력으로 인식하기 시작한다. 쿠바 혁명 주체들은 혁명의 정신이란 부패 자본주의로부터 나오기도 하지만, 타성과 방관, 종속성과 노예성으로부터 독립에서 발견되는 것이라 믿기 때문이다. 루시아는 남자에게 종속되지 않으려, 저항한다. 그러나 토마스는 문과 창에 못질을 한다. 집 안에 갇힌 채 분노를 경험하는 루시아의 모습이 화면에 일렁이며 카리브의 운율을 담은 노랫말이 들려온다. "루시아는 갇혔고, …… 그는 그녀를 노예로 만들려 하네(Lucía encerrada, …… quiere esclavizar la mujer)." 설탕 농장의 노예가 되기 위해 아프리카에서 잡혀 와 험난한 삶을 살았던 선조들의 이야기는 다름 아닌 '노예화'의 트라우마에서 일상의 망각된 기억을 채우고 있었다. 루시아는 격렬하게 저항하며, 현실을 부정했지만, 토마스의 행위는 단호했고 집요했다. 혁명의 정신이 인간의 해방에 있는 것이라면, 무엇보다 먼저 사회에 만연한 정신적 노예성을 극복하고, 그러한 차원에서 여성의 주체적 삶의 태도는 보장되어야 하는 것이다. 변화되어야 하는 것은 시스템에도 있지만, 보다 본질적으로 인식의 전환에 있음을 지적하는 구성이다. 전통적 가치관이 새로운 가치관으로 그 패러다임이 변화되어 정착되는 과정이 생략되어 있는 1960년대 쿠바 사회는 가치관의 대립과 그에 따른 트라우마가 역사성을 띠고 있었던 것으로 보아야 할 것이다.

앙헬리나는 루시아의 폐쇄된 삶을 사회와 주변에 고발하는 증언적 역할을 수행한다. 주변인들은 토마스의 '질투'를 지적한다. 그의 질투는 소유욕에서 발생하는 것으로서 루시아를 노예화하는 전근대적 인식 태도로 규정된다. 선조들을 노예화했던 서구의 수탈적 행위와 태도를 토마스가 재현하고 있는 것이다. 루시아의 분노는 노예성의 일상적 기억의 트라우마를 환기시키는 장치로서 관객들에게 공감을 유도한다.

상황은 지역 사회에 문맹을 퇴치하려는 계몽적 운동의 세부적 내용과 만나면서 다른 국면을 맞이하게 된다. 이웃들이 루시아가 글을 읽고 쓰는 교육을 받을 수 있도록 배려하지만, 토마스는 자신의 아내가 사람들에게 노출되는 것을 거부한다. 젊은 남자 선생이 가정교사로서 루시아를 가르치려 하지만, 토마스는 한사코 반대한다. 그러나 선생이 '문맹은 제국주의가 낳은 희생'이라고 주장한다. 선생의 태도는 흥미롭다. 전근대적 산물로서 여성의 지체된 개화의식을 쿠바적 사회현상으로 해석하는 것이 아니라, 제국주의의 산물로서 평가하는 것이다. 이웃사람들 또한 토마스의 폐쇄적 태도를 "세상이 바뀌었네. 자네는 루시아를 집에 가두어 놓을 권리가 없어(Tiempo es cambiado. Tú no tienes derecho de meter a Lucía en casa)."라며 지적하자 마지못해 교육을 허락한다. 하지만 그의 태도는 본질적으로 변화를 위해 준비가 되어 있지 않다. 결국 이중적 타자로서 여성인 루시아가 자기 인식의 과정에 직면하게 되는 순간을 맞이한다. 남편의 소유욕과 사회적 개별 인격체로서 자신의 제한된 삶에 대한 분노와 저항은 트라우마를 직면하는 구도로 유도된다. 눈물과 호소로 남편에게 종속되어 있던 루시아가 선언을 한다. "나는 이렇게 계속할 수는 없어. 나는 나갈 거야(Yo no puedo seguirlo así. Yo me voy a salir.)." 루시아는 처음으로 자신의 넘어설 수 없을 것이라 생각했던 두려움과 공포의 상황을 넘어선다. 더욱 중요한 것은 여성이 주체적으로 '노예성'을 벗어나려는 절실한 자기 직면이 있어야 한다는 의미로 확장된다. 그녀는 앙헬

리나를 찾아 나선다. 토마스는 그녀를 찾아 나서지만, 일을 하고 있던 루시아는 거듭 자기 선언을 공포한다. "당신은 아무것도 아니야. 이젠 당신을 사랑하지 않아(Tú no eres nada. Ya no te quiero, Tomás.)." 자신의 소유주처럼 군림하던 토마스를 향한 선언인 것이다. 당황하는 토마스의 얼굴이 줌인되며, 노랫말이 들려온다. "[그는] 윤리적으로 망가졌지. 남편으로서 스스로를 망친 거야(Moralmente destruido. Se destruyó como marido.)." 여전히 그 어느 때보다도 그녀를 더 사랑한다면서, 재결합을 애걸하는 남편을 향해, 루시아는 결정을 내린다.

> 그러나 나는 당신이 나를 소유했던 것처럼 계속할 수는 없어. 나는 일할 거야. 나를 이해해 줘. 당신은 나를 남용하지 못해(Pero yo no puedo seguir como tú me tenías. Yo voy a seguir trabajando. Compréndeme. Tú no vas a abusarme.).

루시아는 수탈된 노예의 후손으로서, 여성으로서 이중적 타자라는 역사적 트라우마를 통찰하며, 자신의 삶의 방식이 지닌 한계에 종지부를 선언하고, 자신의 목소리를 되찾은 것이다. 이 과정에서 가부장제적 가정의 원형을 파괴하는 것이 아니라, 여성의 목소리가 수용되는 새로운 형태의 가정을 전망한다. 마지막 화면에서 바닷가에 쓰러지는 두 남녀의 모습을 보면서 어린 소녀가 활짝 웃는 표정에서 미래지향적 긍정적 전망의 이미지가 연출된다.

Ⅳ. 맺는말

영화 매체를 통해 실현되는 역사와 기억, 트라우마의 담론은 '역사적 트라우마의 기억을 외면하지 말 것'을 주된 메시지로 이야기한다 (Michael Roth: 2002, 147). 역사적 트라우마의 기억을 외면하지 않고 트라우마의 원인적 요소와 직면한다는 것은 곧 '역사적' 경험과 '일상적' 기억을 명료하게 응시할 수 있다는 의미이다. 트라우마의 속성으로 볼 때 피해자 스스로가 의식의 전환을 통해 트라우마의 긍정적 재현과 의미 재해석을 수행하기란 현실적으로 거의 불가능하다. 트라우마는 두려움의 원천이며, 따라서 억압의 무거움을 피하기 위해 망각의 속성을 지니기 때문이다. 결과적으로 역사적 약자로서 트라우마의 피해자는 트라우마의 원인을 규명하고 본질을 분석하며 직면하기보다는 망각 속에서 두려움의 실체를 회피하는 쉬운 방식을 택할 수밖에 없다. 일상에서의 두려움과 공포는 대부분 트라우마에서 야기되며 트라우마와 역사적 재현의 관계의 핵심에 놓이는 것이다. 또한 재현은 내러티브에 의해 수행되며, 트라우마의 직면을 서술하는 행위는 역사적 트라우마 자체에 대한 왜곡된 해석의 개연성을 지니게 됨에도 불구하고, 트라우마를 경험하는 피해자에 대한 치료적 통찰의 기회를 제공할 수 있다. 여기에 트라우마의 본질적 대상을 외면하지 않을 수 있도록 증언적 다큐멘터리 형식을 차용한 <루시아>의 장점이 드러난다. 영화 매체를 활용한 트라우마 직면 서술하기라는 사명이 중요한 이유이다.

<루시아> 각각의 에피소드에 등장하는 개별적 인물로서 루시아는 트라우마를 경험하면서, 개인 스스로는 해낼 수 없었을 의식의 전

환을 체험하게 된다. 주디스 허먼이 지적하듯, 심리적 외상을 경험한 사람들은 트라우마를 통해 스스로의 인식에 대한 통제력을 빼앗기고, 다른 사람들과도 단절되지만, 피해자인 생존자가 다른 사람과 새로운 연결을 생성해 갈 때에 인식의 통제력을 회복할 수 있는 토대를 찾게 된다. 회복은 관계를 밑바탕으로 할 때 이루어질 수 있으며, 고립 속에서는 일어나지 않기 때문이다(225). 결국, 트라우마의 피해자는 개별 개인으로서 고통을 극복하려는 의도와 함께 사회적 장치와 시선에 의해 자신의 고통을 공감할 수 있는 다른 사람들과의 관계에서 고통을 극복해야 한다는 의미이다. <루시아>에 등장하는 세 여인들은 모두 자기 자신과의 고립된 만남을 통해 아픔을 극복하는 것이 아니라, 다른 이들과의 관계를 재정립하고 재구성하는 아픔의 과정을 통해 자신의 문제를 직면하고 문제를 극복하는 인물 유형이다.

본 연구는 <루시아>가 과거라는 역사적 실체로부터 경험한 트라우마에 대한 일상에서의 기억을 단순히 망각하거나 억압하는 것이 아니라, 트라우마의 실체와 직면하여 트라우마의 원인적 요소로서의 역사성에 대한 의미를 재해석하고 일상에서의 기억을 재편하는 과정을 통해 통찰적 인식의 획득이라는 목표를 얼마나 효과적으로 수행했는지 여성 인물 분석을 통해 몇 가지의 구체적인 의미를 결과로서 도출할 수 있었다.

첫째, 개별 인물인 루시아는 자신의 개인적 문제로서 트라우마를 직면한 것이 아니라, 사회적 관계라는 구조의 틀 안에서 문제를 직면하고 있다는 사실이다. 트라우마의 역사성에 무게를 둔 것이다. 둘째, 루시아는 트라우마의 재현을 통한 아픔과 두려움을 헤쳐 나가는 과정에서 '통제력'을 회복할 수 있었다는 사실이다. 트라우마를 경험한 이들이 통찰력을 갖기 위해서는 통제력을 회복해야 한다는 원칙은 치료적 기본이다(Judith Herman: 226). 외상의 피해자는 역량감과 통제력을 빼앗긴 것이기 때문에, 문제의 직면을 통한 회복의 원칙은 생존자의 힘과 통제 능력을 회복하는 데에 있다는 의미인 것이다.

위의 일련의 긍정적 의미에 대한 접근을 위해 감독은 인물과 관객 사이에 형성되는 '동일시'와 '공감'을 적극적으로 활용한다. 즉, 직면을 논리적이고 분석적으로 접근하여 서술하는 것이 아니라, 동일시와 공감을 통해 직면의 의미와 그 과정에 대한 디테일을 서술하고 있는 것이다. 작품의 인물들이 외상의 피해자로서 공포와 두려움의 기억을 재현하는 과정을 관객과 인물 사이의 동일시를 통해 재현하고, 트라우마의 원인적 대상과 직면하게 함으로써, 문제를 극복할 수 있는 개연적 가능성을 통찰할 수 있다는 공감을 이뤄낼 수 있도록 서술하는 것이다. 이러한 통찰적 시각은 결국, 역사적 트라우마의 개별 요소들을 '하나의 의미 있는 전체' 속으로 통합시키는 능력으로 인식됨을 의미하며, 솔라스 감독의 영화 제작 의도일 것이다.

과거를 마무리 지은 생존자는 미래를 생성하는 과제에 직면할 수 있다. 외상이 파괴한 과거의 자기를 애도한 그녀/쿠바는 이제 새로운 자기를 발달시킬 수 있는 것이다. 관계는 외상에 의해 변화의 가능성에 직면한 것이다. 이제 그녀/쿠바는 새로운 관계를 발달시킬 수 있는 계기를 만난 것이다. 그녀/쿠바의 인생에 의미를 주었던 오래된 믿음과 신념은 새로운 도전으로 미래지향적 가치와 만나야 한다는 것이다. 이것이 솔라스 감독이 기획한 쿠바 혁명의 진정성을 구현하는 과정일 것이다. 즉, 외상의 아픔은 망각되는 것이 아니라, 기억되고 재현되어야 하며, 역사 속에서 이는 늘 반복되어야 하며, 트라우마의 피해자들은 그렇게 생존하며 미래를 희망해야 한다는 메시지일 것이다. 물론, 현 실태에서 피해자의 의식은 쉽게 통찰에 이르지 않으며, 미래의 긍정적 가치로 전환되는 것은 아니다. '쿠바의 혁명은 여전히 진행 중'이라는 말은 솔라스 감독과 같은 이들의 믿음과 희망이 실현가능성이라는 측면에서는 상징적인 의미를 크게 벗어나기 어려운 현실의 무게 때문일 것이다.

참고문헌

강태진(2007), "<루시아>에 나타난 여성의 역할과 위상 변화", 『스페인어문학』 42.

서인숙(2003), 『씨네 페미니즘의 이론과 비평: 정신분석학에서 포스트페미니즘
　　까지』, 서울: 책과 길.

임호준(2000), "국가로서의 여성: 혁명 후 쿠바 영화에서의 페미니즘과 민족주
　　의", 『이베로아메리카연구』 11.

임호준(2006), 『시네마 슬픈 대륙을 품다』, 서울: 현실문화연구.

Chanan, Michael(1997), "Rediscovering Documentary: Cultural Context and Intentionality".
　　ed, Martin, Michael T, *New Latin American Cinema*. Detroit: Wayne State
　　University Press.

Herman, Judith(2007), Trauma and Recovery: The Aftermath of Violence, 『트라우마:
　　가정폭력에서 정치적 테러까지』(최현정 옮김), 서울: 플래닛.

López, Ana M(1997), "An "Other" History: The New Latin American Cinema", ed.
　　Martin, Michael T. *New Latin American Cinema,* Detroit: Wayne State University
　　Press.

Mraz, John(2002), "Memories of Underdevelopment", *Revisioning History,* ed. Robert A.
　　Rosenstone, 『영화, 역사－영화와 새로운 과거의 만남』(김지혜 옮김), 서울:
　　소나무.

Padovani, Martin H(2002), *Healing Wounded Emotions-Overcoming Life's Hurts,* 『상처 입
　　은 감정의 치유』(백승치 옮김), 왜관: 분도.

Roth, Michael S.(2002), "Hiroshima Mon Amour", *Revisioning History*. ed. Robert A.
　　Rosenstone, 『영화, 역사-영화와 새로운 과거의 만남』(김지혜 옮김), 서
　　울: 소나무.

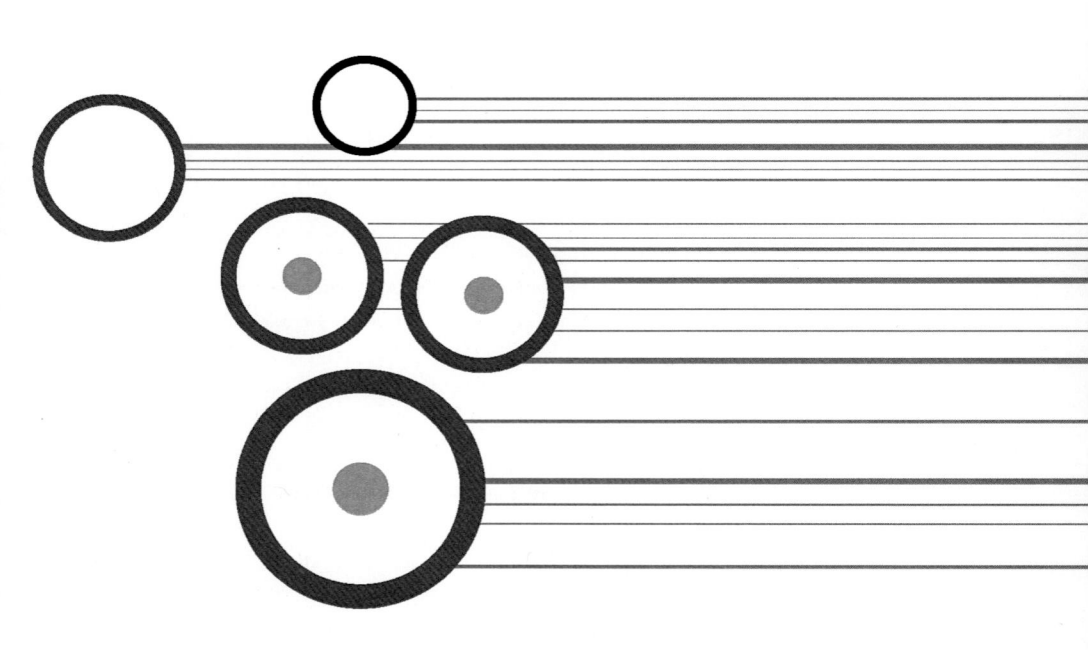

유카탄 카스타 전쟁의
사회적 의의

정혜주

Ⅰ. 들어가는 글

2010년은 멕시코가 스페인의 식민지배에 대해 독립선언을 시작한 지 200년이 되는 해이다. 이를 기념하는 행사가 사회의 각 분야에서 이루어졌다. 마야문명과 마야 사람들에 대한 연구를 발표하는 국제마야학회도 독립과 전쟁을 주제로 잡았다. 학회는 표지 그림으로 "카스타 전쟁(La Guerra de Castas)"을 선택하였다.

유카탄의 카스타 전쟁은 1847년에 발발하여 1901년까지, 약 54년간 계속되었다. 약 7년간의 폭력적인 전쟁 기간(1847~1854)과 마야 사람들이 반도의 북동쪽의 밀림으로 물러나서 이 지역에서 47년 동안 소규모의 전쟁을 계속하며 유카탄 또는 멕시코 정부의 지배를 받지 않으며 살았던 기간(1854~1901)을 말한다. 카스타는 계급을 의미한다. 당시 유카탄에는 라디노(ladino)라고 부르는 스페인의 후예인 크리오요(Criollo)와 스페인과 마야 원주민의 혼혈인 메스티소(Mestizo), 그리고 마야(Maya) 원주민이 있었다. 이 모든 사회계급의 사람들이 뒤엉켜 싸운 이 전쟁은 지속된 시간이 상당히 길고, 멕시코 역사상 가장 폭력적인 양상을 보여 주며, 한 집단의 반란이라기보다 각기 다른 사회계층의 전면적인 대립이라고 하며, 결과적으로 비록 50년 정도의 짧은 기간과 제한된 지역이었지만, 아메리카 대륙에 유럽 사람들이 들어온 이후에 세워졌던 유일하게 "원주민의 나라"라고 부를 수 있는 정치-사회 조직이었다.

이 사건의 무대가 되었던, 유카탄 주의 바야돌리드(Valladolid), 티시민(Tizimin), 테피츠(Tepich), 티호수코(Tihosuco), 킨타나로 주의 찬 산타 크루스(현재의 카릴요 푸에르토)에 이르는 지역에는 아직도 싸움의 흔적이 생생히 남아 있다. 티호수코와 테피츠의 주민들은 반란을 이끌었던 원주민 지도자들의 동상을 세우고, 전쟁의 박물관을 만들고, 사건의 과정을 재현하는 드라마를 공연하는 등, 7년의 전쟁을 기념하는 행사를 해마다 하고 있고, 카릴요 푸에르토(Carillo Puerto)에는 찬 산타 크루스(Chan Santa Cruz)[1]를 모시는 예배당이 그대로 있는데, 주위의 마을에서 온 대표자들이 돌아가며 십자가를 지키고 있다. 마을의 주민들은 하나같이 전쟁을 이끈 지도자들이 불의와 가난의 비참한 상황에 빠진 마야 사람들을 위해 싸웠다고 말한다.

유카탄은 멕시코의 동부, 미국 플로리다의 남쪽 과테말라와 벨리즈와 접경하고 있는 반도이다. 유카탄 주, 킨타나로 주, 캄페체 주로 이루어져 있다. 이 세 주가 바로 카스타 전쟁의 무대였다. 이 지역은 원래 고대 마야문명이 번성했던 곳으로 반도의 북부, 현재의 유카탄 주

---

1) Chan은 마야어로, '작은'이라는 뜻이다. Santa Cruz는 스페인어로 '성스러운 십자가'라는 뜻.

는 후기 마야문명의 중심지였다. 1519년 스페인의 침략자들이 올 당시에도 수많은 마야 사람들이 살고 있었다. 그러나 침략 당시에 제국을 이루고 있었던 아스테카(Azteca) 문명과는 달리 마야문명은 쇠퇴기에 있었다. 남쪽의 치아파스에서 과테말라 북부로 이어지는 빽빽한 열대 우림 속의 마야 사람들을 정복하는 데는 거의 200년이 걸렸지만, 이는 접근하기 어려운 자연환경 탓이 컸기 때문일 것이다. 1761년에 마지막 아하우(Ahau)[2]로 추앙된 하신토 카네크(Jacinto Canek)의 사건 외에는, 스페인 사람들은 메리다(Merida)[3]와 이사말(Izamal)[4] 사이의 유카탄 북서부를 중심으로 비교적 손쉽게 이 지역에서 지배체재를 세웠다. 그리고 300년 후, 멕시코 중앙고원을 중심으로 북부에서는 약 10여 년간의 치열한 독립전쟁 끝에 스페인으로부터 독립을 얻었으나 유카탄은 멕시코가 독립을 쟁취함에 따라 덤으로 독립을 이루었다.

그러던 유카탄에서 54년간 지속된, 무기에 의존한 거대한 폭동이 바로 카스타 전쟁이다. 계급을 의미하는 카스타(Casta), 전쟁의 이름에서 미루어 짐작할 수 있는 것처럼 피지배와 지배, 원주민과 백인의 사회 계급적이고 인종대립적인 전쟁이었다. 따라서 이 전쟁은 "마야의 사회전쟁(Guerra Social Maya)"이라고도 부른다. 즉, 사회혁명적인 성격을 갖고 있었다고 본다는 것이다. 이 사회 계급과 인종 대립적인 양상은 스페인 식민시절에 이루어진 것이다. 그럼에도 불구하고, 식민지 시절 동안이 아니고, 독립이 된 후 26년이 지나서야 일어났다.

이번 글에서는 카스타 전쟁의 진행과정과 그 결과를 살펴보며 독

---

2) Ahau는 마야어로, '왕'을 말한다.

3) 유카탄 주의 수도, 유카탄 반도의 서북부에 위치한다.

4) 유카탄 주의 도시로, 식민시절에 추기경이 거주한 수도원이 있었던 유카탄 가톨릭의 중심지였다.

립이 된 후에 식민지시절에 형성된 계급에 대한 사회혁명적인 성격의 전쟁이 일어나게 된 이유와 그 사회적 의의를 알아보려고 한다.

Ⅱ. 전쟁의 과정5)

1821년 9월 15일, 유카탄은 스페인에 대하여 독립을 선언했다. 그리고 새로운 나라 멕시코에 포함되는 것을 선언했다. 그러나 목축업에 종사하고 있던 유카탄의 토착부호들은 스스로의 헌법을 따로 만들고, 멕시코 연방의 하나가 되기를 원했다. 정치적으로 후자를 연방주의자(Federalista), 전자를 중앙집권주의자(Centralisa)라고 불렀다. 바르바차노(Miguel Barbachano), 세티나(José Dolores Cetina)와 같은 연방주의자들은 토착부호여서 마야 원주민들과의 관계가 밀접했던 반면에 멘데스(Santiago Mendez)와 트루헤케(Antonio Trujeque) 등의 중앙집권주의자들은 상대적으로 원주민들과의 관계가 적었다.

멕시코 중앙정부는 내부적으로는 이투르비데의 실각 이후 30년 동안 50개의 정부가 들어설 정도로 정치적 혼란이 계속되고 있었고, 남쪽으로는 치아파스 지역에서 과테말라와, 북으로는 텍사스 지역에서 미국과 영토다툼을 하고 있었다. 이후 멕시코와의 전쟁에서 승리한 미국은 카스타 전쟁에도 관여하였다.

다른 한편 마야 원주민들은 독립과 함께, 백인 지배계급과 동등하

---

5) Nelson Reed, *La Guerra de Castas de Yucatan* (Mexico, ERA 1971); Don E. Dumond, *El machete y la Cruz* (Mexico, UNAM, 2005); Terry Rugeley, *Yucatan's Maya Peasantry and the Origins of Caste War* (Auston, University of Texas press, 1996)에서 요약하였다.

게 시민으로 인정을 받고 투표권을 얻었다.[6] 그리고 교회에 대한 세금[7]을 면제받았다. 그러나 헌법이 완전히 정착되지 않은 때여서 정치적 이해에 따라 상황이 달라졌다.

전쟁은 각각의 경제적 이해가 달랐던 중앙집권주의자와 연방주의자들이 충돌하자, 유카탄 반도를 영토에 포함시키려는 멕시코 정부가 간섭하며 시작되었다. 캄파체에서는 중앙집권주의자인 멘데스가 주지사가 되었고, 메리다에는 연방주의자인 바르바차노 정부가 들어섰다. 멕시코 정부는 캄파체와 협력하여 메리다 정부를 공격하였다. 전쟁은 유카탄 반도의 중심부분의 바야돌리드에서 시작하여 남쪽과 서북쪽의 마을과 도시들이 포함되었다.

양측은 군인을 모아서 싸움을 하였으므로, 마야 원주민, 메스티소, 그리고 라디노[8]들이 뒤섞였다. 지휘체계 또한 일정하지 않았는데, 메리다는 상황에 따라 중앙집권 또는 연방주의로 정부 성향이 바뀌었기 때문이었다. 마야 사람들은 마을마다 있는 원주민 지도자인 바탑(Batab)[9]을 따라 전쟁에 참여하였다. 따라서 그들도 바탑이 협력하는 라디노의 정치입장에 따라 때로는 연방주의자와, 때로는 중앙집권주의자의 군대에서 싸웠다. 따라서 바로 이웃마을의 친구가 적으로 만나는 경우도 많았다. 또한 도시와 마을에서 동시다발적으로 싸움이 벌어졌고, 한편이 휩쓸고 가면 다른 한편이 보복적으로 휩쓸고 가면

---

6) 1821년의 이구알라 협정에서 처음으로 인정하였다. 유카탄에서는 1841년 헌법에서 마야 원주민을 시민으로 인정하였다.

7) obvención이라 부르며, 1825년의 헌법에서 교회에 대한 물질적, 신체적 헌신을 부정하였다.

8) 크리오요(Criollo)라고 불리는 백인계의 사람을 유카탄에서 부르는 말로, 당시의 사회 신분에서 가장 높은 위치였다. 그 아래로 백인과 원주민의 혼혈인 메스티소(Mestizo), 가장 아래에 위치하는 마야 원주민이 있었다.

9) 식민지 시절의 "원주민 공화국"의 수장을 부르는 말. 독립 후에는 우두머리라는 뜻으로 카시케(cacique)를 사용하였다. 이 글에서는 마야 사회에서 지도자의 특수성을 나타내기 위해 '바탑'을 사용하였다.

서 전쟁의 양상은 처절하고 복잡하게 전개되었다.

이렇게 동시다발적이고 각각 입장이 다른 지휘관을 따라 싸우던 전쟁은 1848년이 지나면서 라디노 대 마야 사람으로 정리된다. 그리고 라디노들은 멕시코 중앙정부의 지휘와 협력을 얻고, 마야 사람들은 동쪽으로 집결하였다. 그리고 장소도 유카탄의 동부와 서부로 나뉘어서 대치하게 되었다.

〈그림 1〉 전쟁이 있었던 지역, 중심 도시들은 한글로 표시하였다.
(Reed: 1971, 101에서 다시 작성)

1. 전쟁의 발발

세티나는 연방주의자였다. 그는 티시민(Tizimin)[10]으로 몰래 들어갔다. 그는 이전에도 그랬던 것처럼 마야 원주민들에게 종교세를 없애고, 개개인의 땅의 소유를 약속하며 약 300명가량의 마야 원주민과 메스티소에게 군대에 참여하기를 종용하였다. 그는 중앙집권주의자인 트루헤케가 바야돌리드(Valladolid)[11]를 공격하자 주지사 미겔 바르바차노가 쿠바(Cuba)로 망명한 유카탄에서 연방주의자의 세력을 회복하기 위해서 전쟁을 할 예정이었다. 치치밀라(Chichimila) 마을의 바탑 마누엘 안토니오 아이(Manuel Antonio Ay)는 군대에 자원했다. 그는 바르바차노를 지지하는 것으로 알려진 하신토 파트(Jacinto Pat)의 농장 쿰피치(Cumpich)에서 세실리오 치(Cecilio Chi), 보니파시오 노벨로(Bonifacio Novelo)와 모임을 가졌다. 파트는 티호수코(Tihosuco), 치는 테피츠(Tepich)의 바탑(Batab)이었다. 파트는 마야 사람들이 살아갈 조건을 계속하기 위해서, 치와 노벨로는 백인들을 모두 없애고 싶어 하였다. 목적이 무엇이던 간에 그들은 백인들과 싸움을 하려는 공동의 목표가 있었다. 그들은 세티나에게 협력하기로 하였다. 그리하여 노벨로를 돈과 함께 벨리즈로 보내어 영국군의 무기를 사오도록 하였다.

아이는 마을로 돌아갔다. 그리고 얼마 뒤, 1847년 7월 치는 테피츠에서 아이에게 편지를 보냈다. 편지에는 "치 자신은 티호수코를 치려

---

10) 유카탄 주 북쪽의 항구 도시.

11) 유카탄 주의 중앙에 위치한 제2의 도시. 1847년 당시에 유카탄 반도는 정치적으로 네 개의 지역으로 나뉘었다: 메리다와 북서쪽, 캄페체와 남쪽, 바야돌리드와 주위, 식민화된 이 셋의 경계에서 동쪽 지역. 이 네 곳은 각각이 작은 독립 국가였다. 각 지역마다 라디노의 이해가 달랐고, 바야돌리드는 라디노의 비율이 가장 높았던 곳으로(라디노:원주민=7:1), 가장 보수주의적이었다(Reed: 1971).

고 하는데, 몇 개의 마을이 사건에 참여하고 있는지, 자신과 합류하기 2~3일 전에 알려 달라"고 스페인어로 쓰여 있었다. 편지를 받은 아이(Ay)가 치치밀라(Chichimila)의 한 술집에서 술을 마시다가 이 편지를 떨어뜨렸다. 한 사람이 주워 보고 편지의 내용을 수상하게 생각하여 로사도(Rosado) 대령에게 보고하였다. 곧 한 떼가 와서 아이와 그 주위의 사람들을 잡았다. 아이, 치, 파트, 노벨로가 반란을 계획하고 있는 것이 밝혀졌다. 그들은 아이를 바야돌리드로 데려갔다. 그리고 다음 날인 7월 26일에 처형했다.

세티나 대령은 아이의 체포 소식을 들은 후, 300명의 부하들을 이끌고 바야돌리드 도시 밖의 남쪽지방을 향해 전진하였다. 그러나 전쟁을 시작하지 않고 사태를 관망하였다.

그 사이에 트루헤케가 치와 파트를 잡으러 나섰다. 그는 군인들을 몰고 테피츠(Tepich)의 치의 농장으로 갔다. 치는 이미 도망가고 없었다. 트루헤케는 농장을 약탈하고 불태우고, 12살의 원주민 소녀를 한 백인병사가 강간하였다. 그리고 다음 날 다른 원주민 마을을 습격하여 5명의 마야 사람들을 잡아갔다.

1847년 7월 30일, 세실리오 치는 테피츠를 습격하는 것으로 대답을 하였다. 그곳에 있었던 20~30명의 라디노 가족을 몰살하였다. 아이와 여자를 포함한 모두였다.

이렇게 유카탄의 계급전쟁은 바탑들을 중심으로 한 마야 원주민과 중앙집권주의자 라디노 사이에서 시작되었다.

2. 마야 사람들의 짧은 승리

테피츠의 습격에서 살아남은 라디노는 티호수코(Tihosuco)에 가서 이 소식을 전했다. 티호수코의 라디노들은 자신들의 집을 버리고 북쪽 끝의 작은 광장에 모여 방호벽을 만들고, 도움을 청하는 사절을 보냈다. 그리고 감옥에 있던 마야 사람들을 꺼내어 벽에 줄지어 세우고 총살하였다. 물론 그들은 앞의 학살과는 아무 관계가 없는 사람들이었다. 다음 날, 로사도(Felipe Rosado)가 지휘하는 군대가 도착하자 다시 테피츠를 공격하였다. 그렇지만 돌담12) 뒤에서 한 줄로 서서 공격하는 마야 사람들에게 패퇴하였다. 다시 공격을 감행하여 이번에는 돌담을 넘어서 전진할 수 있었다. 도망가는 마야 사람들을 총으로 쏘아 죽이고, 교회의 기물을 마구 부수고, 마을의 우물에 돌을 집어 던져 메우고 집들을 불태웠다. 여기서 여자와 아이들을 포함한 수많은 원주민들이 죽었다.

캄페체(Campeche)에서는 주지사 멘데스가 1847년 8월 6일 16~60세 사이의 백인과 반백인(semi blanco)은 군대에 지원하라는 명령을 내렸다. 그리고 메리다(Mérida)에서는 보복을 하기 시작했다. 메리다의 북서쪽에 사는 마야 사람들의 밀파(milpa)13)와 집을 태우고 남자들은 잡아서 수용소로 끌고 갔다. 매일매일 비명소리와 산 사람을 태우는 냄새가 났다.

치와 파트, 그리고 다른 원주민 지도자들은 쿠룸피치(Culumpich)에

---

12) 마야 사람들 특유의 1m 미만의 돌담으로 평소에는 구역을 구분 짓는 용도이나, 싸움에서는 효과적인 방어벽으로 사용되었다.

13) 마야 사람들의 옥수수 경작지.

모여 백인이 사라질 때까지 싸우기로 하였다. 마야 사람들은 뚝 떨어진 농장을 공격하여 돈과 보석을 강탈해서 모았다. 이 돈으로 보나파시오 노벨로는 벨리즈로 무기와 탄약을 사기 위해 갔다.

1848년 1월 내내 마야 사람들은 이츠물 마을을 포위하고 공격하였다. 로사도 휘하에도 마야 용병들이 있었다. 그들은 같은 마을 사람들이었다. 적과 아군이 분명치 않은 복잡한 상황이었다. 마야 원주민 측이 공격할 때는 "미겔 바르바차노 주지사 만세"를 외쳤다. 로사도 휘하의 마야 사람들은 라디노들보다 급여가 적고, 업신여김을 받고 있었다. 다른 마을로 이동하는 중에 일부가 이탈하여 그들의 집으로 향하였다. 로사도의 진영은 거의 반으로 줄었고, 더 약해졌다.

이츠물을 무너뜨리자, 마야 사람들은 더 이상 한 지점 또 다른 지점에 몰리지 않고 지역적으로 모였다. 남쪽 병력은 페토를 점령하고 서쪽으로 진격하는데, 하신토 파트가 이끌고, 세실리오 치는 바야돌리드를 포위 공격하는 군을 지휘하였다. 치는 대농장과 란초(rancho)[14]을 공격하여 가축, 꿀, 면화, 커피, 돈 모두를 꺼내고 불을 질렀다. 그는 적이 이용할 수 있는 것을 아무것도 남겨두지 않았다. 따라서 정부군은 마을에 주둔할 수가 없었고 매일매일 군대를 보내서 싸워야 했다.

1848년 1월 19일 치를 선두로 마야 사람들이 메리다 시로 쳐들어갔다. 12,000~15,000명이 도시를 마구 약탈하였다. 여자와 아이들은 근처의 성당으로 도망갔다. 군인들은 마야 사람들을 저지하기 위해 대포를 마구 쏘았다.

---

14) 가장 작은 크기의 농장.

3. 짧은 승리의 결과

1948년 2월에 북쪽의 지도자들과[15] 파트는 마야 사람들의 승리를 가져다줄 협상조건을 의논하기 위해 티호수코에 모였다. 그 후에 치는 바야돌리드로 돌아가서 조건을 내었다. 세금을 줄일 것, 가져간 무기를 돌려줄 것, 그들의 수장이라고 할 트루헤케에 대한 벌. 이 모든 조건은 바르바차노가 개인적으로 받아들일 것을 약속했다. 이것을 미겔 볼리오(Miguel Bolio) 대령과 마누엘 시에라(Manuel Sierra) 신부가, 협상테이블이 살해당하는 장소가 될 위험을 무릅쓰고 협상을 하여 2월 12일에 문서로 만들었다.

그러나 찬세노테(Chancenote)에서 라디노들이 여자와 아이들을 학살하고, 성당의 기물을 불태우고 파괴하면서 이 협상은 깨어졌다.

이후 4월 18일, 바르바차노와 파트는 추카캅(Tzucacab)에서 협정을 맺었다. 벨라(Vela) 신부와 펠리페 로사도(Felipe Rosado)가 라디노 측에 나왔고, 하신토의 형제인 에스테반 파트(Esteban Pat), 호세 마리아 바레라(José María Barrera), 후안 후스토 얌(Juan Justo Yam)이 증인으로 함께하였다. 그들이 서명한 협정 내용은 치와 시에라 신부가 했던 내용과 유사했으나, 파트가 원주민의 대표가 되는 조항이 있었다.

1. 원주민들의 개인적 헌신을 없앨 것.
2. 세례와 결혼에 대한 권리를 줄일 것.
3. 마야 사람들은 그들의 밭을 자유롭게 즐길 수 있을 것, 빌리거나 차압한다는 협박을 받지 않고.

---

15) 유카탄 반도의 북쪽에 위치한 마을에서 온 지도자들로 Cecilio Chi, Bonifacio Novelo와 Florentino Chan을 말한다.

4. 모든 고용인들은 그들의 빚을 탕감할 것.
5. 바르바차노가 평생 주지사가 될 것.
6. 하신토 파트가 원주민들의 수장이 될 것.
7. 마야 사람들의 장총을 돌려줄 것(약 2,500정).
8. 아구아르디엔테에 붙인 세금을 없앨 것.
    (Reed: 1971, 94, 필자번역)

치는 이 소식을 듣자 파트에게 겁쟁이고 배반자라고 편지를 보내고 부하들을 이끌고 하신토 파트를 습격해서 잡고, 협정서를 받아서 그 자리에서 찢었다. 이것이 협상의 마지막이었다.

4. 마야 사람들의 패퇴

추카캅 협정을 파기한 직후에 마야 사람들은 다시 메리다로 진격해야 옳았다. 그러나 그들은 고향으로 돌아가기를 원했다. 옥수수를 심을 때가 되었기 때문이었다. 그들은 수없이 갈라진 오솔길로 흩어져서 자신들의 집으로 갔다.

적이 약해진 것을 눈치 챈 멘데스는 1,200명을 모아서 바야돌리드로 향하는 길의 툰카스(Tunkas)에 집결했다. 그들은 마을과 들을 태우고 말과 총알과 비축물과 포로를 잡았다. 1848년 봄에 심은 곡식들은 7월 중순이나 되어야 추수한다. 만약 라디노들이 공격하지 않았다면 그들은 밀파에서 나오지 않았을 것이다. 마야 사람들은 하던 일을 중도에 두고 다시 툰카스로 모였다.

하신토 파트는 라디노들이 무나를 재점령하였을 때 그는 한 농장에서 움직이지 않고 칸차칸(Canchakan)의 진지를 태우고 배후로 테코(Tecoh)를 공격하였다. 세티나 대령은 스스로 앞서서 지휘하였다. 백병전은 밀리고 밀다가 7월 29일에 끝났다. 이날 파트는 그의 부하들의 숫자가 현저히 준 것을 보고 후퇴하지 않을 수 없었다. 그는 티쿨(Ticul), 테칵스(Tekax)를 지나며 백인들을 몰살했다. 세티나도 그의 부하들을 테칵스로 보내었다. 하나가 다른 하나를 엄호하며, 마야의 방어벽도 두 줄로 막았으나 그들은 쉽게 마을을 점령했다. 포로로 잡힌 마야 사람들을 채찍으로 때리며 이 층으로 몰아가서 거기서 팔과 다리를 잡아 총검을 받치고 있는 아래로 밀어 떨어뜨렸다. 거기에 군인의 다리를 걷어차며 우는 어린아이가 있었다. 그 아이도 잡아서 총검 위로 밀었다.

다른 한편, 협정이 깨지자 바르바차노는 정치적 입장을 바꾸어 멕시코의 대통령에게 다시 한 주로 편입할 것을 제의하였다. 그러자 7월 중순에 메리다를 도우려 5척의 멕시코 배가 28,000페소, 1,000정의 장총 10만 총알과 30만kg의 화약을 갖고 베라쿠르스항을 출발했다. 1848년 8월 17일 바르바차노는 중앙정부로의 재결합을 선언했다.

멕시코에서 도착한 예르고 장군은 메리다-바야돌리드, 메리다-페토에 이르는 길에 1, 2, 3, 4, 6연대 모두 출동시켰다. 모두 3,500명이었다. 이 전문적인 군인들을 향하여 마야 사람들은 총알이 얼마 남지 않았기 때문에, 나무 사이에 숨어서 정확히 조준해야 했다. 그리고 다가서면 마체테(machete)[16]로 방어했다. 그러나 도망치기 위한 방어여서 힘이 없었다.

10월, 11월 사이에 마야의 패잔병을 향하여 마지막 공격을 하였고, 1848년 12월 13일에는 티호수코에 저항 없이 들어섰다. 제5연대는 바

16) 마야 사람들이 사용하는 긴 칼로. 원래는 풀과 나무를 베는 작업용이다.

야돌리드를 점령했다. 그리고 바야돌리드로부터 유카탄 반도의 동남쪽 방향으로 부챗살처럼 퍼져 가며 마야 패잔병들을 잡았다. 바칼라르(Bacalar)[17] 이외에는 모두 재정복되었는데, 바칼라르는 당시의 지도에도 표시되어 있지 않고 백인에게는 알려지지 않은 땅이었다. 살아남은 마야 사람들은 그쪽으로 몰려갔다.

5. 바탑들의 죽음

파트, 노벨로, 치는 각각 다른 곳의 셀바의 한가운데로 피해서 세노테 주위로 몇몇의 임시 초가를 세우고 살았다. 이들 중에 치가 가장 먼저 죽었는데, 가장 용맹스러운 이 바탑을 죽인 자는 그의 아내와 사랑에 빠진 아타나시오 플로레스라는 그의 부하였다. 그는 태어난 테피츠의 묘지에 묻혔다.

파트는 누구보다도 라디노들의 세계를 잘 알았다. 길어지면 백인들이 이길 것을 알고 새로운 재난을 피하려고 벨리즈의 총리와 협상을 하려고 하였다.[18] 세실리오 치의 살해 이후, 그의 부관이었던 플로렌티노 찬(Florentino Chan)과 베난시오 펙(Venancio Pec)에게 이 풍문이 전해지자 그들은 하신토 파트가 다시 마야 원주민의 우두머리로 선언할 것이라는 의심이 들었다. 펙은 베이스캠프인 타비에서 1849년 9월 8일 파트가 그 전날 5,000페소를 가지고 무기를 사러 벨리스로 갔다는 것을 알았다. 펙은 타비의 몇몇 우두머리와 함께 남쪽으로 쫓아

---

17) 유카탄 반도 동남부에 있는 도시로, 킨타나로 주의 셀바(아열대의 숲) 속에 있다.

18) 스페인의 식민지였지만, 벨리즈는 독립 무렵에는 영국이 실질적으로 장악하고 있었다. 영국은 벨리즈를 통하여 마야 반란군들에게 무기와 화약을 팔았다. 동시에 멕시코와는 벨리즈에서의 우위를 확보하기 위한 협상을 하고 있었다.

갔다. 바칼라르에서 80km 떨어진 곳에서 파트를 습격하여 살해하였다.

치와 파트가 죽자 노벨로의 이름도 기록에서 사라졌다. 그의 최후에 대해서는 알려진 바가 없다.

6. "말하는 십자가(Cruz Parlante)"의 출현

1848년 후반에서 1849년 초반까지 라디노들은 마야 원주민이 점령했던 곳을 되찾고 원주민을 동쪽으로 밀어내기 시작했다. 마야 사람들은 마지막 저항지인 캄포콜체(Kampocolche)에서 쫓겨났다. 파트의 부관이었던 호세 마리아 바레라는 그의 일당을 셀바(selva)[19]의 한 세노테(cenote)[20]로 끌고 갔다. 그곳은 찬 산타 크루스(Chan Santa Cruz)라 했다. 세노테로 들어가는 길은 낮고 어둡고 공간이 좁아 마야 사람들이 신비스러워하는 조건이 되었다. 그곳에서 동굴 입구에서 태어난 카오바 나무에 새겨진 약 7~10cm 길이의 십자가를 발견했다.

거기서 도망자들은 기도했다. 그들 사이에 복화술사인 마누엘 나우아트(Manuel Nahuat)가 있었다. 배에서 울리는 소리로 캄포콜체 마을을 공격할 때라고 했다. 바레라는 이에 힘입어 캄포콜체로 진격했다.

3월 23일, 정부군이 이 성소를 습격했다. 마누엘 나우아트는 라디노 한 명을 죽이고 죽었다. 바레라는 도망쳤다. 아무도 없던 그곳에 1,000명 이상의 주민이 있었다는 것을 알고 군인들은 놀랐다.

도망친 마야 사람들은 어둠을 틈타 '말하는 십자가'를 도로 찾아왔지만, 나우아트(Nahuat)가 살해된 후 십자가는 더 이상 말하지 않았다.

---

19) 아열대의 숲으로 유카탄 반도의 대부분이 셀바로 덮여 있다.

20) '샘'이라는 뜻의 마야어. 유카탄 북쪽에는 강이 없고, 표면에 물이 있는 곳은 세노테이다.

바레라는 복화술을 대체할 다른 것을 생각해 내었다. 그는 풀잎으로 지붕을 덮은 건물을 세우고 안쪽에 십자가들을 두었다. 그곳에는 몇 명의 조수 외에는 드나들지 못하게 하였다. 그곳은 너무 성스럽기 때문에 세속인이 볼 수 없는 곳이다. 또 목소리의 비밀을 지켜야 했다. 제단 밑에 구멍을 파고 말하는 사람이 숨었다. 나무뚜껑이 소리를 크게 하고 울리게 하였다. 그의 성스러운 목소리는 싸움에서 져서 흩어지고, 굶주림으로 죽어가는 사람들에게 정신적인 양식을 주며 희망을 주었다. 그들은 대중들의 회당 앞쪽에서 예배를 보도록 했다.

찬 산타 크루스에는 초가가 300~400채 정도 되었고, 마을 중앙에 8~9채가 지도자들을 위한 것이 있었다. 또 아주 잘 만들어진 세 큰 방의 사병소가 있었고, 교회와 우물과 물통이 있었다. 죽은 자들을 위한 장소에 팔마(Palma)[21]로 장식된 아치가 있었다. 1852년 12월 31일에 호세 마리아 바레라가 사망했다. 그러나 그의 권위는 십자가를 후원하는 그의 추종자들에게 이어졌다. 주위 마을의 축제의 후원 성자들에게까지 이어졌다. 그들은 흔히 타티츠(Tatich), 즉 신부라 불렸는데, 라디노 사제 대신에 그들은 미사의 성찬, 세례, 결혼을 주재하였다. 시간이 흐름에 따라 그들은 추기경과 같이 되었다. 타티츠의 위치는 세습되었는데, 십자가에 근거하여 그들은 신의 뜻을 땅에서 해독하여 주었다. 그들의 권위는 교황에 견줄 만했다. 찬 산타 크루스에는 십자가를 따르는 사람들이 군대와 같은 조직을 이루고 살았다. 이들은 "십자가의 사람들 즉, 크루스옵(Cruzob)"이라 불렸다.

---

21) 열대의 잎이 큰 나무의 한 종류.

약 43년 후, 1895년 1월 멕시코 중앙과 메리다 정부는 크루스옵과 마지막 전쟁을 하기 위하여 예산을 확보하였다. 연락을 위한 전화선 및 도로를 개설하고 1900년 10월 할리스코 주 출신의 브라보 장군이 이끄는 정부군은 반도의 남동쪽을 향해 갔다. 1901년 1월, 찬 산타 크루스에서 23km 떨어진 노흐폽(Nohpop)에 진지를 세우고 감시하였다. 4월 중순, 한 마부가 잃어버린 노새를 찾아 헤매다가 커다란 건물들이 버려져 있는 것을 보았다. 정부군은 비로소 찬 산타 크루스가 버려져 있다는 것을 알았다. 이 전쟁은 54년을 끌고 끝났으나 1937년까지도 이 지역은 불안하였다.

반란이 일으킨 재난은 1846~1850년 사이에 인구가 준 것을 보면 생생하다. 유카탄의 인구는 거의 반으로 줄었다. 바야돌리드와 테칵스에 이르는 지역은 거의 65%의 주민이 없어졌고, 메리다는 약 25%가 줄었다. 계급전쟁에 참가한 원주민 수는 85,091명이며 대장급은 103명이며, 이 중에는 가난한 백인들과 메스티소도 상당수였다. 유카탄 반도의 동쪽의 마야 원주민 참가자는 11,000명이었다.

Ⅲ. 전쟁의 분석: 원인과 결과

마야 사람들이 반란을 계획하고 있다는 "만들어진 오해"에서 비롯된 전쟁은 매우 폭력적으로 2년간 지속되다가 종교적 성격의 "찬 산타 크루스"를 형성하는 것으로 끝났다. 다음은 전쟁이 시작되는 배경과, 어떻게 인종적인 성격의 전쟁으로 되었는지, 300여 년 동안 피지배 계급으로 지내던 마야 원주민들이 어떻게 조직적으로 백인들과 대등하게 전쟁을 수행할 수 있었는지, 왜 결국은 종교적 집단을 형성하게 되었는지 조사하여 카스타 전쟁의 성격의 특징을 드러내고자 시도하였다.

1. 전쟁의 시작: 중앙집권과 연방주의 갈등

1847년에 전쟁을 시작한 것은 라디노인 세티나 대령이었다. 그의 상관인 미겔 바르바차노를 위하여 트루헤케를 밀어내려고 하였다. 세티나, 바르바차노와 트루헤케가 반목한 이유는 독립 직후의 유카탄의 정치적 상황 때문이었다. 독립과 함께 1823년 당시의 멕시코 황제(자칭) 이투르비데는 스페인에 선전포고를 하고 스페인과의 무역을 중단하였다. 이에 따라 유카탄에는 두 개의 정치 세력이 형성되었다. 자유주의자와 보수주의자였는데, 자유주의자들은 쿠바를 비롯한 스페인 식민지역들 및 벨리즈 등과 무역을 하기 원했고, 보수주의자들은 멕시코 정부와 무역을 하기를 원했다. 따라서 자유주의자는 유카탄 반도가 멕시코 정부에서 정치-외교적인 독립을 원하는 연방주의자로, 보수주의자는 멕시코 정부에 속하기를 원하는 중앙집권주의자로 발전되었다. 그러나 멕시코 정부는 혼란한 상황[22]이었고(Pazos: 2008, 77), 미국과 전쟁[23]을 하고 있었으므로 상황에 따라 정치세력들은 수시로 입장을 바꾸었다. 한때는 트루헤케도 연방주의자들과 의견을 함께하였다. 따라서 그들은 반목하고 있었어도 상황에 따라 제휴를 하였다.

그런데 소수의 지배층에 불과한 라디노들은 그들끼리 직접적으로

---

22) 1821년에서 1850년 사이에 멕시코에는 50개의 정부가 들어섰다.
23) 1833년 대통령이 된 산타 아나는 미국과 전쟁을 하여 1836년에 현재의 텍사스 주를 잃었다.

싸움을 할 수 없었다. 권력을 장악하기 위한 싸움을 시작하면서 라디노들은 다수의 원주민들이 필요하였다. 세티나는 전쟁을 수행하기 위하여 마야 원주민과 메스티소를 합류시켰다. 트루헤케 또한 마찬가지였다. 그들이 내건 조건은 종교세 및 개인부역의 감면이었다. 유카탄 반도에서는 1812~1814년 사이에 스페인 왕정이 모든 세금을 없앤 적이 있었다(Bricker: 1993, 180).24) 그러나 독립이 되자 다시 원주민 농부들은 매년 교회세(Obvención)25)를 내고 세례, 결혼, 심방 등 온갖 교회의 서비스에 요금을 내었다. 그들은 또한 시민세를 내었다. 그리고 부역을 완수해야 했다. 예를 들어 메뚜기를 죽이기 위해 물레방아를 돌리는 일이 있다. 나중에는 군역도 있었고, 그들 자신의 옥수수밭을 갈기 위해 임대료를 내야 했다. 그들 자신의 마을소유를 공식적으로 측정하기 위해 보조금을 내어야 했다. 즉, 교회와 국가는 가난한 농부가 태어나면 그의 발걸음마다 세금을 거두었다(Rugeley: 1996, 26). 따라서 1814년 이후 마야 원주민들 사이에는 세금의 감면 또는 철회하는 것을 바랐고, 라디노들은 이를 이용하여 원주민들을 전쟁에 끌어들일 수가 있었다.

다른 한편, 식민지 시절 동안에는 마야 사람들은 전혀 무장을 하지 않았었다. 대부분의 마야 사람들은 농장의 일꾼 또는 수공업에 종사하고 있었다. 그런데 당시의 대통령 산타 아나는 미국과의 전쟁에서 져서 텍사스를 잃어버리자 유카탄의 원주민들을 무장시키고 유카탄이 아닌 주를 위해서도 군대에 복무를 하는 의무를 지웠다(Dumond:

---

24) 1812년의 헌법에는 "모든 공물(tributo)과 종교세(obvención), 개인적 부역(servicio personal obligatorio)을 폐지한다. 모두가 시민이며 무니시팔(municipal)을 만들 수 있다"는 조항이 있다.
25) 교회에 남편과 아내가 따로 따로 내는 것으로 마야 원주민들에게 가장 부담이 가는 세금이었다.

2005, 105). 마야 원주민들은 스페인에게 점령된 1521년 이후에 처음으로 마체테 이외의 무기를 손에 쥐었던 것이다.

그리하여 원주민이 지고 있는 세금에 대한 감면 약속을 하면, 연방주의자도 중앙집권주의자도 군대의 경험이 있는 원주민들을 싸움에 불러들일 수 있었다. 여기에 가난한 백인과 메스티소들도 돈을 벌기 위하여 끼어 있었다. 따라서 이미 앞장에서 본 것처럼 어느 전투에서든지 서로 아는 사람들이 각각 다른 편에서 싸우게 될 여지가 있었다. 용병들은 또한 부른 자의 정치적 입장이 바뀌면 같은 편이 될 수도 있었다. 이와 같이 처음에는 세티나와 트루헤케와 같이 입장이 각각 다른 두 정치적 세력을 지지하는 자들의 싸움이었고 인종이나 계급 간의 갈등은 아니었다.

2. 정치적 갈등이 사회적 갈등으로 바뀌게 되는 경과: 바야돌리드 사건

그렇다면, 정치적 갈등이 왜 사회적 갈등으로 표출이 되었을까? 세티노가 부르자 각 마을의 원주민 지도자인 바탑들은 모여서 의논하고 전쟁에 참여하기로 하였는데, 이들의 모임이 반란을 계획하고 있는 것으로 만든 것은 트루헤케 측의 로사도 대령이었다. 아이는 술을 마시다가 치가 보낸 편지가 로사도에게 가게 하였다. 로사도는 아이를 잡은 다음 날 처형한다. 치는 아이에게 스페인어로 편지를 썼다고 한다 (Dumond: 2005, 139). 그러나 현재도 그렇지만, 마야 사람들은 그들 사이에서는 마야어로 대화를 한다. 굳이 스페인어로 쓸 이유가 없다. 따라서 편지에 의문점이 많았고 결정적인 단서가 되기 어려웠다(Bricker:

1993, 187). 그럼에도 불구하고 그 다음 날 최대한 신속하게 아이를 처형한 것은 원주민 바탑들이 모인 것, 그 자체를 처단하고자 하였다고 볼 수 있다. 아이를 처형한 후 바로 치와 파트를 잡으러 나선 것으로도 추론할 수 있다. 트루헤케가 이렇게 반응한 것은 같은 해(1847년) 1월에 있었던 바야돌리드 사건 때문이라고 짐작할 수 있다. 바야돌리드와 그 주위의 대부분의 땅은 연방주의자인 바르바차노 집안의 소유였다. 따라서 바야돌리드는 연방주의자들의 중심지였고, 중앙집권을 원하는 측에서는 무너뜨려야 할 곳이었다. 사건은 다음과 같다:

멕시코 정부의 명령을 받은 캄페체 군대는 1846년 트루헤케와 바스케스에게 거의 2,000명을 이끌고 바야돌리드로 진격하라고 했다. 여기의 삼분의 이는 원주민이었는데, 이들은 1847년 1월 13일 시살 구역을 점령하고 바야돌리드를 포위했다. 유카탄의 여러 무니시팔(Municipal)[26] 중에서 바야돌리드는 가장 보수주의적이었다. 식민지 시절의 계급 구별이 어느 곳보다 뚜렷하였다. 말할 필요도 없이, 원주민이 그 계급 안으로 들어가는 것은 불가능했다. 축제 때에는 원주민도 도시 안으로 들어갈 수도 없었다. 결과적으로 주위의 마을 원주민들은 공격하는 정부군과 아무 관계도 없었지만 포위에 참가하였다. 그들은 포위된 사람들에게 모욕적인 말을 던지고 광장을 짓밟았다. 그들은 술을 강탈하여 마셨다. 술이 취한 그들은 마음이 내킬 때만 명령을 따랐다. 1월 15일, 전면적인 공격 명령이 내렸다. 그들은 마음대로 날뛰었다. 바야돌리드를 방위하던 베네가스(Venegas) 대령이 공격이 시작될 때 하얀 기를 올렸으나 전혀 효과가 없었다. 그는 포로가 되었다. 군중은 라디노의 자랑이었던 바야돌리드의 중심을 파괴하며 달렸다. 트루헤케와 바스케스는 전혀 관리할 수 없었다. 강간과 살해가 전 도시에 퍼졌다. 그들의 구호는 "셔츠를 입은 사람을 죽여라"였다. 라디노 남자들을 마체테로 난도질을 하였고, 여자들은 가족들이 보는 앞에서 강간하고 손발을 묶어 창문에 매달고 마체테로 죽였다(Reed: 1971; Laporte: 1997;

---

26) 유카탄의 행정구역 단위. 하나의 무니시팔은 큰 도시 하나와 여럿의 작은 도시로 구성된다.

Rugeley: 1997에서 요약 및 번역).

바야돌리드 사건은 카스타 전쟁이 일어난 해 1월에 벌어진 사건이다. 멕시코 중앙정부는 캄페체 주의 중앙집권주의자들과 함께 연방주의자의 아성인 유카탄 주의 바야돌리드(Valladolid)를 무너뜨리려고 하였다. 바야돌리드의 백인들을 죽이라는 임무를 받은 원주민들은 마음껏 학살을 자행하였다. 이는 정치적 이해와는 전혀 관계없이 식민시절 동안 가장 보수적이었던 바야돌리드의 라디노들에게 반감을 갖고 있던 원주민의 반응이었다. 즉 백인들 사이의 갈등을 해결하고자 시작한 싸움이 결과적으로 전혀 다른 방향으로 갔다. 연방주의자와 중앙집권주의자 모두가 원주민들로부터 공격을 받게 될까봐 염려하게 만든 사건이었다. 이는 멕시코 정부군의 공격을 받은 바르바차노가 "인종전쟁이 일어날까"를 염려하는 반응을 보인 것도 짐작할 수 있다.

> 학살의 소식은 주를 뒤흔들었다. 바르바차노는 메리다에서 캄페체의 주지사 바레트에게 편지를 썼다. 인종전쟁이 일어날지도 모른다면서 백인들이 힘을 합쳐야 한다고 했다. 바레트는 인종전쟁이 나면 끔찍할 것이라고 하면서, 잘못은 연방주의자(바르바차노를 지지하는 바야돌리드 측)에게 있다고 하며 항복을 종용했다. 바르바차노는 항복하면서 바야돌리드의 약탈에는 책임이 없다고 하는 정치적 입장을 밝혔다. 바르바차노가 떠나자 멕시코 정부가 왔고, 1847년 1월 22일 유카탄 정부는 그것을 받아들였다. 학살의 결과로 노벨로는 감옥에 갇혔다(Reed: 1971, 68, 필자 번역).

바야돌리드 사건은 카스타 전쟁이 일어나기 직전에 있었던 일이다. 트루헤케는 연방주의자인 세티나의 반란보다 바탑이 이끄는 원주민들이 라디노들에게 반란을 일으킬 것을 더욱 염려하여 미리 막으려고 과잉반응을 보였다고 할 수 있다. 결과적으로는 이 반응이 인종적 대결구도를 띠게 되는 전쟁으로 불을 댕기게 된 셈이다. 더구나 아이가 처형된 원인을 제공한 세티나는 아무런 움직임을 보이지 않았고, 동시에 트루헤케 측에서도 세티나를 잡지 않음으로 해서, 카스타 전쟁은 바탑이 이끄는 마야 원주민 대 라디노의 싸움으로, 인종-사회적인 갈등으로 그 방향이 잡혀졌다고 생각한다.

3. 마야 원주민의 조직적인 전쟁 참여: 바탑의 활약

마야 원주민들은 전쟁에 참여할 때 개인적으로 한 것이 아니었다. 이미 본 바와 같이 각각의 마을의 바탑들이 모여서 참여 여부를 결정하고 마을사람들이 그를 따랐다. 치는 테피츠의, 파트는 티호수코, 아이도 치치밀라 마을의 카시케 즉, 바탑이었다. 그리하여 바탑들은 마을 사람들을 이끌고 전쟁에 참여하기로 결정하였을 뿐만이 아니라 스스로 필요한 것을 준비하였다(전쟁의 경과 참조). 즉, 무기를 구입하고, 식량을 조달하였다. 그리고 전쟁이 시작된 지 불과 6~7개월 만에 치(1848년 2월)와 파트(1848년 4월)는 라디노와 협상을 할 만큼 성과를 올렸다.

마을의 지도자를 일컫는 마야어인 바탑(Batab)은 식민지시대에도 사용되었다. 독립이 되자 이 용어는 사라지고 카시케(cacique)라고 불렸다. 이미 전쟁이 시작되기 이전부터 마야 원주민들을 동원할 수 있었고, 라디노의 우두머리들과 협력을 하기도 하였다. 한 예로 1840년의 투표에서 산티아고 멘데스는 유카탄의 주지사로 만장일치로 선출되었다. 그러나 부지사의 후보인 미겔 바르바차노는 안토니오 트루헤케가 이끄는 중앙집권주의자들의 반대에 부딪혔다. 투표를 하는 순간에 파트는 약 1,000여 명의 원주민들을 이끌고 나타났다. 그들의 투표로 바르바차노는 당선될 수 있었다(Rugeley: 1996, 29).

바탑들은 마을의 사람들을 이끄는 영향력과 함께, 상당한 재력가였다는 것을 짐작할 수 있는 사건이 있다. 1842년 9월, 몬테레이가 미국의 군대에 점령당하여 멕시코의 중앙세력이 약해지자 유카탄은 중립을 선언하였다. 그러자 중앙집권주의자인 트루헤케는 반란을 선언하고, 세실리오 치와 하신토 파트를 감금하였다. 파트는 당시 500페소를 물고 풀려났고, 치는 반란에 동참하는 조건으로 나왔다. 사흘 뒤, 그는 200명의 원주민들과 함께 나타났다. 게다가 티스카칼쿠풀 (Tixcacalcupul)의 카시케 호세 카스티요가 100명을 이끌고 참여하도록 하였다(Dumond: 2005, 122).

인적 및 물적 자원을 동원할 수 있는 바탑의 특수한 상황은 식민지 시대부터 전해온다. 1521년 스페인이 유카탄을 점령하고 난 뒤, 원래의 마야의 정치체재는 무너졌다. 마야의 지배체재는 종교-정치 일치 체제였다. 아후아칸(Ahuakán)-할라치 위닉(Halach Winik)은 각각 종교, 행정의 최고 통치자였다. 행정에는 할라치 위닉 아래로 군사우두머리인 나콤(Nacom), 그 아래에 지방 행정의 우두머리인 바탑(Batab)이 있다 (Reed: 1971, 209). 스페인은 정복하자 아후아칸, 할라치 위닉, 나콤 등의 종교와 행정의 최고 지배자들의 직위를 없앴다. 대신 스페인 행정기구를 위에 두고 그 아래에 원주민 공화국을 두었다. 그리고 중간의 지위에 있던 바탑을 원주민공화국의 우두머리로 양 조직의 중간자 역할을 하였다(Rugeley: 1996, 11). 종교체재는 가톨릭으로 대치하였다. 바탑은 농촌 마을의 우두머리였다. 그는 자신의 농장인 란초(rancho)를 갖고, 비록 제한적이긴 하지만 그는 원주민 공화국의 각료들을 갖고 자신의 란초에서 모였다. 흥미로운 점은 바탑이 재판권 및 역법과 농사를 관장하고 전사를 지휘했다는 점이다. 이는 고대 마야 사회에서 왕이 하던 일이었다. 중간자였던 바탑이 마야 원주민들에게는 실제로는 최고 지도자, 고대 마야문명의 할라치 위닉(Halach Winik)의 역할을 했다는 증거이다. 그런데 식민체재에서 원주민 공화국을 둔 이유는 행정의 편리, 세금 및 노동의 착취를 편리하게 하기 위해서였다. 바탑이 스페인을 위해서 한 일은 중간자로서 '세금을 징수하는 것'이었다.

> 스페인 사람들은 세금 걷는 것을 직접 하지 않고 중간자를 통해서 하였다. 식민지시대와 1867년의 막시밀리아노 양위할 때까지 원주민 자치기구라고 할 수 있는 "원주민 공화국(república de indígenas)"을 통하여 하였다. 바탑(Batab)은 이 조직의 우두머리였다. 원주민 공화국에서 바탑은 재판권이 있었으며, 지역에서 씨앗을 심는 것을 조정하였고, 사제들의 달력을 유지하였고, 전쟁 때는 마을의 전사를 지휘했다. 바탑은 마을의 우두머리로 아래와 같은 특권을 누렸다. 1) 공물 면제, 2) 개인적 부역 면제, 3) 식민지 직장의 우선적 임명, 4) 말을 타고, 스페인의 의복과 무기를 갖는 것을 허락하고, 5) 법정에서 특별한 위치, 6) 무기 달린 겉옷, 7) '돈(don)'이라는 명칭을 사용. 그리고 직장은 "세금징수원"으로 정해졌다. 세금징수원으로서 바탑은 4~5%를 수입으로 받았다. 한 교구의 연간 수입이 2,500페소 정도니까 바탑이 받는 것은 125페소 정도 된다. 원주민의 수입으로서는 상당히 큰 것이다. 그리고 바탑의 아내들도 교회세를 면제받았다. 이와 같은 조직(office)은 거의 알려지지 않았지만, 실제로 19세기 초 바탑은 그의 공동체에서 상당히 부유한 사람이었고, 또한 그의 위치의 어느 정도는 가족에게 승계되었다(Rugeley: 1996, 12, 필자번역).

바탑은 중간자로서 식민체재가 인정하는 특권도 가졌지만, 세금을 징수하면서 자신의 수입을 가질 수 있었다. 즉, 바탑은 식민지 아래에서도 자신의 왕국을 가지고 그에 걸맞게 물질적으로 풍요하였던 것이다. 그런데 독립을 하면서 공물면제, 개인적 부역 면제, 공직의 우선적 임명이라는 처음 3개 조항의 특권이 사라졌다. 바탑은 점차로 가난해져서 보통 마야 원주민들과 비슷하게 될 것이었다. 이것이 바탑이 모든 계급의 사람들을 자유인으로 인정하고 보편적인 세금을 매기는 헌법27)을 제시한 멕시코 중앙정부에 반기를 들어 유카탄의 독립을 원하는 바르바차노의 편에 서게 되는 이유였을 것이다.

카스타 전쟁은 외형상으로 백인들의 정치적 싸움에 끼어든 마야 원주민들이 무분별하게 식민지시절의 억압을 표출한 전쟁처럼 보인다. 불규칙하고, 산발적인 싸움, 지나치게 처절한 싸움의 양상 등이 그렇게 보인다. 직접 싸움을 한 마야 원주민들이 과격하게 싸움이 가게 된 이유는 식민지시절부터 쌓인 인종적인 억압 때문이었을 것이다. 그러나 그들을 이끈 바탑들에게는 싸울 이유와 능력이 있었다. 따라서 그들은 짧은 시간에 효과적인 전투를 성공적으로 이끌 수 있었던 것이다. 세실리오 치와 미겔 볼리오 사이에 맺은 1848년 2월의 협정과 하신토 파트와 바르바차노가 추카캅에서 맺은 같은 해 4월 협정의 내용은 유사한 것으로 원주민이 원했던 대부분이 들어 있었다. 협정을 맺은 줄 모르고 찬세노테에서 라디노들이 여자와 아이들을 학살하지 않았더라면, 파트가 마야 원주민들의 수장이 된다는 조건이 없었더라면, 전쟁은 1848년에 끝나고, 아메리카 역사에서 유일하게 성공한 원주민의 반란으로 남았을지도 모른다.

---

27) 1812년의 헌법(각주 23 참조).

4. 정치-사회적인 반란이 종교적 집결로 정착된 이유: 지도자의 부재

협상이 깨어지자 상황은 전혀 달라졌다. 1848년 8월 17일 바르바차노는 유카탄이 다시 멕시코의 한 부분이라고 선언하였다. 그는 마야 반란군을 진압하기 위하여 멕시코의 도움이 필요하다고 생각했던 것이다. 이제는 분명하게 연방주의자와 중앙집권주의자의 싸움이 아니었다. 멕시코중앙 정부와 바르바차노의 유카탄 정부는 협조하여 마야 바탑이 이끄는 마야 사람들과 전쟁을 하였다. 그런데 이 상황에서 추카캅 협정 이후에 치와 파트의 긴밀한 협조는 깨어졌다. 마야 사람들은 각각의 마을의 바탑을 중심으로 자신들의 마을을 싸고 있는 숲에서 싸웠다. 게다가 유카탄 정부의 중심지인 메리다(Mérida) 주위에 사는 마야 사람들은 오히려 메리다 정부 쪽에 협력하여 다른 마야 사람들과 싸웠다.[28] 정부 측이 한 마을을 휩쓸고 가면서 학살을 하면, 마야 사람 쪽에서 다른 마을을 휩쓸며 학살을 하였다. 마야 사람들은 모든 곳에서 일어났지만 작전도 없었고, 전진도 후퇴도 없었다. 라디노들은 숲 속에서 불쑥불쑥 나타나는 마야 사람들과 개별적인 전투에서는 밀렸지만, 그들은 메리다와 멕시코 정부에서 계속 원군과 화력을 지원받았다. 그 사이에 치와 파트가 살해되었다. 그들의 부관들이었던 베난시오 펙, 플로렌티노 찬 및 호세 바레라가 마야 원주민을 이끌었다. 그렇지만 그들은 바탑이 갖고 있던 권위는 없었다. 그들은 원주민들이 아니고 메스티소였기 때문에 바탑의 지위를 세습할 수 없었기 때문일 것이다.[29]

---

28) 유카탄의 수도인 메리다가 있는 서부는 대부분의 마야 사람들은 장원에서 일하는 노동자였다. 그들은 반도의 동쪽에서 자신의 경작지를 가꾸는 마야 사람들에 비해 훨씬 더 백인의 사회체제에 익숙했다.

마야 반란군은 그 권위를 "말하는 십자가"에서 찾았다. 말하는 십자가는 기술적으로 조작된 것이다. 어쩌면 세노테에서 십자가가 나타났다는 사실도 조작된 것인지도 모른다. 그러나 십자가는 마야 사람들이 성스럽게 생각하는 장소[30]에서 나타났고, 마야 사람들이 할 일에 대해 직접적으로 말하였다. 마야 사람들은 바레라를 따른 것이 아니라, 바레라에게 지시하고 있는 십자가의 권위를 따른 것이었다. 흥미로운 점은 이때부터 다른 지도자들은 사라지고, 말하는 십자가를 중심으로 마야 사람들이 모두 모여 하나의 조직을 이룬 것이다. 조직의 가장 높은 위치에는 타티츠(Tatich), 최고 사제가 있다. 그는 사제인 동시에 군대의 지휘하는 우두머리였다(Reed: 1971, 209). 이 조직은 정치와 종교가 분리되지 않은 고대 마야 사회와 매우 유사하다. 타티츠는 종교-행정-군사의 우두머리로서 이끌었고 '십자가의 사람(Cruzob)'[31] 들은 그를 따랐다.

과격한 반란의 결과는 찬 산타 크루스였다. 바탑이 이끈 전쟁에 2년도 지속되지 않은 것에 비해 '말하는 십자가'가 이끈 찬 산타 크루스는 50여 년간 지속되었다. 물론 유카탄 반도의 동쪽, 거의 백인들이 살지 않는 고장이라는 이점이 있었지만, 근본적으로 멕시코 정부군과 합동으로 지속적으로 공격한 유카탄 군대가 승리를 거두지 못하였기 때문에 가능했다(Careaga Viliesid: 1990, 102~103). 다른 한편, 바탑은 인간이었지만, '말하는 십자가'는 신의 말씀이었다. 타티츠는 신의 말을 인간사회에 전하는 자였다. 이 또한 고대 마야 사회의 지도자와

---

29) 바탑의 지위는 세습되었다.

30) 대부분의 세노테에서는 의례의 흔적이 발견된다.

31) 십자가의 사람들은 Cruzob이라고 한다. Cruz는 스페인어로 십자가, ob은 마야어로 복수형이다.

매우 유사하다. 종교의 아후아칸(Ahuakán)과 군사·행정의 할라치 위닉 (Halach Winik)의 역할을 타티츠는 동시에 하였던 것이다. 마침내 원주민은 자신들의 나라를 회복하였다고 볼 수 있다. 따라서 물자부족과 끝없는 전쟁에도 불구하고 50여 년을 지속할 수 있었던 것이다.

Ⅳ. 맺는말

유카탄의 카스타 전쟁은 스페인으로부터 독립 후에 일어난 큰 사건이다. 54년이라는 긴 시간을 지속하였을 뿐만이 아니라, 상대적으로 짧은 기간(1847~1854) 동안이지만 아주 폭력적인 시기와 십자가의 사람들(Cruzob)이 이끄는 자치적인 시기(1855~1901)의 아주 대조적인 기간 등 여러 점에서 주목을 끈다. 대부분의 경우, 제목이 암시하듯이 카스타, 즉 계급 간의 갈등과 그 결과로 나온 폭력성, 또는 십자가의 사람들의 독특한 현상에 주목한다. 그러나 이번 글은 계급 간의 갈등의 분석이나, 폭력성의 근원 및 형태, 또는 십자가의 사람들에 대한 인류학적인 접근보다는 왜 정치적 갈등에서 인종적 갈등으로, 그리고 종교적인 군사 조직의 사회로 끝을 맺게 된 경과의 원인을 찾아보고 그 안에서 사회적 의의를 찾는 데에 중점을 두었다.

이 전쟁은 라디노로 대표되는 지배계급과 마야 원주민 계급과의 전쟁이다. 식민지 시절에 형성된 이 두 사회계급의 갈등이 왜 독립 후, 26년이 지난 즈음에 일어나게 된 데에는 이유가 있었다. 식민지 시절은 이분화된 사회였다. 스페인계의 사람들의 라디노의 세계와 마야 원주민 공화국의 세계이다. 이 둘은 물리적으로 한 공간에 살지만 두 개의 전혀 다른 세계였다. 라디노의 세계에서 볼 때 마야 원주민은 자신들에게 필요한 일과 물자를 조달하는 존재일 뿐이었다. 그들을 인간으로 생각하지도 않았다(카리에르: 1999, 70~80). 두 개의 다른 세계를 연결하는 중간자는 원주민 공화국의 수장, 바탑이었다. 실질적으로는 마야 사람들은 자신들의 지도자를 따라 살았다. 즉 중간자가 역할을 잘할 동안 두 세계는 부딪칠 이유가 없었다.[32] 중간자는 세금을 거두어 라디노에게 바치고, 자신은 그 일부를 가졌다. 또한 파종과 수확 등 절기에 따른 여러 일들을 지도하였다. 그러나 독립이 되자 상황은 달라졌다. 나라의 모든 구성원은 똑같은 권리와 의무를 지게 되었다. 따라서 라디노 세계의 기득권도 위협을 받고, 원주민의 세계에서도 특권을 누리던 바탑은 가졌던 것을 잃어야 했다. 다른 한편, 모든 것을 빼앗기기만 했던 마야 원주민들은 이제 무엇을 되찾고 속박을 벗어날 수 있을지 궁리할 수 있게 되었다.

기득권을 지키고자 하는 라디노들의 다툼은 그들을 연방주의자와 중앙집권주의자로 갈라지게 했다. 특권을 잃어버린 바탑들은 연방주의자 또는 중앙집권주의자 라디노에 협력하여 자신들의 권리를 유지할 수 있는 사회를 만들고자 했다. 여기에 멕시코 정부는 미국과 전쟁을 하면서 모자라는 인력을 채우기 위해 유카탄 마야 원주민들에게 총을 나누어주며 무장을 시켰다. 즉, 중앙정부가 원주민들에게 싸울 수 있는 조건을 갖추어 준 셈이다. 그리고 유카탄의 두 라디노 정치 세력은 자신들의 부대의 용병으로 원주민들을 불렀다. 마야 원주민이 싸움에 참여하는 목적은 실질적 이익, 즉 세금과 부역의 감면이

---

32) 종교적으로도 원주민조직이 따로 존재하였으나 교구에서 관리하였고, 실제적으로 식민지시대의 모든 억압은 종교적 제재에서 비롯되었으나 이 글에서는 다루지 않았다.

었다. 전쟁에 참여하는 라디노, 바탑, 마야 원주민의 입장은 각각 달랐고, 공통적인 문제로 정치성이나 사회성보다는 경제적인 문제가 바탕에 깔려 있었다. 그리고 이런 현상은 1847년 훨씬 이전, 독립이 되자 이미 시작되어 1838년에 연방주의자 산티아고 이만이 반란을 일으킬 정도로 이미 형성되어 있었다.

그럼에도 불구하고 카스타 전쟁은 1847년 7월 30일 세실리오 치가 테피치의 라디노들을 몰살시키는 데서부터 잡고 있다. 이때부터 라디노 측은 마야의 바탑과 그를 따르는 사람들을 전쟁의 대상 또는 협상의 대상으로 보았다. 특히 추카캅 협정이 깨어진 이후에는 전쟁의 상대는 온전히 라디노 대 마야 사람으로 확정되었다. 그러나 실제적으로는 이때에도 유카탄 서부 지역의 마야 사람들의 일부는 정부 측, 즉 라디노를 지지하였고, 여전히 라디노의 부대 안에 마야 사람들과 메스티소가 있었다. 물론 마야 부대 안에도 라디노와 메스티소가 있었다. 전쟁을 하는 대상이 정확하게 갈라지지 않는 상황은 여전하였던 것이다. 이는 실질적으로는 용병으로 시작한 전쟁이기 때문이며, 또 전쟁이 시작된 이유가 경제문제에 바탕을 두었기 때문이다. 그렇지만 1847년 1월에 있었던 바야돌리드 사건이나 7월에 일어난 치의 테피츠 공격, 그 후에도 전투가 계속적으로 과격하게 되는 데에는 300여 년 동안 인간이 아닌 존재로 살아왔던 마야 원주민의 분노를 배제할 수 없을 것이다.

그러나 카스타 전쟁의 시작을 정치적 성격의 이만의 반란이나 마야 원주민들의 분노를 표출하는 바야돌리드 사건에서 잡지 않고, 아이를 처형한 트루헤케의 억압에 반대하여 일어선 7월의 테피츠 사건으로 본다는 것은 이 전쟁의 성격을 어떻게 규정할 것인가를 본 사람들의 시각이 반영되어 있다. 이 사건은 마야 원주민 대 라디노의 '전쟁'으로 볼 때 의미가 있다고 보는 것이다.

그 이유는 바탑들의 전쟁 참여 및 결과에서 찾아볼 수 있다. 라디노가 기득권의 유지 및 발전, 그리고 마야 사람들은 세금 및 부역 감면의 이익을 바랐다면, 마야의 바탑이 전쟁을 했을 때의 목적은 무엇이었을까? 1848년에 치와 파트가 이룬 협정 8조 중에서 다섯 조항은 개인적 헌신 및 세금에 관한 것이다. 이는 전쟁이 일어났던 직접적인 이유로 모두에게 이익이 되는 부분이었다. 그런데, 제7조에서 "장총을 돌려줄 것"을 규정하고 있다. 평화로운 삶을 보호하는 것만이 목적이었다면 마체테로 충분하였을 터인데, 그들은 총으로 무장한 집단, 즉 라디노에게 군사적으로 대응할 수 있는 집단을 유지하고 싶어했다. 군사적 집단 유지의 목적은 추카캅협정의 5조 바르바차노가 주지사를 유지할 것과 6조 파트가 원주민의 수장이 될 것에서 짐작할 수 있다. 파트는 스스로를 메리다 정부의 수장인 바르바차노와 동격으로 놓고 있다. 즉 그는 라디노의 나라와 대등하게 존재할 원주민의 나라를 계획하고 있었던 것으로 보인다. 그것은 세실리오 치도 마찬가지였을 것이다. 그들은 바탑으로서 권위를 지니고 있었고, 카스타 전쟁을 전후하여 그 위상을 넓혔다. 그러나 파트와 치, 그 누구도 마야 원주민 나라의 최고의 수장이 되기에는 미흡했다. 마야 세계의 최고의 지도자는 신성을 포함하여야 한다. "거룩한 피"를 가진 자만이 될 수 있는 것이다(Chávez Gómez: 2006, 70~72). 그들은 결국 수장이 되지 못하고 자신들의 사람에 의하여 살해되었다.

그들의 열망은 "말하는 십자가"가 나타나서야 비로소 이루어졌다. "말하는 십자가"는 바탑이었던 파트의 권위와 위상을 지니지 못하였던 메스티소 호세 바레라가 마야 사람들을 이끌기 위한 궁여지책으로 생각해 내었던 것일지도 모른다. 그러나 십자가의 신성함은 마야 사람들이 기억하고 있는 신성한 존재, 최고의 지도자를 대신할 수 있었다. 그리하여 "말하는 십자가"는 원주민 나라를 이끌 수 있었고, 전혀 말을 하지 않는 오늘날에조차도 마야 사람들의 경배를 받는다.

유카탄에서 카스타 전쟁이 일어난 이유는 매우 복합적인 당시의 사정 및 조건이 형성되었기 때문이다. 그러나 전쟁이 계속된 바탕에는 마야 원주민의 오랫동안 쌓인 분노가 있었다. 그리고 그 분노에는 오랫동안의 억압에 대한 보복뿐만이 아니라 자신들의 나라를 찾기 원하는 마야 사람들의 열망을 담은 거룩한 분노도 함께 있었다. 그리고 50여 년의 짧은 기간, 유카탄 동쪽 숲 속의 제한된 지역에 불과했지만 그들은 꿈을 이루었다.

카스타 전쟁을 계급 또는 인종적인 대결로 해석하는 데에는 쿠르스옵의 나라, 마야 원주민의 나라인 찬 산타 크루스의 50년이 있기 때문이다. 찬 산타 크루스의 존재가 멕시코의 역사에 특별한 영향을 미치지 않았는지도 모른다. 그러나 식민지시절을 청산하면서 고대 마야 사회의 성격을 가진 마야 원주민의 나라가 세워졌었고, 그것을 오늘날에도 기억하는 한, 카스타 전쟁과 그 결과로 나타났던 찬 산타 크루스의 사회적 의미는 되새겨 볼 가치가 있다.

참고문헌

카리에르, 장 클로드 지음, 이세욱 옮김(1999), 『바야돌리드 논쟁』, 서울: 샘터사.

Bardolome, Miguel Alberto(1986), "La Estratificación étinica en Yucatán como antecedente de la Guerra de Castas", *Boletin E.C.A.U.D.Y.*, Mérida, Vol.13. No.76. pp.3~13.

Berzunza Pinto, Ramón(1997), *Guerra Social en Yucatán*, México: Maldonado editores, Gobierno del Estado Secretaria de Educación.

Bricker, Victoria Reifler(1993), *El Cristo Indígena, El Rey Nativo*, México: Fondo de Cultura Económica. 1981 영어본 첫 출판.

Careaga Viliesid, Lorena(1990), *Quintana Roo: una historia compartida*, México: Instituto de Investigaciones Dr. José María.

Chávez Gómez, Jose Manuel A.(2006), "La recreación del antiguo espacio político. Un cuchcabal kejache y el na'al kejache Chan en el siglo XVII" in Okoshi et al. *Nuevas Perspectivas sobre la geografía política de los mayas,* pp.57~80, México: UNAM/Universidad Autónoma de Campeche/Foundation for the Advancement of Mesoamerican Studies, INC.

Dumond, Don E.(2005), *El Machte y la Cruz: La sublevación de campesinos de Yucatán*, México: Instituto de Investigaciones Filológicas, UNAM. 첫판 1997, University of Nebraska Press.

Guémez Pineda, Arturo(1997), "La Rebelión de Nohcacab, Prefacio Inédito de la Guerra de Castas", *SAASTUN*, México: Revista de Cultura Maya, Año 0. No.2. pp.51~79.

Pasos, Luis(1993), *Historia Sinóptica de México: De los Olmecas a Fox,* México: DIANA editorial.

Pool Jimenez, Moreno(1997), *Historia oral de la Guerra de Castas 1847: Según los viejos descendientes Mayas,* Mérida: Universidad Autónoma de Yucatan.

Reed, Nelson(2002), *La Guerra de Castas de Yucatán,* Mexico: Ediciones Era, S.A. de C. V., 1964 영어본 첫 출판

Rugeley, Terry(1996), *Yucatan's Maya Peasantry and the Origin's of he Caste War,* Austin: University of Texas Press.

_____(1997), "Tihosuco 1800-1847: La Sociedad Municipal y la génesis de la Guerra de Castas", *SAASTUN*, Año 0. No.1. pp.17~62, México: Revista de

Cultura Maya.

_____(2001), Maya Wars: Ethnographic accounts from nineteenth-century, Yucatan, Norman: Unoversity of Oklahoma Press.

Sánchez Córdova, Humberto, Lilia Romo, Rosa Parcelo, and Laura de la Torre(2008), *Historia de México I: Un enfoque constructiva,* México: PEARSON educación.

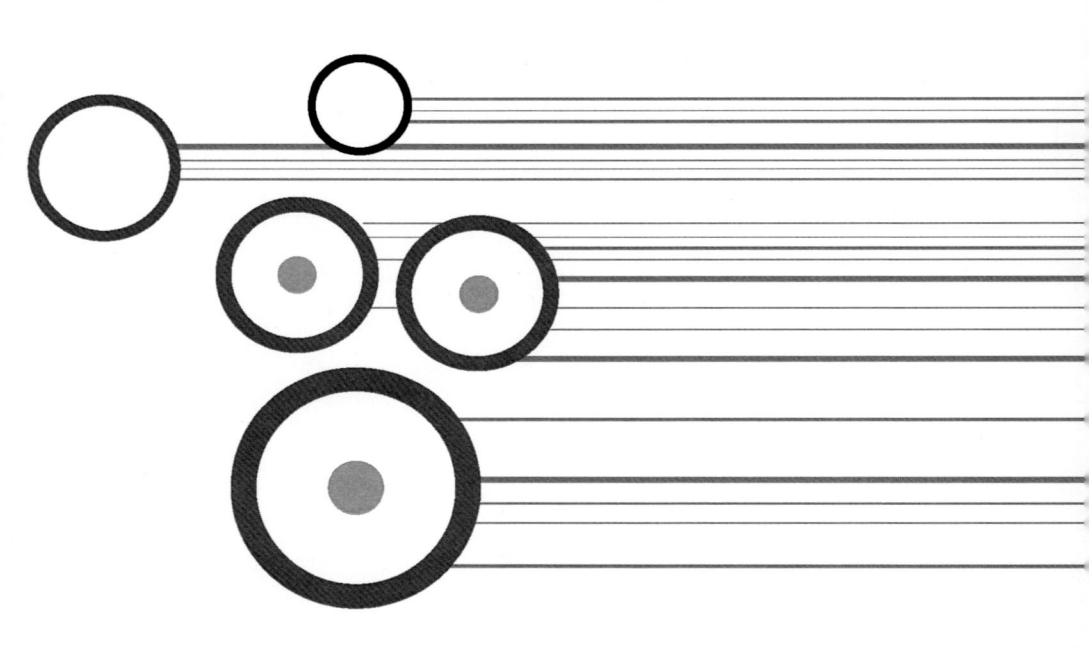

〈저개발의 기억〉과
트라우마 서술하기

박종욱

I. 들어가는 말: 트라우마와 역사적 기억

　쿠바 신영화를 상징하는 구티에레스 알레아[1]의 초기 대표작으로 익숙한 <저개발의 기억>[2]은 에드문도 데스노에스[3]의 동명 소설 『저개발의 기억』을 영화화한 것으로서, 쿠바인들에게 내재하는 트라우마의 기억이 역사적 사건을 계기로 상기되고, 기억과 사건의 재현

---

1) 토마스 구티에레스 알레아(Tomás Gutiérrez Alea)는 훌리오 가르시아 에스피노사(Julio García Espinosa)와 함께 쿠바 영화 예술산업 기구(Instituto cubano del arte e industria cinematográficos)를 설립하여 영화 운동을 통해 새로운 쿠바를 건설하겠다는 이른바 쿠바 문화 혁명의 주도 세력이었으며, 가장 유명한 쿠바 감독이다(임호준: 2004, 242~243).

2) 소설만을 언급할 때는 『저개발의 기억』으로 표기하며, 영화와 소설 모두를 대상으로 사용할 때는 <저개발의 기억>으로 구분한다. 영화만을 언급할 경우에는 영화 <저개발의 기억>으로 구분한다. 영화 <저개발의 기억>은 쿠바 신영화의 대표성을 지니고 있으며, ICAIC에 의해 제작되고 보급되었다는 점에서 그 상징성은 매우 크다고 할 수 있다. 본 연구에서는 영화가 지닌 신영화로서의 의미에 집중하지는 않을 것이다. 왜냐하면 <저개발의 기억>은 원작으로 소설 『저개발의 기억』을 영화화했다는 점에서 작품의 주제와 기획에서 ICAIC의 역할이 다른 영화들에 비해 상대적으로 제한적이기 때문이다.

3) 에드문도 데스노에스(Edmundo Desnoes)는 바티스타 정권 당시 뉴욕에서 잡지 『비전』의 편집을 했으며, 1959년 쿠바 혁명 이후 귀국하여 문화 현장에서 혁명의 선도적 역할을 수행했다. 1965년 『저개발의 기억』을 출판했고 1968년 토마스 구티에레스 알레아와 <저개발의 기억>의 공동 시나리오를 집필했으며, 소설가로서 미술 및 문화 평론가로 활동했다. 2007년 『개발의 기억』을 출간했다. 소설의 인용은 해당 페이지만 적는다.

가능성에 대한 혼란과 두려움이 쿠바 사회를 잠식하는 시대적 상황에 대한 서술이다.

그러나 <저개발의 기억>에는 트라우마 자체에 대한 증언적 내러티브는 매우 제한적이다. <나는 쿠바>나 <루시아> 등 영화가 주인공들을 통해 쿠바가 안고 있는 내면의 트라우마에 대한 격정적인 증언과 고백 행위에 주목하고 있다면, <저개발의 기억>은 주인공의 성찰적 태도가 관객의 역사적 트라우마를 상기하여, 성찰하는 과정이 두드러지기 때문이다. 이러한 자기 성찰의 수용적 태도는 정신분석에서 지적하는 '트라우마 직면'의 단계에 해당된다. 따라서 <저개발의 기억>은 주인공 독백 형식의 서술이지만, 일방적으로 독자와 관객을 끌고 가지는 않는다. 주인공 내면의 갈등 요소와 다양성이 이미 독자와 관객의 다양성을 수용할 뿐 아니라, 주인공과 관객, 그리고 감독과 소설가 사이의 복합적 시선이 두드러지는 메타 내러티브의 특징이 부각되기 때문이다. 칼라토조프의 <나는 쿠바>에서 드러나는 선동적 주관주의와 데스노에스와 알레아의 <저개발의 기억>에 나타나는 관조적 성찰 태도를 비교할 수 있는 이유이다. 주인공 세르히오가 쿠바 사회를 응시하는 시각은 보는 관점에 따라서는 소극적이거나 모호하게 보이기도 한다. 심지어 쿠바 혁명에 대해서도 관조적이면서 동시에 조소적이기도 하다. 주인공의 태도는 스스로 쉽게 드러낼 수 있는 감성에 의존하거나, 겉으로 연출하여 드러내는 위장과 같은 응시의 시각을 적극적으로 제한한 채 응시의 정도를 냉소적일 만큼 절제하고 있으며, 자기 성찰적이고 사색적이다. 소설과 영화가 모던하다는 호평을 받을 수 있었던 부분도 이러한 극단적 표현을 배제하는 절제와 모호함의 미학에서 찾을 수 있다.

트라우마란 집단 학살이나 재난, 전쟁 등과 같은 극단적인 충격이 정상적인 의식에 편입되지 못한 채 이탈(dissociation)하여 무의식에 억압(repression)되어 있으면서, 반복적으로 환각, 악몽, 플래시백(flashback) 등의 형태로 돌발적으로 재귀하는 체험의 양상(전진성: 2006, 218)을 의미한다.[4] 중요한 것은 트라우마의 원인을 제공했던 사건이 실체로서 존재했음이 명확하며, 그 존재가 체험 당사자에게 기인했던 악몽과 같은 두려움과 불안이 분명하게 있음에도 불구하고, 트라우마를 경험하는 당사자에게 그 실체에 대한 기억은 명증하게 존재하는 것이 아니라는 이율배반성이다. 구체적 경험과 체험에 기반을 둔 사건임에도 불구하고 마치 허상에 대한 기억처럼 실체에 대한 접근이 까다롭다. 따라서, 트라우마는 '역사적' 경험과 '일상적' 기억을 벗어나곤 한다는 데에 트라우마를 분석하고 극복하기 위한 방안을 찾기 어려운 원인이 있다(cf. 전진성: 2006, 218). 이는 트라우마를 경험하는 사람들은 두려움과 불안 때문에 트라우마의 원인에 대한 실체적인 접근을 회피하는 강한 경향 때문이다. 역사적 경험이 일상적 불안과 억압의 망령이 되는 이러한 트라우마에 대한 당사자들의 접근은 거의 일방향적이며, 기억과 직면하기보다는 망각에 의존하는 경향을 보인다. 트라우마와 직면하고, 그를 극복하려는 일련의 과정에서 가장 본질적인 어려움은 이렇듯 심리적 외상을 준 사건이나 사고를 기억의 해법이 아니라 망각의 해법으로 풀려고 한다는 사실(주디스 허먼: 2007, 6)이다. 한 집단과 공동체는 스스로가 지닌 트라우마를 극복하

---

4) 트라우마는 사회문화의 광범위한 현상으로서 일반적인 용어로 사용되며, 의학 및 정신분석에서는 '외상 후 스트레스장애(Post-Traumatic Stress Order)'라는 용어로 전문화되어 사용된다. 본 연구에서는 트라우마란 용어를 원칙적으로 사용한다.

기 위해 원인의 사건이나 유사 기억을 재구성하는 통제력을 발동하지 못하는 경우가 대부분이다.

에드문도 데스노에스와 구티에레스 알레아는 쿠바인들의 일상적 기억에 막연한 실체로서만 존재하는 트라우마에 대한 직면을 구체적인 미사일 위기 사태를 대상으로 상기시키며, 혁명 직후 쿠바 사회의 문제점과의 관계에서 트라우마의 본질에 대해 주목한다. 역사적 사건과 그에 따른 트라우마의 문제를 극복하기 위해서는 역사적 실체에 대한 기억에 접근하려는 태도를 수용해야 한다. 이러한 접근만이 치료와 극복을 위한 과정이라는 사실은 트라우마의 본질이 망각에 의존하면서도 불현듯 망령과 억압에 사로잡히는 데에 있다는 내용과 구조적인 모순에서 파악된다. <나는 쿠바>에서 네 개의 에피소드 각각의 주인공들이 명확하게 자신들의 분노와 아픔의 원인을 직시하며, 자신들의 트라우마에 대한 분노의 대상을 관객들에게 드러내고 공감5)하는 과정은 트라우마의 개별적 치료 형태에서나 집단적 개선 사례 등에서 실증적 전례를 찾기 어려운 것도 이 때문이다. <나는 쿠바>의 경우를 감독의 작가주의적 주관주의에 의한 선동적 내러티브로 볼 수밖에 없는 것이다. <저개발의 기억>의 주인공 세르히오는 트라우마의 현상적 외형에 집중하는 것이 아니다. 그의 태도는 쿠바 사회가 지향할 방향성에 대한 고민이고, 자신의 트라우마에 대한 보다 정밀한 관찰이며 이를 극복하기 위한 방식인 것이다.

---

5) 본 연구는 정신분석에서 트라우마를 재해석하고 치료하는 과정에서 등장하는 용어로서 '공감'을 사용한다. 따라서 문학예술 표현에서 광범위하게 사용되는 어휘와 차별되며, 영화와 소설의 주인공과 관객 및 독자가 트라우마의 경험차원에서 느끼는 공감을 의미한다. 즉, 쿠바인들이 무의식적으로 지니고 있는 트라우마의 역사성에 대한 환기로서의 공감을 의미한다. 그러므로 트라우마와의 대면 또한 수탈된 주체로서 쿠바인들이 일상에서 '일정한 자극을 통해' 재현하여 경험하게 되는 두려움의 원천에 대한 기억과 관계된다.

본 연구는 1962년 쿠바 미사일 사태의 위기 상황을 계기로 쿠바의 트라우마에 대해 주목하고 성찰적 시각으로 쿠바 사회의 문제점을 직시하고 있는 <저개발의 기억>에서 트라우마가 어떻게 서술되고 있는지 분석함으로써, 작품이 지향하는 내러티브에 주목하려는 목적으로 기획되었다.[6] 연구의 문제로서 역사적 사건에 의한 트라우마를 직면하여 성찰하려는 내러티브로서 소설과 영화가 공통적으로 지향하는 시각이 쿠바의 사회적 문제점에 대한 전망과 어떤 관계에서 파악되고 있는지를 살펴보려는 목표를 설정하였다. 역사적 트라우마의 개념의 가능성과 문화 현상으로써 트라우마에 대한 해석과 내러티브의 가능성이 본 연구의 방법론이며, 제안이다. 그러므로 <저개발의 기억>이 트라우마를 서술하는 방식에 주목하여 그 특징적 의미를 분석할 수 있도록 한다. 이 과정에서 소설과 영화 장르의 내러티브 방식에 대한 비교 연구 시각을 지향하지 않는다. 두 장르가 지닌 고유성에도 불구하고, 원작자인 데스노에스가 지적하듯[7] 두 장르의 합류가 낳은 놀랄 만한 성공 그 자체가 중요한 것이며, 이미 장르 간의 상호 장단점의 비교는 그 의미가 상대적으로 부차적이기 때문이다.[8]

---

6) 쿠바 혁명 이후의 역사적 상황에서 벌어진 미사일 위기 사태는 분명 혁명에 대한 성찰적 시각을 지니고 있다. 본 연구가 주목하는 트라우마의 연구 문제는 혁명의 당위성과 연결될 수 있는 개연적 가능성은 있다. 하지만 서구와의 관계에서 쿠바인들이 경험하는 역사적 트라우마의 직접적인 대상은 쿠바 혁명이 아니라 분명 미사일 위기일 것이다.

7) 영화 〈저개발의 기억〉은 1965년 에드문도 데스노에스(Edmundo Desnoes)가 발표한 동명소설을 감독 구티에레스 알레아와 원작자가 공동 작업으로 1968년 완성하고 상연한 작품으로, 영화 제작과 배급을 통합하여 수행하는 국영 영화소인 ICAIC에 의해 제작되었다는 대표적 상징성을 지닌다. "내 시끄러운 스미스코로나 타자기의 자판을 두들기는 동안 나는 빛나는 스크린에 담길 인물과 사물들을 시각화해본 적이 없다. 내 단어들을 심오하게 시각화하는 기적을 이뤄냈던 것은 티톤[1]에게 그 빛을 지고 있다"는 데스노에스의 고백(Desnoes 2009, 182)은 소설과 영화의 만남이 처음부터 의도되었던 것은 아니었음에도 불구하고, 눈부신 찬사를 받을 만큼 성공적인 결합을 이뤘음을 의미한다. 오늘날은 소설과 영화의 장르가 빈번하게 밀착된 장르로서 존재하는 시대이지만, 데스노에스는 스스로 고백하듯, "영화가 한 소설의 영속성을 보장해주리라는 생각"을 해본 적이 없었던 것이다. 영화 〈저개발의 기억〉은 데스노에스 자신도 소설과 영화의 결합을 "영화사를 통틀어도 우리 둘 사이에 존재했던 것과 같은 밀착되고 풍요로운 공동 작업은 존재하지 않는다고 생각한다"는 회상(Desnoes 2009, 182)에서 알 수 있듯 놀라운 성공이었다.

Ⅱ. 트라우마의 형성과 기억

1. 트라우마의 역사성과 대상

데스노에스와 알레아는 쿠바의 저개발 상태에 대한 쿠바인들의 심상이 트라우마와 깊은 관계에서 파악된다고 인지한다. 오늘날의 저개발은 작은 섬나라 쿠바가 지닌 한계이며, 이는 단시일 내에 형성된 것이 아니라 오랫동안의 구조적 문제로서 고착되었다고 보기 때문이다. 따라서 트라우마의 구성 요소들이 바로 저개발의 이유들이라는 점에서 쿠바의 저개발은 외부적 요인에 주된 원인이 된 것이며, 결과적으로 오늘날 저개발은 온전히 쿠바가 해결해야 하는 몫으로 남는다는 사실에 주목한다. 역설적으로 외부적 요인이 주된 원인임에도 불구하고, 내부적 요인에서 저개발의 극복 가능성을 탐색해야 하는 아이러니가 발생한다. 소설과 영화는 뚜렷한 메시지로 독자와 관객을 선동하기보다는 절제된 감정을 바탕으로 인지적 성찰을 요구하는 방식을 선택하고 있는 것도 이 때문이다.

유럽의 근현대 역사에 있어서 콜럼버스와 그 일행의 신대륙 도착은 최대의 사건이다. 가치중립적 표현을 위해 '발견'이라는 용어를 '도착'으로 대체한다 해도, 사건과 행위의 주도적 주체는 여전히 유럽에 있음을 부인할 수 없다. 유럽사회가 근대로의 이행과정에서 시대적인 특수 조건에서 수행한 발견 혹은 도착이라는 사건은 유럽에는

---

8) 영화와 소설을 별개의 텍스트로 분석해야 할 이유들은 분명 존재한다. 그러나 본 연구가 주목하는 것은 서사의 상대적 표현 과정에서의 차별성에 있는 것이 아니라, 상이한 문체와 내러티브에도 불구하고, 두 개의 매체가 공통적으로 관심을 두고 있는 트라우마와 관련된 주제이다.

근대화의 도화선이었으나, 라틴아메리카에는 전혀 다른 결과를 낳는 출발점이 되고 말았다. 역사적 객관성이라는 측면에서 1492년은 현대 라틴아메리카인들에게 타자(Other)로서의 정체성이 시작된 비극적 사건이 된 것이다.

오늘날 쿠바의 저개발의 원인에는 여러 분석이 존재하며, 제도의 문제, 지배 구조의 문제, 생산과 유통의 문제 등 시각 또한 다양하다. 분명한 것은 '저개발'에 대한 쿠바인들의 인식에는 개발된 자들이 드러내는 시각에 대응하는 반응이 지배적이라는 것이다. 실제로 저개발이냐 아니냐의 현실보다는 서구의 시선이 쿠바를 타자로 규정하고 있으며, 타자로서의 관찰된 쿠바 자신이 저개발의 탓인 듯 규정한다는 반응적 시각이다.9)

쿠바인들에게 있어서 트라우마는 저개발로 대표되는 피식민의 트라우마에서 형성된 것으로 오랫동안의 식민과 종속을 통해 지속되고 고착된 사회문화적 피해의식에 다름이 아니다. 콜럼버스로 대표되는 서구의 도착은 쿠바인들에게는 억압과 폐해의 시작을 의미했으며, 서구인에게 있어서 쿠바는 물신적 꿈의 이상화된 공간이 되었다. 향신료를 향한 판타지의 꿈(갈레아노: 1988, 60)은 철저하게 물신적이었으며, 정복과 식민이 시작되면서 향신료를 대체할 물신적 대상을 위한 과정에서 토착 원주민들을 향한 폭력과 인종 학살은 그 규모에 대한 객관적 자료의 타당성에 대한 논의는 뒤로하더라도 원주민들과 그

---

9) 이러한 의식은 쿠바 혁명의 당위성에 대한 분석을 통해 살펴볼 수 있다. 혁명의 배경은 후버만과 스위지가 상징적 용어로 표현하는 것처럼 "풍요로운 땅, 빈곤한 민중"이라는 대립적 용어에서 살펴볼 수 있다(Leo Huberman & Paul M. Sweezy: 1968, 1~3). 결국, 쿠바 혁명의 당위성과 관련된 문제의 초점은 빈곤의 원인이 스페인과 미국과 같은 외세의 지배에 의한 수탈에서 비롯되었다고 인식하는 데에 있는 것이며, 새로운 대안의 모색이 혁명의 당위성으로 드러난 것이라고 볼 수 있다는 것이다.

후예들에게 트라우마로서 커다란 원인을 제공하는 충분한 요소가 되었다(James Axtell: 1993, 1~13). 사탕수수 농장의 개발과 이후 지속적으로 수행된 수탈의 고착화, 그리고 스페인으로부터의 오랜 경제적 수탈(권미란: 2009, 271~276) 이후 맞이한 뒤늦은 독립(정재호: 2004, 78~83)과 미국에 의한 경제 정치의 종속과 그로 인한 양극화 현상과 바티스타 독재 권력10)에 의한 폭력과 억압 등은 현상으로서가 아닌 구조적 문제로서 쿠바의 트라우마를 형성하여 왔던 것이다. 결국 혁명의 계기와 이데올로기를 형성하는 토대는 경제적 억압으로 상징되고 대표되는 피식민의 트라우마가 보상 개념으로 지향하는 목표에서 드러나며, 7·26운동의 내용으로 함축되고 대변된다.11)

라틴아메리카의 여타 국가들에 비해 매우 늦었던 독립과 그 이후 근대화로의 과정에 개별적 이행 과정을 경험하고 있던 쿠바에 있어서 1959년 혁명 성공 이후 국제적 냉전 상황이 극한 단계로 치닫는 배경에서 촉발된 1962년 미사일 위기는 충격적 전환의 역사적 사건이다. 쿠바인들에게 미사일 위기 사태는 트라우마를 상기시킬 충분한 단초를 제공하였다. 쿠바인들에게는 해묵은 트라우마가 사회 깊숙이

---

10) 바티스타(Fulgencio Batista) 체제도 미국의 지배력을 근본적으로 인정하면서 대중의 탄압과 철권정치로 일관할 뿐 경제적/사회적 변혁을 전제로 한 경제문제의 해결에는 관심이 없었다. 제임스 오코너(James O'Connor)가 묘사하고 있는 것처럼 1959년 이전 바티스타 치하의 쿠바 상황은 '조합주의적(Corporatist)'이고 기회주의적이며 부패한 관료주의사회로서 국민들로부터 '허상(Mirror image)'에 불과하다는 평가밖에 받지 못하고 있었다(염홍철: 1987, 76).

11) 스페인으로부터의 독립 이래 국가적 이상의 거듭된 좌절을 경험하여 온 카스트로와 그가 이끄는 '정통파(orthodoxos)' 청년집단은 혁명이야말로 국가의 갱생을 이룩할 수 있는 유일한 방법이라는 확신으로 1953년 7월 26일 몬카타 병영을 습격함으로써 혁명의 기치를 높이 들었다. 이를 시발로 탄생한 '7·26운동'은 "혁명 안에 있으면 무엇이 있으나 그 밖에 있으면 아무것도 없다(Within the revolution, anything; outside of it, nothing)"라는 분위기 속에서 토지개혁, 분배의 촉진, 공금횡령자의 재산몰수, 국유화, 주택 및 교육개혁을 운동목표로 설정하여 폭동과 게릴라 활동을 전개하여 나갔다. "가난한 사람의, 가난한 삶에 의한, 가난한 사람을 위한 혁명조직"으로서 '7·26운동'은 구체적인 개혁과제를 제시하였으며, 결국 소요와 혼란에 굴복한 바티스타가 1959년 1월 1일 국외로 망명하며 쿠바혁명군의 아바나 입성으로 쿠바 혁명이 일단 성공하였다(염홍철: 1987, 76~77).

존재해 왔기 때문이다. 인종과 세대, 혁명 지지 세력과 반대 세력 할 것 없이 쿠바의 공기를 호흡하는 구성원들이라면 누구나 인지할 수 있는 고착된 역사의 오랜 기억들의 파편들이 피식민의 트라우마로 존재해 왔던 것이다. 당시의 역사적 사건이 원인이 아니라, 구체적 기억에 없는 채로 비역사적 실체처럼 이리저리 떠도는 불안신경증(free floating anxiety neurosis)으로써, 콜럼버스로 대표되고 상징되는 서구의 수탈적 이미지와 함께 형성된 기억에 대한 두려움으로 보는 것이 옳다.

소설과 영화는 '저개발의 기억'이라는 표제에서처럼 쿠바의 저개발성에 대한 회의와 성찰에 집중하고 있지만, 본질적 응시의 시각은 포괄적 시각에서 기인한다. 단순히 경제적 개념에서의 저개발에 대한 논의가 목적이 아니라, 쿠바의 역사와 운명을 평가하고 전망하는 시선에서의 트라우마와 관련된 종합적인 성찰적 시각이 목적이기 때문이다.

2. 트라우마와 일상적 기억

트라우마를 경험한 사람들이 현재와 미래를 회복하기 위해서는 과거를 알아야 한다(주디스 허먼: 2007, 18)는 점에서 트라우마를 이해하는 일은 역사를 재발견[12]하는 일에서부터 시작해야 한다. 그러나 트라우마를 경험한 사람들은 원인을 제공했던 역사와 일정 부분 단절되어 있다. 이는 과거의 역사와 그 사건들을 직면하기에는 외상이

---

12) 이때의 재발견은 재구성(Re-construction)을 의미한다. 심리치료 및 문학치료적 치료과정에서 가장 중요한 치료적 요소가 서술의 구조를 재구성함으로써 치료적 가능성과 치료적 효능을 재발견하게 되는 가능성을 의미한다. 따라서 재발견은 재구성으로 해석될 수 있다.

크거나 오랫동안 익숙하게 고착되어 왔을 경우에는 더욱 그러하다. 역사적 배경의 트라우마는 한편으로는 망각되면서, 다른 한편으로는 일상적 기억의 대상이 된다. 여기서 망각된다 함은 트라우마가 일상적 기억에서 이탈된다는 것이고, 기억된다 함은 트라우마가 신경증 등을 통해 현실에 영향력을 행사한다는 것이다. 신경정신분석의사들에 의하면, 트라우마를 겪는 주체는 망각을 거부하는 만큼, 기억도 거부하는 특성을 지닌다. 그런데 이 과정에서 기억 자체를 거부하는 것이 아니라, 재현되는 생생한 기억을 두려워하기 때문에 기억에 대한 거부감을 갖는다는 것이다. 기억과 망각이 교차하는 장으로서의 내러티브를 전면적으로 거부함을 의미한다는 것이다. 정리해서 말하면, 현실적 의미에서 트라우마란 망각했음을 잊지 않을 가능태(可能態)이다. 그것은 우리가 잊어야 하는, 잊기를 원하는 어떤 것을 상기시킨다. 이 과정에서 트라우마를 체험하는 존재의 바람과 인식의 요청은 현실태에서는 상호 갈등을 일으키는 것(전진성: 2006, 225)으로 보일 수 있다. 쿠바인들이 갖는 피식민의 트라우마가 명확한 실체로서 기억되지 않는 것도 트라우마의 이러한 속성 때문이다. 구체적이고 개별적인 기억으로서가 아니라, 개별 이미지와 파편화된 사건의 총합으로서 자리할 뿐이다. 트라우마가 쉽게 분석되고 해석될 수 없는 하나의 이유이다.

그렇다면, 트라우마를 재현하는 것은 가능한 것인가. 결론적으로 말하자면, 재현은 불가능하다. 모든 원형적 체험은 돌발적으로 이뤄지며 양도될 수 없고 불연속적이다. 이것이 알아볼 수 있을 만큼 제 모습을 갖추려면 사후적으로 반드시 어떤 인위적인 구성작업을 거쳐야 한다. 따라서 내러티브 구성이란 선택적 망각을 전제로 한다. 망각을 통해 과거와의 일정한 거리가 확보됨으로써 상실된 과거의 전모가 명백히 드러난다. 망각된 과거의 현재는 이야기가 펼치는 풍성한 언어의 향연을 통해 승화되어 미래의 가능성으로 부활한다(전진성: 2006, 226). 결국 과거를 기억한다는 것은 과거로부터 자유로워진다는 것과 과거의 상실을 새로운 정체성을 구성하는 계기로 자리매김함을 의미할 때 긍정적 의미로 평가될 수 있을 것이다. 역사의 기억이란 이러한 시각에서 유의미하다.

역사적 트라우마를 취급하며 범하기 쉬운 오류는 크게 두 가지 정도이다. 하나는 트라우마의 의미를 축소하여 역사의 일부로 편입시키는 것이다. 이 과정에서 과연 역사 속에 머무는 것인가, 역사의 목적에 의해 보상받는 것이 응당한가에 대한 성찰이 요구된다. 둘째는 트라우마가 잊혀진 진실을 증언한다고 보는 것이다. 부정한 역사의 비밀을 폭로하는 열쇠로서의 트라우마라는 시선인 것이다. 위의 두 시선은 모두 트라우마를 쉽사리 대상화하는 오류를 범한다. 대상화는 직면을 의미하며, 상처를 받은 사람이 그 상처의 원인과 마주한다는 것은 심리적으로 거의 불가능할 만큼 어려운 일이다. 따라서 현실적으로 실현 가능한 중요한 사실은 트라우마가 사람들에게 '공감(empathy)'을 요구할 수 있어야 한다는 점이다. 전진성이 트라우마란 단순히 인식의 대상으로서 '객관화'되기보다는 오히려 '공감'되어야 한다고 주장하는 것도 이 때문이다(전진성: 2006, 232).

이러한 시각에서 에드문도 데스노에스의 『저개발의 기억』과 구티에레스 알레아와의 협력에 의한 영화 <저개발의 기억>은 파편조각들을 다시 연결하고, 역사를 재건하며, 과거의 사건을 바탕으로 현재 증상의 의미를 '일상적 사건'과 '일상적 관계'들을 통해 알아내는 일

(주디스 허먼: 2007, 20)인 것이다. 결국, 트라우마를 '객관화'하려 의도하거나, 자신과 트라우마를 '동일시'하려 의도하는 것이 아니라, 지속적으로 트라우마에 잠재된 진실을 부단히 '곱씹어가는 작업(working through)'이 효용적 가치 측면에서 필요하기 때문이다(전진성: 2006, 232). 그러므로 식민의 역사와 수탈의 구조, 그리고 혁명과 쿠바 사태에 이르는 일련의 문제들에 대한 쿠바인의 인식은 역사적 사건에 대한 증언이거나 부정한 역사의 비밀을 고발하는 격정적 과정에서 형성되는 것이 아니라, 쿠바인들이 경험하는 당시의 일상적 아픔과 곤란함, 그리고 상처와 그 상흔들을 대중들의 일상적 시각에서 인식한다는 점에 공감을 하며 중요성을 갖는다.

바로 이러한 점에서 <저개발의 기억>에 대한 해석과 시선은 '공감'을 바탕으로 트라우마가 역사적 객관성의 준거로서 작용해야 함을 의미한다. 데스노에스와 알레아에게 있어서 쿠바 사태에 대한 비성찰적 '동일시(identification)'는 지양되어야 하는 것으로 인식된다. 칼라토조프의 선동주의적 작가주의 태도와 대조되는 대목이다. <나는 쿠바>의 감독에게 동일시란 피식민의 트라우마 자체에 대한 인식을 경험하지 못한 이들에게 계몽적 시각에서 트라우마의 존재를 상기시키고 감성을 고양시켜 이데올로기적 메시지를 선동하기 위한 이유이지만, 이는 타자의 다름을 존중하지 않는 사고이므로 데스노에스와 알레아가 추구하는 입장과는 거리가 있다. 이들은 일상성에서의 공감을 바탕으로 트라우마를 성찰하는 태도를 지향한다. 여기에서 트라우마와 관련하여 피해자와 가해자는 단순한 구도에서 읽힐 수 있는 것이 아니며, 피해자 역시 타자로서의 시각만을 지닌 것이 아니다. 주체적 대상에 대한 동경을 통해 스스로가 타자임을 망각하는 열외적 타자가 존재할 뿐 아니라, 타자화된 시각에 스스로가 길들여진 타자도 존재하기 때문이다. 결국 트라우마에 대한 인식은 그 존재의 유무에 대한 논의를 넘어, 그 존재의 인식 정도에 대한 주체적 수용의 차별성에 따라 그 의미가 변할 수 있는 문제이다. 그러므로 섣부른 역사 재해석보다는 트라우마에 대한 자각 단계에 머무는 것이 오히려 역사적 사건에 대한 역사의 허구성과 악행을 드러내는 가장 명징한 유증일 수 있으므로, 작품은 객관적 상태를 유지하며, 개연적 해석의 가능성을 열어둔 채 전망을 제안하고 내버려두는 작업에 주목하고 있는 것이다.

　<저개발의 기억>은 주인공과 주변 인물들에 대한 관찰과 응시의 시선을 통해, 쿠바인들이 경험하는 일상적인 삶의 패턴에 형성되어 있는 속성들을 서술함으로써, 트라우마를 '공감'하는 성찰적 태도를 보여 주는 서사의 구도를 이룬다.

Ⅲ. 트라우마와 내러티브

1. 상징적 기호로서 인물을 통한 내러티브

　소설의 내러티브와 영화의 서술 방식이 본질적으로 구분되는 것은 아니다. 적어도 원작자가 영화의 대본 작업에 참여했다는 사실은 두 장르 사이의 차별성이 최소화될 수밖에 없었을 가능성을 짐작하게 한다. 그럼에도 불구하고, 두 장르 사이에 서술 방식에 응당 그러해야 할 차이점이 존재하는 것은 분명하다. 소설은 "마지막 순간까지 나를 사랑했고, 괴롭혔던 모든 일들이 떠나갔다(9)"고 시작된다. 바로 회상과 자기 정체성 탐색으로 들어간다. 영화는 쿠바의 아프로 음악이 격정적으로 흐르는 가운데 리듬에 몸을 맡긴 군중들을 응시한다. 한 여인의 무표정한 얼굴이 반복적으로 등장한다. 음악과 춤에 파묻히는 총성, 그리고 쓰러진 사람을 들쳐 메고 사라지는 사람들의 모습 뒤로 다시 여인의 무표정한 얼굴이 클로즈업된다. 여인과 주변의 사람들은 모두 격정적인 리듬의 춤을 멈추지 않는다. 남는 자들의 모습이다. 음악이 사라지고도 계속되는 군상의 모습. 이번에는 떠나는 자들의 모습이다. 세르히오의 아내와 부모, 그리고 쿠바 혁명에 적응하지 못하는 많은 이들이 서둘러 쿠바를 떠난다. 특별한 대사가 없이 화면은 쿠바의 급변하는 모습을 양자적인 시각에서 일별하는 듯하다. 4분 10초가 지나면서 비로소 첫 대사가 등장한다. "그녀(라우라)는 이제 일을 찾아야 할 것이다." 떠나야 할 사람들을 떠나보낸 세르히오가 남는 자의 입장에서 무심하게 내뱉는 독백이다. 자신을 사랑하는 사람들을 떠나보낸 그는 심지어 하품까지 한다. 영화의 이러한 대목은 소설에서는 없는 대목이지만, 소설에 부록처럼 끼어 있는 세 편의 단편들 가운데 잭과 버스기사에 등장하는 주인공의 무관심한 태도와 닮아 있다. 감독과 작가가 함께 시나리오 작업을 했다는 사실에서도 짐작할 수 있는 것처럼 두 장르는 장르적 속성이 지닌 차이점[13])을 유지하면서도, 특별히 서술적 차이를 의도하지는 않는다. 중요한 것은 두 장르의 서술 방식과 묘사의 세밀한 차이에도 불구하고, <저개발의

---

13) 가족을 보내고 혼자 남게 된 세르히오의 홀가분한 마음은 소설에서는 "기분이 좋다"라는 표현으로 영화에서는 휘파람과 표정으로 대신하게 된다. 활자를 통한 이미지의 상상과 영상을 통한 이미지의 제공의 기본적인 차이점이다.

기억>은 인물들을 통해 반영되는 트라우마에 대한 본질적인 접근에 있어서 본질적 차이를 지니지 않는 데에 있다. 트라우마에 감성적으로 직면하거나 반응하는 것이 아니라, 공감을 위한 서술의 구조를 지향하고 있기 때문이다.

소설과 영화는 모두 공항에서 부모와 부인을 해외로 떠나보내는 주인공이 홀가분하면서도 새로운 상황을 맞이하는 다소 긴장된 상태에서 과거로의 회상을 통해 이야기를 풀어간다. 기억이라는 장치를 통해 쿠바가 지니고 있는 현재적이고 미래적인 문제들이 어떻게 될 것인지에 대한 성찰이 자연스럽게 포함된다. 소설과 영화에 등장하는 인물들은 특별히 장르에 따라 구분되어 묘사되지 않는다. 인물들은 장르의 차이에도 불구하고, 동일한 인물(성격)을 대표하면서, 상징적 기호로서의 의미를 띠고 있으며, 피식민의 트라우마의 인지적 수용의 정도에 따라 구분된다.

1) 한나와 헤밍웨이

한나는 선진화된 서구를 대표한다. 망명한 독일계 유대인인 한나는 지적 전통과 문화적 전통의 상징으로 구현된다. 세르히오가 막연하게 동경하고 여전히 그리워하는 그러나, 그 실체가 불분명한 대상으로서의 여인이다. 한나의 실체에 대한 서술은 인상적 묘사에 의존한다. "한나의 키스는 향기가 없는 꽃잎, 축축한 살맛이 났다. 그녀의 피부는 아주 희고 금발이었으며, 물기를 머금은 그녀의 푸른색 눈을 바라볼 때면 나는 다리가 풀리곤 했다(90)." 독자와 관객들에게 그녀의 이미지는 다른 서사의 경우와 비교하여 환상과 몽환으로 수용될 수 있는 기호로써 표현된다. 물론, 그녀와의 만남이 가장 먼저였으며,

시기적으로도 당연히 오래전의 사건이었기 때문이기도 할 것이다. 그러나 소설에서나 영화에서 한나에 대한 묘사는 막연하며 추상적인 인상으로 나타난다. 한나를 통해 묘사된 선진 문명에 대한 막연한 동경과 향수는 프티 부르주아만의 산물이 아니라, 쿠바의 일반화된 동경을 상징하고 있다.

헤밍웨이의 경우 그에 대한 직접적인 묘사는 이뤄지지 않는다. 서술의 토대가 세르히오를 통한 기억과 인상이기에, 이는 당연한 결과이기도 하다. 그럼에도 불구하고, 헤밍웨이는 한나의 경우보다 더욱 적극적으로 쿠바의 역사와 삶과 연결된 인상을 주기에 충분한 흔적을 남긴다. 쿠바를 사랑했고, 서구에 쿠바의 삶을 낭만적으로 소개한 헤밍웨이는 역설적으로 쿠바를 타자화한 서구적 시선의 상징이기도 하다.

> 가이드가 집에 대해 시시콜콜 설명하는 동안 나는 …… 파파 헤밍웨이는 쿠바에 대해 털끝만큼의 관심도 없었다는 생각을 했다. …… 집 전체에서 쿠바적인 것은 아무것도 없었다. 산테리아 의식용 물건이나 쿠바 그림이 한 점도 없었다(69~70).

헤밍웨이에게 쿠바는 낭만과 열정의 휴식 장소였으며, 짜릿한 오락의 공간이었을 뿐이었던 것이라 판단하는 세르히오의 시선은 서구 문명을 막연하게 동경하는 이중적 타자가 되지 않으려는 성찰적 응시에서 온다. "헤밍웨이에 대한 사랑과 증오를 느낀다. 나는 그를 존경하지만, 동시에 그는 나를 수치스럽게 만든다. 이곳 쿠바 사람들도 마찬가지다(61)." 헤밍웨이의 박물관에서 마주친 소련 관광객들의 등장에 대한 세르히오의 독백은 종속과 대체종속의 담론을 생각하게 한다.

항상 같은 일이 되풀이된다. 언제나 있어 왔던 똑같은 관광객들. 강대국은 자신의 식민지 중 한 곳을 방문하고, 방문객들은 밀사들이다. …… 그들의 태도는 헤밍웨이가 가졌던 태도와 아주 유사하다. 후진국들은 본능이 지배하는 삶, 야생 짐승을 죽이고, …… 삶을 즐기는 것, 이런 것들을 하는 데만 소용이 있다(52~53).

한나와 헤밍웨이는 모두 공통적으로 근대성을 의미한다. 서구적 취향을 대변하기 때문이다. 한나가 세련된 유럽의 고급예술취향을 대변한다면, 그것은 한나가 유럽의 고급 예술을 소비하는 주체라는 의미이다. 헤밍웨이는 쿠바에서의 삶을 적극적으로 만끽하면서도 쿠바인들과 자신의 삶을 공유한 것이 아니라, 쿠바라는 지형에 서구적 삶의 공간을 이식하고 있을 뿐이다. 쿠바는 한나에게 잠깐의 도피처이며, 헤밍웨이에게는 낭만적 공간에 있는 별장이다. 결국 그들에게 쿠바는 관심의 영역 밖이거나 타자일 수밖에 없었다. 쿠바에 살면서도 그들은 서구적 삶을 살았고, 쿠바는 그저 그들의 삶에 안락한 기회와 공간을 제공했을 뿐이다. 서구적 수탈자들의 인식과 본질적으로 구분이 되지 않는 부분이다.

세르히오는 헤밍웨이에게 반감을 토로하고 있다. "헤밍웨이는 어느 모로 보나 재수 없는 인간이었음에 틀림없다(69)." 하지만 한나에 대해서는 여전한 향수와 그리움을 토로한다. 쿠바를 최근까지 지배했고, 가까운 위협 세력인 미국에 대해서는 마치 전사이거나 사냥꾼에 대해 두려움을 느끼면서도, 한나에게서 느끼는 것은 근대화된 선진 유럽의 고급 문화예술에 대한 지식인으로서의 동경과 공감이 지배적이기 때문일 것이다. 근대 서구 문명에 대한 쿠바 지식인들의 이율배반적 태도가 드러난다. 피식민의 트라우마가 식민의 주체를 동경하며, 그들과의 동일시를 기원하고, 동시에 그를 두려워하는 식민의 표상 기호가 되는 것이다.

2) 라우라와 파블로

세르히오에게 라우라의 인상은 "그녀가 몸에 걸치고, 또 가지고 있던 모든 물건들로 이루어져 있었다(21)."에서 알 수 있다. 그녀가 얼마나 물신적이었는지를 실감할 수 있는 서술이다. 소유와 욕망의 물신성으로 표현되는 라우라의 속성은 이후 그녀의 옷을 입고 세르히오 앞에 나서는 엘레나에게서도 엿보인다. 라우라는 세르히오의 조소적 표현에 의하면, 저개발의 섬이 아니라 뉴욕이나 파리에서 태어난 부르주아인 것처럼 살아왔으며, 그와 공항에서 헤어지면서도 손조차 내밀고 싶어 하지 않았던 인물이다. 쿠바인으로서 쿠바를 철저하게 외면하고 싶어 했던 서구 지향적 인물이었다.

파블로 역시 "내(세르히오)가 되기 싫은 모습을 모아둔 집합체이다(36)." 세르히오의 곁을 마지막으로 떠나며, 쿠바의 미래를 조소적으로 비판하던 파블로는 라우라가 그러했듯 뉴욕으로 대표되는 서구의 삶을 동경하는 상징적 기호이다. 아이티가 최고의 설탕산업에도 불구하고, 나폴레옹에 대항하여 독립을 쟁취한 뒤 가난과 직면한 역사를 볼 때 아메리카 최초의 사회주의 혁명이 과연 무슨 의미가 있겠느냐는 파블로의 언술은 조소적이고 도발적이다. 세르히오는 작금의 사태는 러시아와 미국 사이의 문제일 뿐이라며, 해묵은 역사에서 의미를 찾으려 하지 않는다. 쿠바 사회에서 상류계층을 구성하면서 내면으로는 서구에 대한 열등의식을 감추기 위해 더욱 그들과 동질화되려는 내면의 그림자를 지니고 있는 인물이다. 물론, 자신의 강박을 솔직하게 드러내어 고백하지 않을 뿐 아니라, 그럴 필요성조차 느끼지 않는 인물이다.

라우라와 파블로는 쿠바를 떠날 수밖에 없었다. 그들에게 쿠바는 서구적 삶의 가능성으로부터 등을 돌린 비관적인 상태에 놓여 있는 것으로 인식되었기 때문이다. 쿠바의 미래는 가난한 섬나라의 애처롭고 비관적인 암운에 드리워 있는 것이다. 세르히오는 쿠바를 떠나 미국으로 향한 한나에게서는 여전히 공감과 향수를 느끼고 있으면서도 파블로와 라우라, 그리고 그의 부모들처럼 쿠바를 떠나 미국으로 가는 쿠바인들에게는 반감과 가벼운 경멸까지 느끼고 있다. 마치 그들의 모습에서 보기 싫은 자신의 모습을 발견하게 될까 두려워하는 것처럼. "나도 예전엔 파블로 같았나? 그럴 수도 있다. …… 혁명은 나를 망가뜨리지만, 멍청한 쿠바 부르주아 백치 같은 내 자신의 삶에 대한 나의 복수이기도 하다(36~37)." 지배적 이데올로기가 주도하는 현실에 적극적으로 적응하려는 라우라와 파블로의 모습에서는 외형적으로 피식민의 트라우마를 찾기 어렵다. 이들은 식민 주체를 적극적으로 염원하는 열외적 타자이며, 그들의 태도는 이율배반적이다. 사실상 타자에 속하는 이들은 스스로에 대한 자기 인식이 결여되어 있다. 주체로서 스스로를 염원의 대상과 끊임없는 동일시를 통해 자신과 욕망의 대상 사이에 메워질 수 없는 간극을 보지 않으려 하고 있을 뿐이다. 그들은 선진화된 서구를 그리워하고 닮아가려 노력하는 프티 부르주아의 상징이지만, 나아가 "길들여진 바보 천치이다(24)." 그에게 이들은 자신의 과거이며, 자신의 일부를 차지하고 있는 수치스러움이다.

파블로는 파블로가 아니라 내 자신의 삶이었다는 것을 이제 알겠다. 나는 명징함을 유지하려고 한다. 그 명징함이 유쾌하지 않다 하더라도……. 무슨 일이 일어나고 있는지 알지만 나는 그것을 피할 수가 없다. 파블로, 라우라, 그리고 모든 이들(40).

이들은 타자이면서도 자신들의 모습을 경멸하며 식민적 주체를 동경하는 자발적 열외적 타자의 상징 기호인 것이다.

3) 엘레나와 노에미

헤밍웨이의 흔적을 찾아온 관광객들에게 아름다운 쿠바 처녀로서 대변되는 엘레나는 분명 쿠바를 의미한다. 그녀는 터전을 쿠바에 두고 있는, 혁명이 보호해야 할 소시민이기도 하다. 노에미 역시 쿠바의 일상적 얼굴을 대변한다. 세르히오의 아파트를 관리하는 가정부로서 성실하게 삶을 살아가는 소시민의 전형적인 모습이며, 혁명 정부가 보호해야 할 노동자이다. 그러나 엘레나와 노에미가 쿠바적 삶의 전형성을 상징하기에는 한계가 있다. 엘레나는 다른 사람들의 행위를 모방하는 영화배우를 꿈꾸는 한편, 막연히 자본사회의 향락과 고급 취향을 동경한다. 세르히오와의 결혼을 부추기며 신분상승을 기획하는 그녀의 가족들과 억지스러운 연출을 통해 허구적 삶의 가능성을 헛되이 탐색하기에 이른다. 세르히오에게 성적 환상을 키워줬던 노에미는 가톨릭이나 산테리아에 익숙하기보다는 침례교인으로서 쿠바 사회의 소수를 대표할 뿐이다.

엘레나는 또 다른 라우라의 표상이 되기도 하다. 세르히오를 통해 서구와 동일시를 꿈꾸는 라우라를 동경하는 인물이기 때문이다. 세르히오의 짝이 되려 함은 라우라로 표상되는 집단에 대한 동경이며, 우연히 라우라의 옷을 얻어 입게 되는 착복의 표상을 통해 드러난다.

라우라의 옷을 건넨 세르히오의 행동은 다분히 충동적이고 즉흥적이었으나, "오늘 엘레나가 라우라의 옷을 걸치고 집으로 찾아왔다(46)"는 대목에서 세르히오가 느낀 것은 자신에 대한 혐오와 엘레나에게서 라우라가 오버랩되는 인상이었다. 엘레나는 우아함과 교양에 대한 즉흥적인 관심과 신분 변화에 대한 막연한 이끌림에 의해 자신의 행동을 내맡긴다. 여전히 일관성 없고 논리성도 부족한 저개발의 표상일 수밖에 없다. 그러나 인위적이지 않고, 자연스러운 엘레나의 태도는 세르히오가 그녀에게 끌리는 이유가 되기도 한다. 헤밍웨이의 저택에서 세르히오는 엘레나가 전형적인 쿠바의 자연스러운 처녀라는 표현을 사용한다. 그가 그녀에게 빠져 있을 때의 이야기이다. 하지만 엘레나가 자신에게 집착하는 순간을 계기로 그는 그들 사이의 격차를 새삼스레 상기한다. 그녀를 다시 보고 싶지 않다. 엘레나와 사랑에 빠지고 있지만, 그러기를 원치 않는다. "라우라와 있었던 일이 그대로 반복될 것이다. …… 그녀는 라우라와 똑같이 나를 배반할 것이다(72~73)." 엘레나는 세르히오와 이질적 신분의 격차를 결혼으로 극복하여 자신을 부르주아로 전환하려는 자기 보상 심리를 추구했지만, 현실적 차원에서 세르히오는 새로운 라우라를 꿈꾸는 엘레나를 거부했고, 결국 그녀는 교양이 부족하고 일관성이 없는 저개발의 표상인 한 여인으로 머물 수밖에 없다. 엘레나의 가장 큰 문제점은 즉흥성에 있으며, 이는 성찰적 태도와 대조되는 것으로서 문제의 본질에 다가갈 수 있는 능력을 결여하고 있음을 뜻한다. "자신이 원하기만 한다면 엘레나도 발전해 나갈 수 있을 텐데. …… 그녀는 그 어떤 것에 대해서도 깊이 파고들지 않는다. 정확한 지적을 할 때도 그것은 즉흥적으로 나온 것일 뿐이다(56~57)." 엘레나와 노에미는 쿠바를 대표하는 듯했지만, 그녀들은 작품에서 진정한 쿠바인의 상징적 기호로서 기능하지 않는다. 이것은 작가가 고뇌하고 성찰하는 피식민의 트라우마를 극복하기 위해 수용해야 하는 자기 인식의 중요성에 대한 고찰 때문이다. 이는, 소위 말하는 저개발과 그 본령으로서의 피식민과 그 망령으로서 트라우마가 본질적으로 극복되기 위해 겪어내야 하는 문제인식에 대한 자기 성찰이 중요하다는 메시지를 위한 서사이다. 노에미처럼 지나치게 편협한 시야 속에 가려진 채 살아가거나, 엘레나처럼 일관성 없이 즉흥적인 채 다른 사람의 삶을 흉내 내는 역할에 적극적인 인물들에게 자기 성찰적 인식의 태도가 결여되어 있음을 독자와 관객이 스스로 생각할 수 있는 기회가 제공되는 것이다.

그녀들은 쿠바를 대표하는 평범한 여인들이며, 일반 대중의 의식과 삶의 태도를 반영하고 있다. 라우라와 파블로에 대한 환멸 이후 그에게 찾아온 희망이기도 한 인물이다. 그러나 동시에 세르히오 내부의 부르주아적 관성을 일깨우는 인물이다. 그녀들은 쿠바적 삶의 주체이며, 쿠바를 존재하게 하는 구성원임에는 틀림없으나 쿠바의 미래를 전망하기에는 분명한 한계를 지니고 있다. 세르히오에게 그녀들은 쿠바 사회의 변화에 대한 본질적인 성찰도 전망도 없는 채 일관성도 없이 살아가는 저개발적 특성을 지닌 타자로서 길들여진 상징적 기호로서의 인물이다.

2. 서술의 시점과 태도

작품은 세르히오의 의식의 흐름을 따라 전개된다. 독자와 관객 역시 세르히오의 의식을 따를 수밖에 없다. 그러나 독자와 관객은 세르히오와 동일시를 이루도록 유도되고 강요되지는 않는다. 세르히오의 응시의 시선이 독자와 관객을 안내하는 것은 사실이지만, 동일시가 아닌 공감을 매개로 피식민의 트라우마라는 담론으로 그들을 이끌어 가기 때문이다.

트라우마는 나, 세르히오로 표상되는 쿠바가 안고 있는 여러 다양한 문제점에 대한 논의와 담론의 장을 열어주기 위해 서술 방식에 의미를 담는다. <저개발의 기억>에서 트라우마의 서술 태도는 격정적인 감상의 나열이나 과감한 논제에 의존하지 않는다. 세르히오가 사물과 주변을 바라보는 시선은 절제와 무관심한 태도로 일관되는 듯하다. 하지만 대상에 대한 시선과 그에 대한 묘사의 서술 시점과 태도는 트라우마에 대한 인식과 자기 성찰적 태도를 위해 매우 중요한 의미를 지닌다. 물신적이거나, 즉흥적이거나, 속물적이거나, 편협하거나, 부정적이거나 저개발의 원인을 안고 살아가는 다양한 인물들이 지닌 피식민의 트라우마의 실체를 가늠하기 위해서는 대상을 해석하고 그 의미를 선포하기보다는, 대상을 바라보는 시선에 대한 인식의 본질적인 변화가 더욱 중요하기 때문이다. 세르히오의 시선은 사실 무관심한 것이 아니라, 섬세하게 절제되어 있으며 오히려 집중된다.

> 타인의 시선이 한 사람의 삶을 완전히 바꿔 놓을 수도 있다. 매일의 삶이 포즈를 취하는 것으로 바뀌어 버리는 것. 그 포즈 속에서 인간은 다른 이들을 위해 연극을 공연한다. 모든 사람들이 떠나고 내가 홀로 남겨지기 전까지 내 삶이 그랬다(29).

세르히오의 시선은 곧 서술의 시점을 의미하며 서술의 태도로 연결된다. 세르히오는 불안해하고 있으며, 아무런 확신도 가지고 있지 못하다. 막연하게 앞으로 벌어지게 될 일련의 일들을 지나치는 생각으로 준비하고 있을 뿐 삶의 형태에서 구체적이지 못하다. 일상적 삶의 패턴에 대한 본질적인 회의와 성찰은 즉흥적으로 이뤄질 수 있는 것은 아니다. 자신이 합리화하고 있는 생각의 패러다임에서 객관화를 시도하기란 그만큼 어려울 수밖에 없기 때문이다. 엘레나의 즉흥적 속성을 저개발의 특징으로 규정하는 것도 그만큼 본질의 변화를 위해서는 무위에 가까운 정지가 필요하기 때문일지도 모른다. 장자의 무위의 도(無爲의道)와 닮아 있는 것은 아닐까. 서술 시점은 플롯과 행위에 의존하는 구성이 아니라, 인식의 미묘한 변화를 이끌어 내기 위한 회의와 성찰의 가능성에 대한 두드림의 태도에서 형성된다. 앞 장에서 논의했던 것처럼 트라우마를 극복하기 위해서 그를 재현한다는 것은 실질적으로 거의 불가능한 작업이므로, 트라우마를 구성하는 원인적 본질에 대한 인식에 대한 의식의 조명이 절실하기 때문이다. 따라서 세르히오의 서술 시점과 태도는 결코 무관심하거나 일관되지 못한 비논리적인 것이 아니라, 오히려 세밀하게 구성되고 기획되어 절제된 인식의 태도를 유발하기 위한 것이다. 또한 주변 인물들에 대한 관찰과 기록은 트라우마의 다양성을 통해 인식의 통합적인 구조를 살필 수 있도록 하는 장치라 할 수 있다.

세르히오는 끊임없이 주변을 관찰한다. 그의 관찰은 주변의 관찰을 통한 자기 내부에 대한 관찰이며 성찰로 이어진다. 그러나 그의 시선은 독자와 관객의 모범이 되는 것은 아니다. 그저 끊임없이 생각을 이어나가며, 자신의 솔직한 내면과 마주하는 태도를 통해 공감을 이뤄낼 수 있는 것이다. 세르히오의 서술의 시점과 태도는 모범답안이 아니며, 있을 법한 인물의 있을 법한 사색의 궤적을 의미한다. 여기에 공감이 개입한다.

그의 고백은 진솔하다. 세상은 바뀌었고, 여전히 바뀌고 있지만, 그래서 "내가 변한 것일까, 나라가 변한 것일까"를 독백하며, 세상을 바라보고는 있지만, 스스로는 오랜 습성과 태도를 쉽게 바꾸지 못한 채 여전한 자신의 시선으로 세상을 살피고 있다. 그에게서는 트라우마가 드러나지 않는 듯하다. 오히려 주변사람들이 겪는 트라우마를 관찰하고 있을 뿐인 것처럼 보인다. 하지만 그에게도 트라우마는 존재한다. 자신의 주변을 에워싸고 있는 다양한 계층의 여러 인물들의 삶이 실상 자신의 삶의 많은 부분을 채워 왔기 때문이다. <저개발의 기억>은 내러티브의 시점과 태도에서 트라우마에 대한 차별적인 접근을 구체화하고 있는 것이다.

세르히오는 누구인가. 그는 자신의 주변 인물들을 관찰하고 그에 대한 묘사 속에 자신을 무의식적으로 그려간다. 그러한 그의 서술 시점과 태도가 쿠바인들의 내면에 외상으로 존재하는 트라우마를 지적하는 데 집중되어 있지는 않다. 그는 다음 단계에 몰입한다. 변화의 기로에 처한 쿠바가 할 수 있는 것이 무엇인가 자문하고 답을 구해나가는 인식의 과정이 그에게는 중요한 과제이기 때문이다. 비록 그 자신이 자기 정체성에 번민하고 있지만, 그러한 그 자신이 바로 쿠바의 모습이며 저개발 상태의 쿠바를 깨어날 수 있도록 만들 수 있는 그 무엇이 과연 어떻게 탐색될 수 있는 것인지에 대한 성찰적 자기 인식 과정이다.

따라서 주변 인물들에 대한 관찰과 묘사, 기억들은 세르히오 자신에 대한 탐색이며 쿠바가 경험하는 트라우마의 서술이 된다. 결국, 세르히오가 생각하는 것은 쿠바인들이 자신의 정체성에 대한 주체적인 탐색의 필요성을 인지해야 하며, 그 과정은 일관된 것으로서 지속성이 담보되어야 하는 것이다. 세르히오의 주변 인물에 대한 비판적 글쓰기는 많은 경우 독설에 가깝지만, 일방적인 강한 내뱉음이 아니라 다분히 자조적인 요소를 포함한다. 독설은 자신의 세계에 대한 분명한 판단을 하는 근거를 마련한다. 독설의 대상과 자신을 명확하게 구분 지을 수 있는지에 대한 성찰이 포함되기 때문이다(cf. 조현천: 2004, 184). 그의 독설은 주변사람들에게만 향하는 것이 아니며, 또한 자신 스스로에게 향하는 화살이 된다. 그의 언술은 논의가 일관된 독설로 유지되는 것이 아니라, 무기력한 자조적 푸념의 요소를 지닌다는 느낌을 주기에 이른다. 여기에 주인공의 일관성 결여가 지목된다. 일관성은 트라우마에 기인하는 회의와 두려움 때문이다. 자신의 판단과 선택에 대한 확신이 없어서일 수도 있지만, 자신이 비판하는 대상과 그 대상이 지닌 요소에 자신이 여전히 물들어 있는 것일 수 있음이 더욱 큰 이유 때문이다. 이러한 그의 태도는 이중적이다. 여인들과의 관계에서도 잘 드러나는 이러한 이중성은 비판의 일관되지 못한 성격과 맞닿아 있다. 혁명의 취지를 어느 정도 신뢰하면서도, 그 효과와 실효에 대해 회의와 의혹을 품은 채 자신 스스로는 부르주아 교양인으로서 익숙했던 일상과 취향으로부터 분리될 수 없음에 회의하고, 고뇌하고, 여전히 갈등하는 소시민의 모습을 대변하고 있는 것이다.

무엇보다 세르히오 자신의 자기 독백의 내러티브 형식을 띤 본 작품은 주인공이 쿠바 사회와 자신의 주변사람들에 대한 분석과 성찰적 제안을 하고 있음에 보다 분명한 의미를 부여한다기보다는 자기 스스로에 대한 트라우마의 직면과 본질적으로 가깝다고 할 수 있다. 작품의 서두에서 자신이 해 오던 건 '위선적인 연극'일 뿐이었기 때문이었다며, "실상 나는 아내의 우아함에도 관심이 없었고, 부모님도 보기 싫었고, 시몬스 회사의 쿠바 대표가 되는 것에도 흥미가 없었다. 친구들은 한없이 지겹기만 했다(10)."는 고백에서처럼 그는 자신 스스로의 감정에 대해 처음으로 충실하게 된 것이다. 자신이 갖고 있는 문제를 우회하여 삶을 살아왔지만, 그것은 자신의 삶이라기보다는 타인들의 삶이었으며, 이제 자신의 충실한 삶을 살아야 되겠다는 자기 성찰적 시각을 갖게 된 것이다. 그는 내면의 외상과 맞설 수 있는 용기를 낸 것이다. 그러나 아무것도 준비된 것은 없다. 그저 새로운 시작으로 과거의 낡은 것을 떼어냈을 뿐이다. 쿠바 혁명에 동참하는 지식인들의 입장이 그러했을 것이다. 문인과 예술인들의 상당수는 혁명 이전에도 특권층의 생활을 향유할 수 있었다.

인간의 실존에 대한 글쓰기의 내러티브 형식이 보인다. 내면의 아픔과 상처를 경력처럼 안은 채 아무 일도 없다는 듯이 살아갈 수는 없으며, 내면의 상처와 고름을 건드리지 않고는 현재의 긍정적 의미를 찾는 일이나 미래를 전망할 수 있는 확실성을 찾지 못하는 실존주의적 글쓰기의 특성이 드러난다. 그러나 염세적이거나 비관에 빠지는 것은 아니다. 과거의 상처에 직면하였기 때문이다. 트라우마의 존재를 인정하고, 그를 극복하기 위한 처방의 필요성을 인식하고 있기 때문이다.

이 과정에서 트라우마의 기억에 대한 세르히오의 서술은 과거를 문자적 이미지를 통해 재현하고, 재현된 과거를 글쓰기를 통해 소멸시킴으로써 현재까지 지속되는 과거의 망령에서 벗어나려는 것처럼 보인다. 트라우마와의 직면에 대한 그의 두려움은 기억에 대한 두려움이며, 그로부터 벗어나기 위한 트라우마 서술하기의 글쓰기라는 방식(조현천: 2004, 179)을 취하고 있는 것이다. 언제 다시 재현될지 모르는 트라우마에 대한 기억과 만나고 그를 객관화함으로써 일정 부분까지라도 정리하는 완화적 직면의 방편인 것이다. 그러나 그는 자신이 결코 치유될 수 없는 기억과 직면하여 온전히 자유로울 수 있을 가능성에 대해 확신을 갖지 못한다. 세르히오는 "지금은 더 이상 글을 쓰고 싶지 않다. 사실 지금 나는 새로 갖게 된 자유와 고독 때문에 기분이 좋지 않고, 슬프다(10)." 그랬다. 그들은 지겹던 과거를 떨쳐버릴 수 있다는 홀가분함을 통해 자유를 체감하면서도, 새로운 가능성에 대한 희망과 부푼 꿈에 대한 불확신 때문에 자기 검열과 고뇌라는 탐색의 고독한 과정을 겪어내야만 하기 때문이다. 그러나 그의 글쓰기는 이렇게 끝난 것이 아니다. 그렇게 시작된 것이다. 과거의 망령과 트라우마에 대한 기억과 성찰적으로 직면하려는 그의 시선은 상처에 대한 기억과 앞으로 겪게 될 상처의 개연성 앞에서 담담하게 노출된다. 자신의 주변을 통해 스스로의 내면을 성찰하고 쿠바의 과거와 미래를 오버랩시키는 세르히오의 가슴에는 확고한 신념으로 맞서려는 각오가 드러나는 것이 아니다. 억지스러운 동일시를 통해 독자와 관객을 세뇌하는 것이 아니라, 공감을 통해 아픔과 상처, 그리고 두려움의 의미를 나눔으로써 타자로서 객관화되어 규정된 작은 섬나라가 아닌 유기체로서 살아 움직이는 쿠바의 시민 세르히오를 대중적 성찰의 시선으로 바라볼 수 있도록 하는 것이다.[14]

말레콘 해안의 부서지는 파도를 뒤로한 채 모든 망상과 두려움, 기

---

14) 구티에레스 감독은 자신의 영화를 포함하여, 제3세계 영화의 역할과 의미를 할리우드가 지향하는 의미에서의 「관객의 변증법」이라는 글에서 '대중'과 본질적으로 구분되는 '일반인' 혹은 '민중'의 영화라는 개념으로 설명하는 기회에 라틴아메리카의 삶의 현상을 성찰적인 대중적 시각에서 투사해야 함을 강조한 바 있다(Michael T. Martin(ed.): 1997, 108~131).

억을 벗어버리고 텅 빈 머리로 새롭게 내일을 기다린다. 작품은 주인공의 실존주의적 인식 태도를 통해 독자와 관객이 쿠바의 트라우마와 미래에 대해 공감할 수 있는 안내인의 역할을 하는 것이며, 그의 내러티브는 자신의 과거에 대한 회상과 기억에 독자와 관객이 참여할 수 있도록 서사의 구도를 열어둔다.

IV. 결론

1962년 미사일 위기 사태의 충격은 쿠바인들에게는 콜럼버스 이후 잠재되어 왔던 서구에 대한 피해의식의 폭발이며, 트라우마의 상기이기에 <저개발의 기억>의 주인공, 세르히오는 삶의 궤적을 회상하며, 쿠바 혁명 직후 사회와 개인의 일상을 재조명하는 과정에서 집단 무의식으로 자리한 억압과 두려움의 근원을, 서구적 시선에서의 '저개발의 속성'에 대한 관찰이라는 형식을 빌려, 성찰하는 자기 응시적 시선을 드러낸다.

세르히오에게 저개발은 피식민의 고착된 고리에서 형성된 것이며, 그에 대한 기억은 단순히 저개발의 상태를 극복하거나 유지하는 등의 일련의 경제적 상황에 대한 기억이 아니라, 피식민이라는 트라우마에 대한 것으로서, 저개발은 곧 피식민의 트라우마가 고착화되어 드러내고 있는 일상적 현상에 있음을 뜻한다. 그러므로 재현 불가능한 트라우마를 극복하고 이겨낼 수 있는 성찰적 태도에 대한 그의 일기체 언술이 트라우마에 대한 서술이라는 특별한 의도 가운데 읽힐 수 있는 것이며, 저개발의 기억은 곧 약육강식의 냉엄한 자연법칙에 노출된 작은 섬나라 쿠바의 숙명적 위기의식의 역사에 대한 기억의 의미를 지닌다. <저개발의 기억>은 개발과 저개발의 논의가 아니라, 쿠바의 과거와 현재, 미래를 아우르는 고리를 수탈과 억압의 트라우마를 재현하는 두려움과 공포에 직면하는 소시민의 성찰적이면서 동시에 진솔한 고백의 서사이다.

세르히오의 언술은 피식민의 트라우마에 대한 극복 의지에서 출발하지만, 트라우마를 회상하게 만든 미사일 위기 사태를 통해 결국 트라우마와 직접 대면하지 못한 채 방황할 수밖에 없는 상처 입은 소시민의 인식을 대변하는 내러티브의 구조를 지닌다.

> 미국에 대항해서 싸우는 것은 위대한 일이지만, 나는 그런 운명을 원하지 않는다. 나는 계속 저개발국의 국민으로 남아 있는 편이 더 낫다. 살기 위해서 매 순간 죽음과 맞서야 되는 그런 운명에는 관심도 없고, 끌리지도 않는다. 혁명주의자들은 20세기의 신비주의자들이다. 그들은 양보할 수 없는 사회 정의를 위해 죽을 용의가 있는 사람들이다. 나는 소시민이고, 현대인이고, 큰 사슬을 이루는 하나의 작은 고리이며, 하찮은 한 마리의 바퀴벌레다. …… 내가 왜 이러는 거지? 내 성격, 내 기억들, 내 욕망들, 내 느낌들, 그게 아무리 쓰레기 같다고 해도 그것을 잃어버리게 될까봐 나는 두려운 것이다(144~145).

세르히오는 "나는 치유할 수 없는 기억을 갖기를 열망한다(48)."라는, <히로시마 내 사랑>의 한 구절을 강한 인상으로 마음에 담고 있다는 고백을 한다. 트라우마란 재현이 불가능하며, 실체에 대한 정확하고 명증한 기억을 재구성하기 거의 불가능하다는 사실에서 본다면, 치유할 수 없는 기억을 갖기 열망한다 함은 트라우마의 본질적 실체에 접근함으로써, 구조적인 치료적 과정에 참여할 수 있기를 원한다는 의미로 해석이 가능하다. <저개발의 기억>의 종결부분에서 주인공, 세르히오의 언술은 <히로시마 내 사랑>의 구절과 반대로 수행된다.

> 우리 모두는 하나다. 다른 사람들과 똑같이 나도 죽을 것이다. 이 섬은 덫이고, 혁명은 비극적이다. 살아남고 승리하기에는 우리가 너무 작다는 의미에서 비극적이다. 우리는 너무 가난하고 그 수가 적다. 너무 값비싼 대가를 치르고 얻는 위엄이다. 생각하고 싶지 않다. …… 나 자신이 없어져 버리면 좋겠다. 사라지고 싶다. 나는 미쳐가고 있다. 아무것도 알고 싶지 않다. 기억하고 싶지도 않다. <u>나는 치유할 수 없는 기억을 갖기를 원치 않는다</u>(137).

역사적 배경의 트라우마가 집단 위기상황에서 재현될 두려움에 노출되자 트라우마가 생생하게 재현될 것만 같은 긴장의 고조 상태가 결국 주인공에게 트라우마의 본질적 실체에 대한 성찰적 접근을 추진하도록 유발했던 인식적 태도에 대한 강한 갈등 구도로 작용한 것이다. 치유할 수 없는 기억을 갖기를 역설적으로 열망하는, 트라우마를 경험한 이들의 아픔을 자신의 그것과 동일시하면서 자신의 트라우마를 극복할 수 있는 직관과 통찰적 시각을 얻기를 기원했으나, 정작 고밀도의 긴장 상황에 대처하게 되면서 오히려 치유할 수 없는 기억을 갖지 않게 되길 원하는 상충되는 인식 태도를 보이게 되는 것이다. 그러나 위의 두 언술은 이율배반적인 의미에서 대립되는 것이 아니라, 더욱 간절하게 스스로의 트라우마에 대처할 수 있는 보다 본질적이고 원형적인 상태에 대한 염원이다.

> 시월 위기는 지나갔다. 카리브 해의 위기. 거대한 사건들에 이름 붙이는 것은 그것들을 죽이는 것과 다름이 없다. 단어들은 작고, 조악하다. 내가 죽었더라면 모든 것이 끝나 버렸을 것이다. 하지만

아직 나는 살아 있다. 살아남았다는 것은 강렬한 깊이를 가진 순간을 망가뜨리는 것이기도 하다. (이렇게 거짓된 말이 또 있을까!) 나는 위기의 나날들에 대해 깨끗하고 텅 빈 시각을 유지하고 싶다. 나를 질식시키던 사물들, 공포, 욕망들에 대해……. 쉽지는 않다. 이것 말고는 더 이상 덧붙일 게 없다. 나는 글쓰기를 마쳤다. 인간(나)은 슬프다. 하지만 살기를 원한다. 단어들 저 너머로 가기를 원한다(146).

세르히오의 고백은 역사적 트라우마를 과거의 고체화된 산물로서 인식하여 대응하려는 인식에 대한 환기이다. <저개발의 기억>은 역사적 트라우마에 대해 기념비적이거나 선동적 행위의 한계를 넘어서, 현실적으로 실현 가능하며 치유 가능한 방식으로 쿠바인들의 트라우마를 일상성의 관찰을 통해 성찰하려는 내러티브의 형식을 잘 드러낸 기념비적 작품이다.

참고문헌

권미란(2009), 「스페인과 식민지 쿠바의 경제적-정치적 관계: 쿠바 사태를 중심으로」, 『스페인어문학』, 50: pp.267-284.

염홍철.(1987), 「쿠바: 혁명과 발전전략 재평가」, 『제3세계의 혁명과 발전』, pp.73-101.

임호준(2002), 「탈식민 사회에서 민족을 서술하기: 구띠에레스 알레아와 쿠바의 내셔널 시네마」, 『라틴아메리카연구』, 15(2), pp.239-268.

전진성(2006), 「트라우마, 내러티브, 정체성 -20세기 전쟁 기념의 문화사적 연구를 위한 방법론의 모색-」, 『역사학보』, 193, pp.217-243.

정재호(2004), 「쿠바와 푸에르토리코의 식민지 경험과 탈식민지 독립운동에 대한 비교」, 『라틴아메리카연구』, 17(3), pp.69-99.

조현천(2004), 「글쓰기를 통한 트라우마 극복하기-토마스 베른하르트의 소설 『소멸』」, 『독일어문학』, 24, pp.175-194.

주디스 허먼(2007), 『트라우마: 가정폭력에서 정치적 테러까지』, 최현정 옮김, 서울: 플래닛.

Desnoes, Edmundo.(2009), *Memorias del subdesarrollo*, 『저개발의 기억』, 정승희 옮김, 서울: 수르.

Galeano, Eduardo(1988), *Venas abiertas*, 『수탈된 대지』, 박광순 옮김, 서울: 범우사.

Huberman, Leo & M. Sweezy, Paul.(1968), *Cuba: Anatomy of a Revolution*(New York: Monthly Review Press), 염홍철(1987), 「쿠바: 혁명과 발전전략 재평가」, 『제3세계의 혁명과 발전』, pp.73~101 재인용.

Martin, Michael T.(ed)(1997), *New Latin American Cinema*. Detroit: Wayne State University Press.

영상물

<저개발의 기억>(1968), 구티에레스 알레아 감독, ICAIC, 쿠바.

<나는 쿠바>(1964), 미하일 칼라토조프 감독, 소련/쿠바.

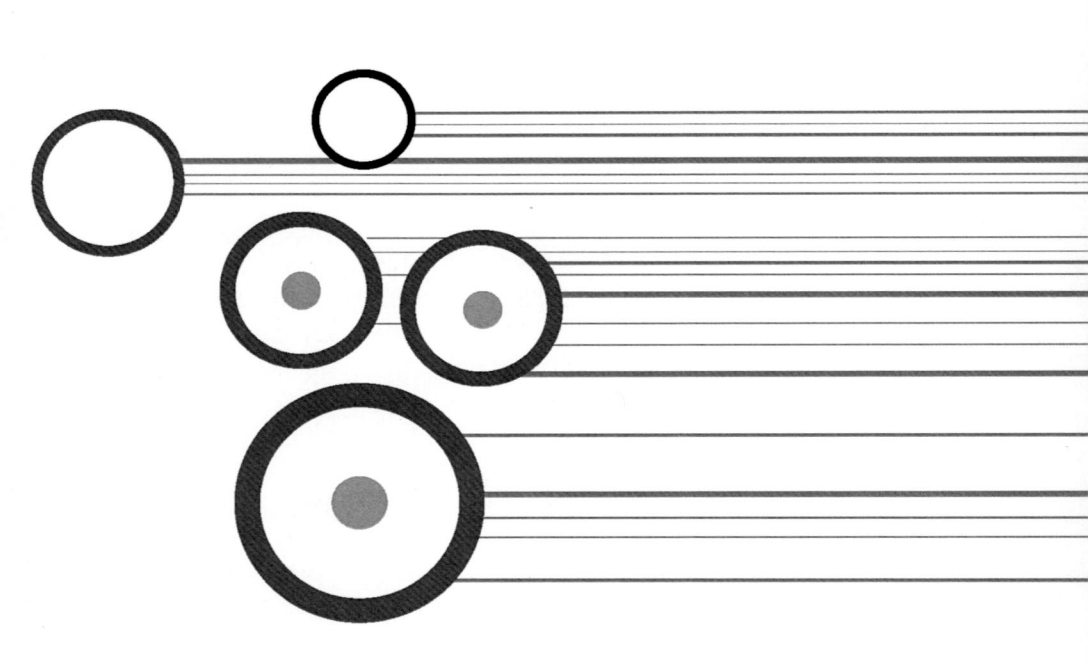

호세 바스콘셀로스의 『우주적 인종(*La Raza Cósmica*)』과 '문화적 국민주의(nacionalismo cultural)'의 비판적 접근

안태환

I. 들어가는 말

E. H. 카가 이야기하듯이 역사는 단순한 사실 그것이 아니라 그 사실에 대한 일련의 판단들이라면 오늘의 멕시코의 정체성을 형성하는 데 결정적인 역할을 한 호세 바스콘셀로스에 대한 연구는 의미 있는 일이라고 생각한다. 바스콘셀로스(1882~1959)는 멕시코 혁명(1910~1920)[1]의 핵심과제를 인식하고 실천한 대표적 지식인이라기보다는

---

1) 일부에서는 멕시코 혁명은 1910년에 시작되어 혁명에 참여한 민중의 요구를 받아들인 라사로 카르데나스 정권이 끝나는 1940년에 완성된 것이라는 평가를 한다. Enrique Semo, "Reflexiones sobre la revolución mexicana", in *Interpretaciones de la Revolución Mexicana*, Adolfo Gilly et al, (México: Nueva Imagen, 1989), 139. 장혜영, "La idea de La Quinta Raza de José Vasconcelos, a partir de su obra La raza cósmica: Misión de la Raza Iberoamericana(1925)", Tesis de maestría en filosofía y crítica de la cultura, Universidad Intercontinental, México, 2007, 32에서 재인용. 다른 일부에서는 멕시코 혁명의 전개는 1910년에 시작되어 1920년에 일단락된 것으로 인식하고 있다. Adalberto Santana, "La Revolución Mexicana y su impacto en América Latina", 독립과 혁명: 라틴아메리카의 재조명, 멕시코 혁명 100주년 및 라틴아메리카 독립 200주년 기념 국제학술대회(부산 2010), 43~56에 의하면 비야와 사파타의 민중세력과 카란사와 오브레곤의 헌법주의 세력 사이에 1914년부터 1919년 사이에 헤게모니 쟁투가 있었지만 후자의 승리로 끝나면서 정치적 헤게모니를 가지게 된다. 이때 형성된 제도적 민주주의 세력 우위의 정치지형이 아직도 진행되고 있다는 점에서 필자도 이 해석에 동의한다. Jean Franco도 멕시코 혁명을 1920년에 끝난 것으로 인식하고 있다. Jean Franco, *La cultura moderna en América Latina* (México: Grijalbo, 1983), p.90.

혁명 이후의 갈등을 해결하려고 한 지식인이다. 옥타비오 파스에 의하면, 바스콘셀로스는 멕시코 혁명의 도화선이 되었던 잠재적 갈등의 해결을 시도한다. "억압된 본능의 폭발, 전체와의 교감에 대한 갈망, 자신의 존재를 드러내려는 욕구 등이 혼합된 멕시코 혁명은 자유주의 사상에 의해서 깨져 버린 우리(멕시코인, 라틴아메리카인)의 유대감을 새롭게 발견하고 회복하려는 시도였다(Paz: 1990, 186~187)." 그러나 이 같은 해석은 멕시코 혁명 전의 타자화된 원주민, 농민의 경제, 사회관계의 갈등을 외면하고 문화적 정체성의 갈등만을 주목하는 엘리트적, 관념적 시각이다. 멕시코 혁명이 일어나게 된 맥락은 19세기 중반 이후 멕시코 지배계급의 이데올로기[2]로 정착된 자유주의 사상의 허위의식 때문이다. 1857년의 베니토 후아레스의 자유주의적 헌법 제정 이후 포르피리오 디아스 체제, 마데로, 오브레곤 체제에 이르기까지 기본적인 지배 이념은 자유주의에 기대고 있었다. 그러나 유럽과는 달리 부르주아 시민계급의 형성이 없는 맥락에서 자유주의적 정치개혁이 성공할 수는 없었고 오히려 엄청난 사회적, 경제적 양극화를 불러왔고 식민지시대 이래 가톨릭을 중심으로 형성되어 온 집단적 연대성도 깨지게 된다. 앞서의 옥타비오 파스의 지적은 허위의식의 자유주의 실험이 가져온 결과 중에서 한쪽의 결과만 주목하는 것이다. 가장 중요한 멕시코 혁명의 직접적 원인은 토지 소유구조의 극심한 불평등 때문이었다. 이처럼 멕시코 혁명에 대한 다양한 해석이 가능한 맥락은 두 개의 서로 다른 유토피아를 가진 혁명 세력 사이에 내전이 지속된 것을(1911년부터 1920년까지) 혁명이라고 부르기

---

[2] 마르크스에 의하면 "이데올로기는 인간과 사회집단의 정신을 지배하는 사고들과 표상들의 체계다." 루이 알튀세르, 김동수 역, 『아미엥에서의 주장』(서울: 솔, 1993), 103.

때문이다.3) 바스콘셀로스는 내전에서 승리한 오브레곤 세력을 대표하는 정치적 이념의 전파자이다. 패배한 세력은 에밀리아노 사파타와 판초 비야가 이끌고 있었다. 승리한 세력의 이념적 목표는 혁명의 갈등을 봉합하려는, 즉 체제를 유지하려는 '인종적 또는 종족적, 문화적 국민주의에 의한 국가 통합'이다. 국민주의를 통상적으로 '민족주의'로 호명하나 멕시코의 경우 서로 문명의 뿌리가(하나는 메소아메리카 문명, 다른 하나는 유럽문명) 다른 다인종사회의 멕시코를 멕시코 혁명 직후 단일 국가의 상상적 공동체인 '메스티소'를 중심으로 통합하는 맥락을 강조하기 위해 '국민주의'4)로 호명한다. 다시 말해 "국민국가는 반드시 민족국가를 뜻하는 것은 아니다. 사람들 사이에 강한 언어적, 종교적, 상징적 일체감을 공유하고 있는 그런 성격의 민족국가를 의미하지는 않는다(틸리: 1994, 4)." 원래 "국민의 개념은 약 200년 전의 근대 계몽주의와 프랑스 혁명이 위계 서열적 봉건체제의 정통성을 파괴시키는 시대에 태어났고 실제로 불평등이 존재하는 것과 상관없이 국민은 수평적인 우애로 이루어진 것으로 항상 인식(Anderson: 2003, 7)"되므로 멕시코 혁명이 일단락되고 난 후의 심각한 사회적 갈등을 치유하는 데 국민주의5)는 최적이었다. 이 같은 국민주의 통합운동은 현실적으로 존재하는 종족적, 사회문화, 경제적 차이와 불평등을 인정하는 국민주의가 아니라 차이와 다양성을 부인하고

---

3) Macario Schettino Yañez, *México Problemas sociales, políticos y económicos* (México: Pearson Education, 2002), 104.

4) 김세건도 멕시코 국민주의는 멕시코 혁명을 거치면서 형성되었다고 하며 멕시코의 인종적, 언어적, 종교적, 신화, 역사의식, 종족성의 다양성을 인식하여 민족주의를 국민주의로 호명하고 있다. 김세건, 「메스티소와 원주민 사이에서: 멕시코 국민주의와 원주민 종족성」, in 김광억 편저, 『종족과 민족』(서울, 아카넷, 2005), pp.213~249.

5) 국민주의란 주로 심리적 현상으로서 개인들이 한 정치질서의 성원들 사이에 존재하는 공통성을 강조하는 일련의 상징과 신념들에 대해 갖는 귀속감을 말한다(기든스: 1985 in 크리스토퍼 피어슨: 1997, 94 재인용).

원주민 문화를 축소, 은폐하는 국민주의였다.[6] 그리하여 백인과 원주민보다는 '멕시코인=메스티소'를 상상적[7]으로 내세우면서 원주민 문화를 멕시코 국민을 통합시킬 수 있는 상징적 문화전략으로 구사한 것이다. 실제로는 원주민문화를 완전히 지배계급인 백인 크리오요의 스페인 문화 속으로 동화시키려는 것이었다.[8]

중요한 것은 역사적 맥락이다. 멕시코 혁명 직후 국가통합이 절실한 역사적 맥락은 첫째, 아래로부터의 가난한 원주민, 농민의 사회, 경제적 요구가 받아들여지지 않아 이들로부터의 자발적인 국민국가에의 귀속의지가 없었다는 점이다. 그러므로 원주민의 신화적 문명, 스페인의 가톨릭문화라는 공통의 문화유산에 기초한 원초적 유대감을 강조하며 계급적 차별성을 지울(김세건: 2005, 216) 필요가 있었다. 백인 크리오요, 메스티소 중간계급과 원주민과 농민은 인종적으로나 사회, 문화적으로 하나의 공동체가 아니었고 파열되고 있었다. 모두가 하나라는 '상상된 공동체'가 필요했다. 그러나 원주민 문화에 대한 거부감은 지속되어 원주민 종족성을 말하면서도 원주민의 메스티소화를 통해 '비원주민화'(Bonfil Batalla: 2006, 13, 42~43)의 전략을 취한 것이다. 비원주민화(desindianización)는 시간이 지나면서 자신의 정체성을 버리도록 강요된 역사적 과정을 의미한다. 멕시코인들은 자신의 원주민 얼굴을 숨기고 싶어 한다. 바스콘셀로스가 주장한 메스티소의 '우주적 인종'의 우월성도 다름 아닌 유럽 문명과 문화의 우월성에

---

6) Ibid., 224.

7) 민족(국민)은 본래 구획되고 주권을 가진 것으로 상상되는 정치공동체이다. Benedict Anderson, *Imagined Communities* (London: Verso, 2003), 6.

8) John A Ochoa, "José Vasconcelos, Compromised Utopianism and the Necessity of Failre", *Revista de Estudios Hispánicos*, 36.1 (2002), 100.

근거한 것이다.9) 둘째, 외국자본의 침탈에 대한 국민주의적 저항의식의 발현이 필요했다. 바스콘셀로스의 국민주의 담론 기획의 중요한 의미는 바로 미국 제국주의에 대한 배타적인 집단적 정체성을 강조하고자 한 것이다. 이를 통해 첫 번째 사회관계의 급진적인 변화—'사회정의의 회복'—의 대중의 요구를 피할 수 있었다. 그러므로 멕시코 혁명은 라틴아메리카에서 따라야 할 혁명의 모델로서 기능하는 게 아니다. 단지 사회적 형평성을 고려하는 국민주의의 새로운 유형으로서만 가치가 있다.10) 호세 바스콘셀로스의 대표적 에세이인 『우주적 인종』11)은 멕시코의 국민주의적 국가 통합이라는 핵심적 목적을 향한 글이다. 그러나 정치적으로 실패한 뒤에 바스콘셀로스는 극단적인 인종주의의 성향에 따라 멕시코 정부의 비판자를 넘어 히틀러식 국가사회주의에 노골적으로 경도되었다.12)

본 연구에서는 멕시코 혁명 직후에 지식인으로서의 철학이 담긴 에세이인 『우주적 인종』의 내용을 분석하고 교육부 장관으로서 교육, 문화정책의 사상적 토대인 '문화적 국민주의'의 방향과 '우주적 인종'의 이념의 관계에 대해 해석하려고 한다. 그는 앵글로 색슨인종이 중심인 미국 또는 백인 우월주의에 대항하여 라틴아메리카 전체가 전지구적 중심세력이 될 수 있다는 판타지를 보인다. 그러면서 바스콘셀로스는 이념적으로 메스티소를 중심으로 교육, 문화정책을 통한 국

---

9) Claude Fell, *José Vasconcelos Los Años del Aguila* (México: UNAM, 2009), 641~642.

10) Jean Franco, *La cultura moderna en América Latina*, 89.

11) José Vasconcelos, *La Raza Cósmica* (Los Angeles: California State University, 1979), 초판본은 1925년에 발행되었으며 이하 인용을 RC로 함.

12) José Joaquín Blanco, *Se llamaba Vasconcelos* (México: Cfe, 1983), 10; Claude Fell, *José Vasconcelos Los Años del Aguila* (México: UNAM, 2009), 10. 호세 바스콘셀로스가 국가사회주의에 끌린 것은 그의 개인적 신념 때문이었지 그가 내세운 '문화적 국민주의'의 이념이 히틀러식 국가사회주의와 상응성을 가졌다는 의미는 아니다.

가 통합과 발전을 추구한다. 특히 물질/정신, 문명/야만의 이분법에 포획되어 물질과 과학적 실증주의(positivismo)를 배척하고 정신우월주의를 강조한다.

호세 바스콘셀로스에 대한 선행연구는 강태진의 「호세 바스콘셀로스의 불교이해」(2002)가 있다. 이 연구는 바스콘셀로스가 1919년에 『인도연구』를 출판한 것을 주목한다. 바스콘셀로스의 인도와 불교연구의 동기는 실증주의와 과학만능주의에 대한 비판으로서였다. 또한 John H. Haddox에 의한 "Jose Vasconcelos: Mexican Philosopher"(1962)가 있다. 이 연구는 라틴아메리카의 철학자들 사이에서는 높게 평가받는 바스콘셀로스가 라틴아메리카를 벗어나서는 관심이 희박한 이유에 주목한다. 그 이유를 자신의 독창적 사상체계를 가지지 못하고 다른 나라의 철학자들을 채택하고 적응하는 사상을 펼쳤기 때문으로 지적한다. Javier Ocampo Lopez(2005)는 바스콘셀로스의 교육정책의 공공성의 가치를 긍정적으로 평가하고 있다. Mauricio Tenorio(1994)는 바스콘셀로스가 1922년 브라질의 리우데자네이루에서 열린 독립 100주년 국제박람회에 멕시코 대표단장으로 방문한 뒤 가졌던 라틴아메리카의 여행이 『우주적 인종』을 쓰게 된 모티브였음을 밝히고 있다. 바스콘셀로스는 스펜서의 사회 다윈주의와 인종주의 진화론을 신봉하는 라틴아메리카의 과학자들을 공격했다. 그리고 스페인 문화의 영적 우월성을 내면화한 메스티소를 방어하게 된다. John A. Ochoa(2002)는 바스콘셀로스가 소비에트 혁명 이후의 소련의 새로운 교육정책을 벤치마킹하여 대대적인 문맹퇴치 교육과 문화정책을 실시했다고 주장한다. 그러나 벽화운동의 핵심 예술가들이 가졌던 좌파성향의 이데올로기와 바스콘셀로스의 귀족적인 플라톤주의는 충돌할 수밖에 없었다.

Ⅱ. 내전에서 승리한 멕시코 혁명세력의 이념의 전파자

1. 포르피리아토 체제와 호세 바스콘셀로스

경제적으로 여유 있는 중간계급의 가정에 태어난 그는 34년간의 포르피리오 디아스 독재 체제(1876~1910)의 한가운데에서 아무것도 부러울 것이 없는 유능한 변호사로 성장했다. 그러면서 철학과 문학에서 보헤미안적 낭만을 찾고 있던 교양이 풍부한 지식인 그룹(Ateneo de la Juventud)에 속해있었고 변호사로서 미국인 회사에서 일하기도 했다.[13] 이 당시 대부분의 민중은 문맹으로 학교 교육과는 거리가 멀었다. 포르피리오 디아스 체제는 자생적인 부르주아 계급이 없는 상황에서 외국인 투자를 선호하면서 경제를 근대화시켰다. 도시는 잘 꾸몄지만 시골은 버려져 있었다. 중요한 것은 근대화가 디아스 체제와 함께 시작되었다는 점이다. 그 전에는 식민지시대와 다를 게 하나도 없었다. 그 상징은 철도의 건설일 것이다. 문제는 이 모든 철도가 외국인 소유라는 점이다. 이미 텍사스를 잃은 멕시코 사람들은 철도가 멕시코의 나머지를 미국이 인수하는 데 도움을 주는 게 아닌가 하고 두려워했다. 이 시기 지배계급의 이데올로기는 콩트, 스펜서, 다윈의 실증주의로서 원주민 문화를 경멸하고 있었고 문화적 이상향은 프랑스의 '라틴성'에 두고 있었다.[14] 오랫동안 정체되어 왔던 멕시코에 근대성과 과학이 도입되면서 경제, 사회적, 이데올로기적 격동기로서 낙관과 비관이 교차되던 무질서한 시기이기도 했다. 이 같은 멕시코

---

13) José Joaquín Blanco, *Se llamaba Vasconcelos*, 30.

14) Agustín Basave Benítez, *México mestizo* (México: Cfe, 2002), 37.

의 현재적 변화-근대성과 과학의 실증주의-에 대해 바스콘셀로스는 경탄과 분노를 넘어 반동적인 대응을 하게 된다.[15] 19세기 중반 이후의 자유주의와 실증주의의 실험 이후에도 사회 경제적으로 식민지적, 과두적 백인 크리오요[16] 독점 구조는 전혀 변하지 않았다. 하지만 바스콘셀로스는 거기에 관심이 없었고 실증주의와 과학에 대한 반감을 표현한다. 멕시코의 현실은 소수의 거대지주라는 특권층에 의해 억압당하는 극단적 사회, 경제적 부정의를 낳고 있었다.

2. 멕시코 혁명의 핵심적 과제: 국가 통합

멕시코 혁명은 이상한 혁명이라고 할 수 있다. 분명히 계급투쟁의 성격을 띨 수밖에 없는 혁명이었으나 혁명의 진행과정에서 계급투쟁의 성격은 희석되고 민주 대 독재의 민주화의 투쟁으로 전화되었기 때문이다. 그 이유는 가장 억압받던 가난한 농민과 노동자가 혁명과정의 주체가 되지 못했기 때문이다. 혁명 전 멕시코의 농민은 농지를 소유하고 있지 못했다. 노동자들은 지배계급에 의해 거의 '오락수준'으로 무시, 탄압받고 있었다. 무엇보다 1910년 후반에 멕시코 혁명이 시동을 걸기 전 약 30년간의 포르피리오 독재체제는 "포르휘리오 평화"체제라는 말을 만들어 낼 만큼 지배계급과 중간계급에게 만족할

---

15) 민중으로부터 하버드만큼이나 멀리 떨어진 불쌍한 멕시코 중간계급의 지식인이었고 후진적인 주변부라는 멕시코의 맥락에 대해 큰 분노를 가지고 있었다. 근대성과 과학에 대한 경탄과 분노는 바스콘셀로스에게 결정적인 길을 택하게 만든다. 일상적이고 가능성이 있는 것을 모두 삭제하려는; 유토피아 아니면 종말, 천국 아니면 지옥. 멕시코의 현재적 현실에 대한 거부와 함께 그는 과학과 근대성을 경멸했다. Joaquín Blanco, *Se llamaba Vasconcelos*, 189.

16) 바스콘셀로스는 자신을 "크리오요 율리시즈"라고 부르고 있었다(Haddox: 1962, 455). 크리오요는 현지에서 태어난 백인(스페인) 출신 인종적 구분을 가리킨다.

만한 체제였다. 즉, 멕시코 혁명 발발의 가장 큰 동인인 '엄청난 경제, 사회적 불평등'에 대해 이들 지배계급과 중간계급은 아무런 갈등과 고통을 느끼지 않았다. 식민 초기의 정복자들과 가톨릭교회가 대지주가 된 이후, 유럽의 14세기 또는 15세기의 봉건영주와 같은 의식을 가진 소수의 지배계급이 엄청난 넓이의 대토지를 소유하고 있었다. 일반 인민은 개인소유 토지가 없고 공동소유 토지도 그들의 기본적 생활을 영위할 수 없을 정도로 불평등한 것이 멕시코 혁명의 근원적 원인이었다.[17] 게다가 북부지방의 넓은 토지를 포르피리오 디아스 정권은 외국인 회사에 넘겨주고 있었다. 1910년에 이를 강하게 비판한 사람이 북부지방의 부유한 계층에 속한 프란치스코 마데로였다. 그는 온건하게 민주주의와 정치적 자유를 - "보통선거와 재선반대" - (Sufragio Efectivo. No Reelección)를 강조했다.[18] 바로 이런 생각에 적극 동조한 사람이 호세 바스콘셀로스였다.

이런 상황에서 드디어 1910년 11월 북부지방에서 판초비야의 무장 투쟁이 시작되고 사파타의 봉기도 시작되어 멕시코 혁명이 본격화된다. 그리고 이들 농민대중이 지지한 마데로는 대통령이 된다. 멕시코 혁명의 가장 중요한 의미는 그동안 정치, 사회적 행위자로 인정되지 않던 노동자와 농민이 라틴아메리카 현대사에서 상당히 이례적으로 일찍 - 20세기 초반에 - 출현한 점이다. 그러나 호세 바스콘셀로스를 비롯한 멕시코 혁명 직후의 기득권 계급은 이들을 계급적 용어로 호명하지 않고 인종주의적 차원으로 치환시켜 메스티소 또는 멕시코인으로 호명한다. 즉 인종적 혹은 종족적 국민주의(nacionalismo étnico)를

---

17) Jesús Silva Herzog, *Breve Historia de la Revolución Mexicana(I)* (México: Cfe, 1969), 7~8.
18) Santana, "La Revolución Mexicana y su impacto en América Latina", 43.

내세운 것이다. 바스콘셀로스는 판초비야와 사파타에 대해 우호적이지 않았다.[19] 판초비야는 북부의 소농의 이익을 지키고자 했으며 사파타는 원주민 문화의 공동소유에 기초한 '공동체적 토지(tierra comunal)'를 옹호하여(Yañez: 2002, 105) 자유주의 세력에 강한 도전이 된다. 혁명의 격렬한 전환점은 1915년의 셀라야 전투였다. 여기서 패자는 판초비야의 세력이었고 승자는 카란사-오브레곤의 쌍두마차 세력이었다.[20] 판초비야에 이어 카란사와 싸우던 사파타가 1919년에 암살되면서 멕시코의 사회경제적 민주주의와 급진적 변혁을 주장하던 세력은 실패한다. 1920년에 제도적 민주주의를 주장하는 오브레곤이 대통령이 되면서 멕시코 혁명의 무장투쟁 국면은 끝난다. 이와 함께 멕시코의 가난한 농민 대중의 목소리도 또한 사라지게 된다. 바스콘셀로스는 농민 대중과 그의 지도자들의 폭력이 잦아들게 되면 나라를 다스리게 되는 것은 자기와 같은 엘리트 지식인들이 될 거라는 신념을 가지고 있었다. "계획을 세우고 통치를 하게 될 때는 무식한 야만인들은 아무리 그들을 미워하더라도 지식인의 지시를 따르지 않을 수 없을 것이다."[21]

국가발전을 위해 석유자원을 중시하던 오브레곤 정부와 미국정부는 외교적 분쟁에 들어가고 반제국주의 투쟁이 강화되고 혁명적 국민주의의 기운이 격렬해진다. 이 당시, 미국정부는 멕시코 정부를 승인하지 않았다. 지식인인 호세 바스콘셀로스가 멕시코 혁명의 반제국주의 기획의 이념 투쟁의 가운데에 있게 된다. 일부 지식인은 반제국

---

19) Franco, *La cultura moderna en América Latina*, 90.

20) Fell, *José Vasconcelos Los Años del Aguila*, 9.

21) Joaquín Blanco, *Se llamaba Vasconcelos*, 79 재인용.

주의, 국민주의의 시각에서 멕시코 혁명의 서로 다른 두 노선의 철학은 화해하고 통합되어진 것(Santana: 2010, 43)으로 평가하기도 한다. 그러나 그 화해와 통합이 진정성이 있는 것인가는 의문이 많다. 이데올로기적인 통합이었기 때문이다. 무엇보다 혁명 이전의 낡은 스페인적 문화적 전통을 '문화적 국민주의'의 이름으로 다시 불러들이고 권력의 필요에 따라 원주민과 노동계급을 동원하며 '멕시코성(mexicanidad)'의 이미지 뒤에 권력의 속성을 숨기는 체제를 확립시켰다고 평가할 수 있기 때문이다. 아무튼 1924년 초부터 다시 내전상황으로 돌아가게 되지만, 그 전인 1923년까지 멕시코 정치 상황은 평온했다. 토지 소유와 분배의 불평등과 함께 경제 사회적 불평등의 동전의 양면인 교육의 불평등 문제는 아무도 손을 대고 있지 않았다. 1920년대 초부터 바스콘셀로스가 멕시코 국립대학교의 총장으로 그리고 교육부의 장관으로 취임하면서 우선적으로 전면적인 공공교육의 개혁을 통한 교육 불평등의 퇴치에 헌신하게 된다. 이를 위한 전략으로 '모든 사람들을 위한 교육운동'을 펼친다.

1910년에 학교교육을 받는 비율이 6.23%였는데 1920년에 4.93%였다고 한다. 이 당시 정치 주도 세력인 어느 고위층의 표현과 같이 "학교가 많이 세워지면 사파티스타의 공장이 될 것"을 두려워했는지도 모른다. 그러나 문맹자가 80% 이상이 되어 가지고 나라가 발전할 수 있을까를 가장 고민한 사람이 호세 바스콘셀로스였다. 1920년에서 1924년까지 격렬하게 교육과 문화부문의 개혁운동이 벌어지게 된다.[22]

---

22) Fell, *José Vasconcelos Los Años del Aguila*, 10~11.

Ⅲ. 『우주적 인종(Raza Cósmica)』의 해석

1. 메스티소의 신화화와 스페인(정신)문화의 고양

호세 바스콘셀로스는 과학기술에 기초한 실증주의를 비판하지만 기본적으로 인간과 역사의 일직선적 진보를 믿는 사회진화론 또는 다윈주의자이다. 그리고 라틴아메리카의 메스티소 인종이 다른 인류와 함께 평등하고 조화롭게 문명의 진보를 이끌어갈 것이라는 19세기 말 지식인 특유의 낙천적인 생각을 하고 있었다.[23] 하지만 바스콘셀로스는 인간 역사의 단계를 이성주의의 단계가 지나고 미학적 단계에 들어섰다고 생각했다. 그러면서 전문적 영역을 뛰어넘어 상상력과 신화적 세계로 비약해야 함을 주장한다(RC: 1979, 48). 미학적 활동이 이성적(과학적) 지식보다 우월한 것은 예술가는 미학적 인지를 통해 우주의 모든 요소들을 통합시키는 리듬을 알게 되기 때문이라고 했다.[24] 그 대표적인 사상이 드러난 에세이가 『우주적 인종』이다. 이 에세이는 라틴아메리카의 통합을 강화시키고 라틴아메리카를 새로운 인류의 요람으로 만들기 위한 "정신적 프로그램"이었다. 인류의 첫 번째 조상은 흑인, 두 번째는 아프리카와 아메리카 대륙이 붙어 있었다는 '과학적' 가정하에 아메리카 원주민인 홍인, 세 번째는 아시아의 황인, 네 번째 등장한 인종은 백인이다. '다섯 번째 인종'인 라틴아메리카 인종은 유럽의 백인 인종과 원주민 인종이 혼혈되어 모든 앞의 단계를 뛰어넘는 인종이므로 우월하다고 주장한다(RC: 1979,

---

23) Ibid., 640.

24) Franco, *La cultura moderna en América Latina*, 91.

49). 라틴아메리카의 메스티소 인종을 시간적으로 '최후의 인종(la raza final)', 그리고 공간적으로 '우주적 인종(la raza cósmica)'으로 호명하고 있다(RC: 1979, 80). 이렇게 인종이 단계적으로 진보한다고 보는 관점은 정확히 전도된 유럽 중심적 인종주의의 시각을 드러낸다.[25] 바스콘셀로스는 인류 역사가 인종의 혼혈의 방향으로 진보한다고 믿었다. 중요한 것은 이 같은 전도된 인종주의적, 위계 서열적인 신념이 파시즘적 증상을 보인다는 점이다. 혹자는 그가 1929년의 대통령선거에서 패배한 뒤에 파시즘적으로 변화[26]했다는 주장을 한다. 그러나 이미 '우주적 인종'에서 이런 증상을 보이고 있다.

> 아주 못생긴 사람들은 자녀를 생산하지 못할 것이고 원하지도 않을 것이다. 가난, 부족한 교육, 아름다움의 결핍, 못생긴 사람에게 돌아오는 비참함, 이 모든 끔찍한 일들은 미래의 사회에서 사라질 것이다. 보잘것없는 한 쌍의 부부가 비참함을 증가시키면서 기뻐하는 오늘날의 평범한 사실이 그때에는 혐오할 만한 일, 범죄로 비칠 것이다(RC 1979, 70).

바스콘셀로스는 다윈주의 또는 인종주의 우생학에 의해 흑인은 인간보다는 원숭이에 더 가깝기 때문에 사라져도 된다고 생각한다(RC: 1979, 73). 이런 신념을 가지게 된 현실적 맥락은 미국의 팽창에 대한

---

25) 아니발 키하노에 의하면 근대성과 함께 인종주의도 16세기부터 라틴아메리카에서 시작된 것이다. "근대적 의미로서의 인종의 생각은 아메리카 이전에는 알려진 바 없다. 역사적으로 사회적 관계를 구성하기 위한 사회적 정체성이 새롭게: 인디오, 흑인, 메스티소 등으로 아메리카에서 형성되었다." Anibal Quijano, "Colonialidad del poder, eurocentrismo y America Latina", *La colonialidad del saber: eurocentrismo y ciencias sociales Perspectivas Latinoamericanas*, Edgardo Lander (comp.) (Buenos Aires: CLACSO, 2000), 202.

26) 정치적 실패와 좌절은 완전히 반동적인 지형으로 그를 데려갔고 그에 따라 수십 년 전만 해도 그를 메시아 또는 예언자로 생각했던 멕시코 민중들도 그를 혐오하게 만들었다. 1940년에 그는 Timon이라는 잡지를 만들어 노골적으로 히틀러와 뭇솔리니를 지지했고 프랑코와 바티스타 같은 독재자를 칭찬했다. 가톨릭 교회와 스페인적(hispanismo)인 힘 등으로 표현되는 "철권"이 바람직하다고 생각했다. Joaquín Blanco, *Se llamaba Vasconcelos*, 171.

두려움 때문이다. 스페인의 적이었던 미국이 대표하는 앵글로 색슨 종족의 문화를 혐오했다. 바스콘셀로스가 말하는 '우주적 인종'도 미국과는 다른 문화, 문명, 시민, 관습, 언어의 애매한 개념들의 집합체이다.27) 그리고 원주민 문명을 신화화하여 멕시코 국민주의의 정체성으로 활용하면서도 원주민 문화를 폄하한다. 미국이 상징하는 평민적(lacayo)인 것을 공격하고 있듯이 귀족적인 인종주의의 사고는 원주민을 무시하고 단지 문맹이라는 이유로 가난한 사람들을 경멸했다.28) 원주민 언어로 가르치는 것을 거부하고 원주민의 특성에 맞는 교육을 시키는 것도 반대하고 가난한 원주민들을 '보편적으로' 통합시키지만 그 보편성은 '유럽 중심적'이다.29) 겉으로는 메스티소 중심을 강조하고 있지만 실제로는 백인 크리오요 중심의 식민지시대부터 내려오는 스페인의 전근대적 정신문화(RC: 1979, 79)로의 통합을 강조한다. 이 같은 통합이 쉽게 이루어진 것은 메스티소가 원주민과 같이 원주민 문화를 가지고 있었지만 이미 비원주민화되어 있었기 때문이다.30)

멕시코에는 두 개의 문명이 합쳐지지도 못했고 상호 균형의 공존도 못하고 있다. 하나는 메소아메리카 문명이고 다른 하나는 유럽문명에 기초하고 있다. 후자가 멕시코 사회의 지배세력 사이에서 헤게모니를 가지고 있다. 지배세력의 이데올로기는 유럽문명에 기초하여 멕시코 혁명까지 포함하여, 발전, 진보, 미래 중시의 시각을 보인다. 메소아메리카 문명은 열등한 것으로 사라져야 한다고 생각한다. 이 두 문명은 인간, 사회, 자연, 세계를 인식하는 데 서로 다른 형식을 가지고 있다. 대부분의 멕시코 민중은 멕시코의 근대 국

27) Fell, *José Vasconcelos Los Años del Aguila*, 639.

28) Joaquín Blanco, *Se llamaba Vasconcelos*, 208.

29) Bonfil Batalla, *México profundo*, 168.

30) Ibid., 41~42.

가의 변혁에서 소외되어 있다. 공식이데올로기만 메스티소 문화로
되어 있을 뿐이다. 그리하여 원주민과 농민생활에서 보이는 공동체
적 맥락으로부터 국가가 발전할 수 있는 가능성은 철저히 배제되
어 왔다.[31](강조는 필자)

이 점에서 바스콘셀로스의 인식체계는 거의 정신분열적이라고 할
수 있다. 첫 번째, 원주민 문화를 억압하고 폄하하면서도, 스페인의
정신문화를 '진정한 사랑(amor verdadero)'(RC: 1979, 79)으로 인식하여
이를 통해 대부분의 멕시코 민중을 끌어안는 국민통합을 이룰 수 있
다고 믿었다. 다시 말해, 거의 4백 년의 식민통치로 인해 멕시코 민중
의 공동체적 문화를 가톨릭의 정신문화를 내세워 파괴시킴으로써 받
아 온 그들의 '전면적인 소외, 고유의 삶의 방식의 배제'의 정신적, 문
화적 고통을 전혀 이해하지 못하기 때문이다.[32] 두 번째, 멕시코를 비
롯한 라틴아메리카 국가들은 19세기 초의 독립과 이후의 혼란을 거
친 후 19세기 중반부터 지배적 지향점을 근대 시민혁명을 성공시킨
프랑스의 '라틴성'에 두고 있었다.[33] 물론 이 '라틴성'은 백인 크리오
요 중심의 지배체제를 통해 원주민과 흑인 등의 민중을 억압하는 식
민적 기제를 가지고 있었다.[34] 그러나 바스콘셀로스가 지향하는 '라

31) Ibid., 101~109.

32) Ibid., 108.

33) '라틴아메리카'는 1860년 이전에는 하나의 범주나 지역으로 존재하지 않았다. 이는 프랑스 제2제정, 즉
나폴레옹 3세의 '근대적' 발명품이다(화이트헤드 2008, 273). 19세기 후반부에 떠오른 "라틴"아메리카의
구상은 프랑스에 의해 진전되고 있던 "라틴성"의 구상에 서로 다른 정도로 의존했다. 라틴성은 구 스페인,
포르투갈의 식민지 국가들이 새로운 글로벌한 근대적/식민적 세계질서에의 편입을 위한 이데올로기였다.
'라틴아메리카'의 구상은 제국적 국가들 사이의 갈등의 결과로 부상했다. 즉, 그것은 이 지역에 대한 미국
의 영향력을 제압하고 남에서의 문명화의 사명을 정당화하기 위해 프랑스가 필요로 하는 것이었다
(Mignolo: 2005, 58).

34) 자신들을 '라틴'인종으로 인식하기 위하여 라틴아메리카의 크리오요들은 식민적 차이를 내부의 식민주의
자들 대 원주민과 흑인의 관계가 되도록 재구성해야만 했다(Mignolo: 2005, 86).

틴성'은 이와 달리 전근대적인 스페인의 정신문화였다. 세 번째, 바스
콘셀로스는 미국의 제국주의적 지배에 반대하면서 과학기술과 물질
문명 전체를 거부하고 있다. 다시 말해, 과거의 이념(스페인의 전통문
화)을 유토피아로 치환시켜 미래에 라틴아메리카 문명이 세계를 지도
할 것이라고 주장(RC: 1979, 91)하는 것이다. 하지만 바스콘셀로스 자
신의 다음의 담론은 라틴아메리카 통합에 대한 열망을 가지는 사람
들에게 영향력이 막강했다.

> 나는 매우 가까운 장래에 국가들이 커다란 종족적 연합으로 합
> 쳐질 것이라고 상상한다. 세계는 네 개 또는 다섯 개의 커다란 권
> 력 블록들로 나누어질 것이고 이들 모두는 선하고 아름다운 것에
> 협력하게 될 것이다. 그러나 각자는 자신의 방식으로 선하고 아름
> 다운 것을 표현할 것이다. 그러므로 우리는 멕시코의 애국주의만을
> 가르치지 않고 모든 인종과 모든 피부색에 아니 인류 전체에 개방
> 적인 라틴아메리카의 애국주의를 가르친다. 공동체적 삶의 조직을
> 새롭게 시도할 것이고 이 시도는 오직 효용만이 아니라 아름다움
> 에 기초할 것이다. 이 같은 아름다움을 우리 '남쪽'의 인종은 마치
> 최고의 신성한 법을 찾듯이 본능적으로 찾아낸다.[35]

개별적 애국주의를 넘어 라틴아메리카 인종 전체의 연합을 강조하
고 라틴아메리카 지식인 연합체를 조직하였다.[36] "라틴아메리카인을
위한 라틴아메리카"[37]라는 그의 주장도 몬로의 "아메리카인을 위한
아메리카"라는 주장을 반대하기 위한 것이다. 하지만 그의 '라틴아메
리카'에는 원주민이 배제되어 있다. '우주적 인종'의 중심을 그리스와

---

35) Franco, *La cultura moderna en América Latina*, 91에서 재인용.

36) Alvaro Matute, *José Vasconcelos y la Universidad*, (México: UNAM, 1987), 38~177.

37) 이 주장은 호세 바스콘셀로스의 책 *Bolivarismo y monroismo*(1934, 208)에 담겨 있다(장혜영 2007, 18
   에서 재인용).

스페인의 유럽 문화에 두고 있기 때문이다. 이와 대조적으로 1994년에 반란을 일으킨 사파티스타 반군의 마르코스 부사령관의 연설을 들어보자. "모든 원주민 인민들의 발걸음이, 그리고 이 세상에 지구상의 모든 색깔의 인종들이 있음을 알고 있는 노인, 남자, 여자, 아이들의 발걸음이 우리와 함께한다."[38] 사파티스타 해방군은 원주민 인종이 세계에서 최고로 우월한 인종이라는 주장을 내세우지 않는다. 그대신에 모든 다양한 인종의 평화적 공존을 위해 싸우고 있다. 그러므로 두 사람 사이에는 진정으로 원주민이 사회적 행위자로 출현하는 것을 인정하느냐는 관점에서, 넘어설 수 없는 심연이 있다. 이 같은 심연은 멕시코 혁명 내전에서 패배한 에밀리아노 사파타의 이상을 현재 사파티스타 해방군이 이어받고 있다는 점에서 당연한 것이다.

멕시코 혁명이 끝난 20년대에, 백인 크리오요의 지배권은 흔들림이 없이 더욱 단단해진다. 그리고 정치적 함축이 강한 계급적 용어인 민중을 탈정치적, 인종적 용어인 메스티소로 치환하는 이데올로기적 전환이 일어난다. 왜냐하면 멕시코 혁명에서 아래로부터 표출된 원주민과 농민의 토지 분배의 요구를 억압하는 대신 백인 크리오요의 지배권을 유지하기 위해 원주민과 농민 대중에 대한 문화적 통제권을 확립하길 원했기 때문이다. 그러므로 '원주민성'을 거부하고 '메스티소'를 부각한 것이다.[39] 바스콘셀로스는 혁명 직후의 멕시코를 메스티소의 시각에서 바라보면서 에르난 코르테스의 멕시코 정복을 "승리도 아니고 패배도 아니었다"고 이야기하는 멕시코시티 틀랄텔로코 광장의 비문의 시각과 일치시킨다.

---

38) Antonio Negri, *GlobAL*, (Buenos Aires: Paidós, 2006), 17에서 재인용.
39) Bonfil Batalla, *México profundo*, 166.

멕시코 정부는 원주민을 백인과 더불어 오늘의 멕시코를 있게 한 양대 조상의 하나로 간주하는데 이 점은 아스텍 제국과 스페인 군과의 최후의 격전지였던 멕시코 틀랄텔로코 광장에 세워진 비문에서도 잘 드러난다. 즉 "1521년 쿠아우테모크에 의해 영웅적으로 방어되던 틀랄텔로코는 에르난 코르테스에 의해 무너졌다. 그것은 승리도 패배도 아니었다. 단지 메스티소의 민족, 즉 오늘의 멕시코인의 고통스러운 탄생일 뿐이었다"라고 하며, 스페인의 아스텍 정복을 '메스티소의 나라, 멕시코'의 출현으로 연결시키고 있다.[40]

위의 인용문에서 멕시코 정부라는 단어를 바스콘셀로스로 바꾸어도 하등 이상하지 않다. 이같이 바스콘셀로스 최대의 관심사는 메스티소를 신화적 중심으로 내세우고 거기에 스페인의 전근대적 가톨릭의 정신문화와 원주민 문화의 신화적 요소를 접합시켜 멕시코의 국가 통합을 이루어 내는 일이었다.

그(바스콘셀로스)의 전성기(1929년 이전)에도 그는 스페인문화 중심주의를 숨기지 않았다. 실제로 그의 원주민 문명에 대한 개념은 워낙 빈약해 원주민들을 혐오하지 않기 위해 아틀란티다 신화에 의지할 수밖에 없었다. 원주민들을 과거의 화려했던 문명의 후손들이라고 인식하고 나서야 '우주적 인종'에 편입시킬 수 있었다. 바스콘셀로스식의 혼혈은 결코 평등하지 않다. 주도권은 유럽의 백인에게 있다.[41]

그러므로 시몬 볼리바르[42]처럼 현실 정치적 맥락에서 라틴아메리카 통합운동을 추진한 것도 아니고 호세 마르티[43]처럼 가난한 원주

---

40) 김세건, 「메스티소와 원주민 사이에서: 멕시코 국민주의와 원주민 종족성」, 215~216.

41) Basave Benítez, *México mestizo*, 132~133.

42) 시몬 볼리바르는 '자마이카의 편지'(1815)에서 프랑스 몽테스큐의 계몽주의 정치사상에 대한 신념과 라틴아메리카 국가들의 통합을 얘기하고 미국의 지배에 대한 경계심을 보인다. 송기도, 「시몬 볼리바르: '해방자'의 고뇌」, in 이성형 편저, 『라틴아메리카의 역사와 사상』(서울, 까치, 1999), 143~155.

43) 호세 마르티는 가장 가난한 사람들을 포용하는 보편적 윤리성과 동시에 원주민의 공동체 문화에 기초한 연

민과 흑인을 포용하려는 시각도 아니었다. 호세 마르티야말로 진정한 라틴아메리카 통합[44])을 추진하는 동력이다. 바스콘셀로스의 담론은 라틴아메리카 통합 자체보다는 멕시코의 정체성과 국가통합을 확립 하려는 데 강조점이 주어진다.

2. '문화적 국민주의'를 통한 멕시코의 정체성 확립

우선 국민주의에 대해 인종주의, 종족성과의 차별성을 인식해야 할 것이다. 국민주의는 '국가'를 강조한다.

> 종족이 혈통, 언어, 종교, 의식주와 같은 물질생활의 전통, 신화, 역사의식, 생계경제의 유형, 대대로 살아오는 터전으로서의 영토적 경계 등에 의하여 인식되는 문화적인 구성 내지 문화적으로 구축 된 경계라는 점에서 생물학적인 특성을 중시하는 인종주의와는 구 분되지만 인종주의 역시 문화적인 요소와 결합하여 설명되는 것이 라는 점에서 양자 사이의 구분이 모호해지는 경우가 있다. 종족주 의와 국민주의는 구성원 사이에 문화적 유사성(혹은 동질성)을 강 조하며 이에 기준하여 다른 사람들과 서로 구분하면서 타자를 만 든다는 점에서 같다. 굳이 국민주의를 종족성과 구분한다면 그것은 '국가'와 연결된다는 점이다.[45])

대적 평등성을 보인다. "단 한 사람이라도 불행한 사람이 있다면 그 누구도 편안하게 잠을 잘 수 있는 권리 를 누릴 수 없다……. 압제자들은 민중이야말로, 고통받는 인민 대중이야말로 혁명의 진정한 지도자라는 사 실을 애써 간과하고 있다." 남진희, 「호세 마르티: 쿠바 독립과 새로운 사회공동체의 구상」, in 이성형 편저, 『라틴아메리카의 역사와 사상』(서울, 까치, 1999), 180~184에서 재인용. 그는 미국식 자본주의 체제가 가 지는 경쟁으로 인한 사회적 양극화의 문제를 깊이 깨닫고 인종과 계급 개념을 넘어서는 맥락에서 라틴아메 리카의 농업 공동체 지향적 사회주의 혁명의 유토피아를 제시하고 쿠바의 독립혁명을 이끌었다.

44) 유럽중심 문화와 서로 가치관과 인식론 체계가 다른 원주민 문화가 위계 서열 없이 평등하게 대화하는 '상호 문화성'의 유토피아적 라틴아메리카 통합운동은 90년대 이후 등장하기 시작한 좌파 정부들에 의한 급진 민주주의 움직임과 함께 근대성/(탈)식민성 담론 기획의 탈식민적 인식론의 단절과 함께 시작된다. 이 같은 통합운동의 성격은 호세 마르티의 혁명철학과 가장 상응한다. 안태환, 「라틴아메리카의 근대성/ (탈)식민성 기획과 상호문화성의 상응성」, 라틴아메리카 연구, 22, 3(2009), 95~128.

45) 김광억, 「종족의 현대적 발명과 실천」, in 김광억 et al., 『종족과 민족』(서울, 아카넷, 2005), 20~21.

국민주의는 하나의 이데올로기로서 "국가적 단위와 종족적 단위가 일치할 것을 주장하는 이념적 성향"을 보인다.[46] 바스콘셀로스는 멕시코와 같이 하나의 국가 안에 그 구성인종이 동질적이지 않은 경우에 메스티소라는 하나의 새로운 인종을 통해 국가에 응집력을 가지는 국민으로 상상력을 통해 전화시켰다. 그리고 이를 위해 문화적 국민주의를 이데올로기로 작동시킨 것이다. 바스콘셀로스는 계급의식이 희박한 지식인이었다. 하지만 교육, 문화정책(공공 초등, 중등학교, 직업 기술학교, 대학, 연극극장, 박물관, 도서관 건립 및 문맹퇴치 교육, 근대적 위생교육, 공공 도서, 잡지 출판, 벽화운동 등)을 통해 가난한 사람들에게도 공공 교육을 대폭 확대시킨 공로는 매우 크다.[47] 바스콘셀로스는 "현재의 멕시코가 문화적 기원을 가지고 있다는 환상을 심어 주어 정통성을(김세건: 2005, 222)" 확보하는 '문화적 국민주의' 정책을 집행한다. 스페인의 가톨릭 문화의 정신우위를 미국의 앵글로 색슨인종의 물질우위에 대비시킨다. 그리고 한편으로는 선별적으로 과거 원주민 문명의 신화(특히 아스텍 문명)의 위대함을 추출하여 과거에 그치는 것이 아니라 현재적 '동시성'을 획득하게 한다. 그러나 '문화적 국민주의' 운동은 대부분의 멕시코 대중과 원주민 삶의 현재성을 반영하지는 못하였다.

> 고고학적 거대 유적은 '국가의 상징'으로 기능하고 있다. 그러나 멕시코에서 원주민 문명은 '거부된 문명'으로 원주민과 나머지 국민 사이에는 아무 연결이 없다. '그들'과 '우리들'이 있을 뿐이다.

---

46) Ibid., 21.

47) Javier Ocampo Lopez, "José Vasconcelos y la educación mexicana", *Revista Historia de la Educación Latinoamericana*, 7(2005), 139~159.

역사적 연결, 계속성을 인정하지 않는다. 원주민의 과거는 영토적으로만 이해하지 '우리의' 과거로 인정하지 않는다. 분명히 단절이 있는 것이고 원주민에 대한 우월성이 드러나는 것이다.[48]

배제되고 지워진 원주민의 자리에 '메스티소'라는 주체를 호명한 것이다. 특히 각 지역마다 세워진 박물관과 벽화운동[49]이 멕시코 국가통합의 중요한 기능을 수행한다.

오늘날 멕시코성은 백인과 원주민 간의 혼혈성에 기초하여 각기 독특한 종족과 사회문화를 지닌 다양한 인종이 멕시코라는 틀로 수렴되었다. 교육, 박물관, 벽화, 정치제도 등의 다양한 기제들을 통해 "우리 모두는 멕시코인들이다"라는 국가 이데올로기를 창출하였다.[50]

그러나 이 같은 원주민 문화의 신화화를 통한 국가 통합은 계급적 차별성을 지워 버리는 결과를 가져왔다. 즉 지나친 정체성(혼혈성)의 강조는 "기본적으로 차이에 기초하여 국민됨을 공유할 가능성을 차단하였고 메스티소-국민주의 틀로 통합된 원주민과 스페인 혈통의 인종적, 사회문화적, 계급적 차별성이 폐지"[51]되게 만들었다. 그러나

---

48) Bonfil Batalla, *México profundo*, 23~31.

49) 벽화운동의 의미는 원주민 스스로의 목소리로 그들의 가치관과 문화가 표현되도록 한 것은 아니지만, 라틴아메리카 엘리트들이 원주민 문화에 대해 기대와 환상을 투여하여 유럽과는 다른 독자적 정체성을 찾으려 한 것을 들 수 있다. 이 같은 미학적 움직임은 호세 바스콘셀로스에 의해 적극적으로 지원받았던 멕시코 벽화주의 3대 화가들의 경우에서 찾아볼 수 있다. 디에고 데 리베라, 다빗 알파로 시케이로스, 호세 클레멘테 오로스코를 멕시코 벽화주의 3대 화가로 꼽는다. 이들은 멕시코 공공건축물의 벽면에 멕시코의 신화, 역사, 민중의 생활 등을 그려 넣게 된다. 문명/야만의 이분법적 시각과는 달리 이들은 멕시코의 노동자, 농민에 대한 강한 애정과 신뢰를 표현하고 오랫동안 억압된 문화의 해방을 추구한다. 원주민 문명에서부터 멕시코의 정체성을 인식한 화가들이었다. 이 점에서 바스콘셀로스의 보수적인 스페인의 정신문화를 중시하는 이데올로기와는 매우 다름을 알 수 있다.

50) 김세건, 「메스티소와 원주민 사이에서: 멕시코 국민주의와 원주민 종족성」, 216.

51) Ibid., 216.

과연 혼혈성의 강조로 차별성이 폐지될 수 있을까? 스페인과 유럽의 사회문화적 우월성을 강조하며 원주민 문화의 정체성을 부인하며 원주민 문화를 신화적이고 환상적인 비전에 편입시켰지만 이는 허위의식이다. 왜냐하면 멕시코의 '문화적 국민주의' 신화는 정치적 정당화 프로젝트에 의해 선택된 사실과 업적의 전위와 배치의 산물로 대중, 특히 원주민 삶의 다양성과 현재성을 반영하지 못하기 때문이다.[52] 다시 말해 원주민을 내세우면서도 원주민의 현재성이 없는 공허한 공간을 메스티소라는 상상적 주체로 채워 넣은 것이다. 메스티소라는 인종적 주체 대신에 멕시코의 가난한 농민과 노동자라는 대중이 사회적, 정치적 행위자로 출현할 가능성을 원천적으로 봉쇄한 것이다. 왜냐하면 바스콘셀로스의 문화적 국민주의 담론은 멕시코 혁명 직후의 체제유지와 근대적 국민국가 통합을 위한 격렬한 운동이었기 때문이다. 이를 통해 국민주의가 단순한 이데올로기만이 아니라 사회변동을 주도하는 정치운동이며 사회운동임을 알 수 있다.[53]

일부에서는 바스콘셀로스를 라틴아메리카 최초로 문화를 탈식민적 기능으로 이해한 사람이고 라틴아메리카 대륙 전체에서 그만큼 멕시코인으로 존경받은 사람은 없었다고 평가하고 있다.[54] 그러나 바스콘셀로스를 탈식민적 비전을 제시한 사람으로 이해할 수 없다. 왜냐하면 탈식민성은 그 핵심적 가치가 다양성이 존재하고 있으면서 그것이 차별적 위계서열 위에 놓이지 않는 평등성에 있기 때문이다. 그러나 바스콘셀로스는 멕시코의 정체성 확립과 연대감의 강화를 위

---

52) Ibid., 223.

53) 임지현, 『민족주의는 반역이다』(서울, 소나무, 2005), 24.

54) Joaquín Blanco, *Se llamaba Vasconcelos*, 41.

한 이데올로기로서 원주민 문화를 활용하였지만 사실은 원주민을 철저하게 배제하는 시각을 가지고 있었다. 바스콘셀로스는 유럽의 전통적인 인문적 가치에로의 복귀를 강조하면서 스페인의 정신문화와 그 뿌리가 되는 그리스의 고전문화를 중시하며 이 같은 주류문화에 원주민을 포섭하고 통합시키려고 시도한다. 우리는 이를 '비원주민화'라고 부를 수 있다. 그는 19세기 말의 라틴아메리카 지식인의 전형인 '문명/야만'의 이분법적 태도를 가지고 있던 지식인이었다. 교묘하게 원주민 문화의 말살을 추구했던 사람인 것이다. 역설적으로 그의 트레이드마크인 문화적 국민주의의 교육, 문화정책을 통해서 아스테카 문명의 고양 등 원주민 문화를 최대한 이용했다. 이로써 멕시코 지배계급의 이념적 지향 속에는 일종의 정신분열증적 태도가 있는 것이다. 비극적인 것은 멕시코 대중 속에 잠재해 있는 원주민 문화가 시간이 지나면서 '비원주민화'되어 자신의 정체성을 버리도록 강요된 것이다. 오히려 바스콘셀로스의 문화적 국민주의 정책이 이런 과정을 가속화시킨 것이라고도 할 수 있다. 원주민 문화에 뿌리를 두는 사회적, 문화적으로 차별되는 단위로서의 고유한 종족의 역사적 지속성을 막은 것이다. 이는 또한 문화적 국민주의를 통해 '상상의 공동체'로 식민 시대 이래의 지배계급의 문화인 스페인의 가톨릭 문화에 기초하여 허구적 멕시코의 정체성을 재구성함으로써 자연스러운 문화적 다양성의 공존을 해친 것이다. 이는 21세기에 들어와 다양한 문화적 차이에 기초하여 열린 개방성과 상호 문화성을 통해 사회, 경제적으로 억눌린 원주민 등 기층 민중의 민주주의의 요구를 급진적으로 재구성하는 다른 라틴아메리카 국가들(예를 들어, 에콰도르[55])의 역사 경로와는 다른 경로를 걷게 만든 것이다.

IV. 결론

포르피리아토 정부의 '과학자들'이라 불리는 관료들의 효율성과 외국자본 위주의 근대화 발전 체제는 민주주의와 국가통합 모두 상관하지 않는 체제였다. 멕시코 혁명의 내전을 거치면서 사회, 경제적 민주주의를 주장한 사파타와 비야의 세력을 패배시킨 멕시코 혁명의 기득권 세력은 권위주의적 국가통합의 유지에만 관심을 가지게 된다. 그 같은 승리한 혁명세력의 이념의 전파자인 바스콘셀로스는 멕시코 혁명 직후 물질문명중시의 실증주의를 비판하면서 원주민 문명을 호명한다. 그리고 식민지시대부터 멕시코 민중의 오랜 집단적 삶의 정체성을 이룬 스페인의 가톨릭 정신문화를 복구시킨다. 그리하여 국가통합과 멕시코 문화의 정체성을 확립하는 데 커다란 공헌을 한다. 하지만 그의 에세이인 『우주적 인종』에서 드러나듯이 인종주의적이고 국수주의적인 주장의 논리적 결함과 비약이 많음을 별도로 하더라도, 그는 멕시코 혁명 이후 백인 크리오요 지배계급의 이익을 위해 원주민 문화를 무시하고 경멸하면서도 문화적 국민주의를 통해 원주민 문명을 신화화시킨다. 그리고 현재의 원주민을 비어 있는 주체로 만들며 메스티소로 호명한 '멕시코성'에 통합시킨다. 그러나 그 '멕시코성'은 식민지시대 이후의 전근대적 스페인의 정신문화로의 통합이었고 백인 소수의 크리오요 중심의 통합이었다.

다시 말해 호세 바스콘셀로스의 인종주의적 담론과 문화적 국민주의는 지나치게 이데올로기적이었다. 따라서 교육, 문화정책의 공공성

---

55) 에콰도르의 원주민들은 2008년 에콰도르가 '복수-국민국가(Estado Plurinacional)'의 조항을 헌법에 삽입할 때까지 투쟁을 멈추지 않았다. 에콰도르의 '복수-국민국가' 운동에 대한 논문으로 김윤경(2010) 참조.

의 확대를 통한 문화적 국민주의의 현실적 실천은 상당한 정도로 멕시코의 민주주의 발전에 기여했음이 틀림없지만 바스콘셀로스를 라틴아메리카 최초로 문화를 탈식민적으로 실천한 지식인으로 평가할 수 없다. 왜냐하면 라틴아메리카의 인종적, 문화적 정체성을 강조하면서 내건 문화적 국민주의의 의미가 라틴아메리카의 진정한 통합과 해방보다는 멕시코의 독자적 정체성을 유지하는 도구로 이용되어 왔기 때문이다.

참고문헌

강태진(2002), 「호세 바스콘셀로스의 불교이해」, 동서정신과학, Vol.5, No.1, pp.23~40.

김광억(2005), 「종족의 현대적 발명과 실천」, 김광억 편저, 『종족과 민족』, 아카넷, pp.15~84.

김세건(2005), 「메스티소와 원주민 사이에서: 멕시코 국민주의와 원주민 종족성」, 김광억 et al., 『종족과 민족』, 아카넷, pp.213~249.

김윤경(2010), 「1980~1990년대 에콰도르의 원주민 운동-CONAIE의 '상호문화성'과 '복수 국민'-」, 서양사론 제 107호, pp.201~234.

남진희(1999), 「호세 마르티: 쿠바 독립과 새로운 사회공동체의 구상」, 이성형 편저, 『라틴아메리카의 역사와 사상』, 까치, pp.177~193.

로렌스 화이트헤드(2008), 「언제부터 라틴아메리카가 근대적이었는가?」, 니콜라 밀러/스티븐 하트 편저, 『라틴아메리카의 근대를 말하다』, 서울대 라틴아메리카 연구소 옮김, 그린비, pp.271~293.

루이 알튀세르(1993), 『아미엥에서의 주장』, 김동수 역, 솔.

송기도(1999), 「시몬 볼리바르: '해방자'의 고뇌」, 이성형 편저, 『라틴아메리카의 역사와 사상』, 까치, pp.143~155.

안태환(2009), 「라틴아메리카의 근대성/(탈)식민성 기획과 상호문화성의 상응성」, 라틴아메리카 연구, Vol.22, No.3, pp.95~128.

우석균 · 곽재성(2000), 『라틴아메리카를 찾아서』, 민음사.

임지현(2005), 『민족주의는 반역이다』, 소나무.

장혜영(2007), "La idea de La Quinta Raza de José Vasconcelos, a partir de su obra La Raza Cósmica: Misión de la Raza Iberoamericana(1925)", Tesis de maestría en filosofía y crítica de la cultura, Universidad Intercontinental, México.

찰스 틸리(1994), 『국민국가의 형성과 계보-강압, 자본과 유럽국가의 발전』, 이향순 역, 학문과 사상사

크리스토퍼 피어슨(1997), 『근대국가의 이해』, 박형신 역, 일신사.

E. H. 카(1997), 『역사란 무엇인가』, 까치.

Anderson, Benedict(2003), *Imagined Communities*, London: Verso.

Basave Benítez, Agustín(2002), *México mestizo*, México: Cfe.

Bonfil Batalla, Guillermo(2006), *México profundo,* México: Random House Mondador Ⅰ.

Fell, Claude(2009), *José Vasconcelos Los Años del Aguila,* México: UNAM.

Franco, Jean(1983), *La cultura moderna en América Latina,* México: Grijalbo.

Haddox, John(1962), "José Vasconcelos: Mexican Philosopher", *The Personalist,* Vol.43, No.4, pp.453~465.

Joaquín Blanco, José(1983), *Se llamaba Vasconcelos,* México: Cfe.

Matute, Alvaro(ed.)(1987), *José Vasconcelos y la Universidad,* México: UNAM.

Mignolo, Walter D.(2005), *The idea of Latin America,* London: Blackwell.

Negri, Antonio(2006), *GlobAL,* Buenos Aires: Paidós.

Ocampo Lopez, Javier(2005), "José Vasconcelos y la educación mexicana", *Revista Historia de la Educación Latinoamericana,* año/vol.7, Universidad Pedagógica y Tecnológica de Colombia, pp.139~159.

Ochoa, John A.(2002), "José Vasconcelos, Compromised Utopianism and the Necessity of Failre", *Revista de Estudios Hispánicos,* Vol.36, No.1, Washington University, pp.97~125.

Paz, Octavio(1990), *El Laberinto de La Soledad,* Madrid: Cfe.

Quijano, Anibal(2000), "Colonialidad del poder, eurocentrismo y América Latina", *La colonialidad del saber: eurocentrismo y ciencias sociales. Perspectivas Latinoamericanas.* Edgardo Lander (comp.), Buenos Aires: CLACSO, pp.201~246.

Santana, Adalberto(2010), "La Revolución Mexicana y su impacto en América Latina", 독립과 혁명: 라틴아메리카의 재조명, 멕시코 혁명 100주년 및 라틴아메리카 독립 200주년 기념 국제학술대회, 부산, 2010년 10월 16~17일, 부산외대 중남미 지역원, 서울대 라틴아메리카 연구소, CIALC, UNAM, pp.43~56.

Silva Herzog, Jesús(1969), *Breve Historia de la Revolución Mexicana(I),* Mexico: Cfe.

Tenorio, Mauricio(1994), "A tropical Cuauhtemoc. Celebrating the Cosmic Race at the Guanabara Bay", *Anales del Instituto de Investigaciones Estéticas,* año/vol. XVI, no.065, UNAM, pp.93~137.

Vasconcelos, José(1997), *La Raza Cósmica,* Baltimore: Johns Hopkins University. Yañez, Macario Schettino(2002), *México Problemas sociales, políticos y económicos,* México: Pearson Education.

구경모

영남대학교 문화인류학과
영남대학교 박사
사회인류학 · 민속학

「파라과이 민족국가 형성에 있어 과라니어의 역할」
『라틴아메리카연구』 제23권 3호(2010)
「이민과 위생 정책을 통해 본 근대 도시의 형성: 파라과이 비야리카 시의 사례」
『역사문화연구』 제37집(2010)

김영철

부산외국어대학교 포르투갈어학과 졸업
한국외국어대학교 박사
라틴아메리카 사회 · 문화연구

「브라질의 인종적 유토피아와 킬롬비즘: 흑인의 종족적 영토성 형성과 변천」
『중남미연구』 제28권 1호(2009)
「브라질-콜롬비아의 국경과 영토: 삶과 역사적 공간으로서의 접경지역」
『포르투갈 브라질연구』 제7권 2호(2010)

박종욱

한국외국어대학교 스페인어학과 졸업
마드리드 콤플루텐세 국립대학교 박사
사회 · 문화 · 종교 · 예술

「<루시아>의 여성 인물 분석을 통한 트라우마 직면의 문제」
『이베로아메리카』 제12권 1호(2010)
「<저개발의 기억>과 트라우마 서술하기」
『이베로아메리카연구』 21권 1호(2010)

안태환 —————————————————

한국외국어대학교 스페인어학과 졸업
콜롬비아 하베리아나대학교 박사
문학·사회학

「호세 바스콘셀로스의 『우주적 인종(*La Raza Cósmica*)』과 '문화적 국민주의(Nacionalismo Cultural)'의 비판적 접근」
『코기토』 제69호(2011)

정혜주 —————————————————

국립인류역사학대학 고고학과
멕시코 국립대학교 박사
고고학·역사

「유카탄 카스타 전쟁의 사회적 의의」
『라틴아메리카연구』 제24권 1호(2011)

차경미 —————————————————

경희대학교 서반아어학과 졸업
한국외국어대학교 박사
정치·역사

「브라질-콜롬비아의 국경과 영토: 삶과 역사적 공간으로서의 접경지역」
『포르투갈 브라질연구』 제7권 2호(2010)

라틴아메리카
종속의
MATRIX Ⅱ
국가 형성과 근대

초판인쇄 | 2011년 7월 25일
초판발행 | 2011년 7월 25일

엮 은 이 | 중남미지역원
펴 낸 이 | 채종준
펴 낸 곳 | 한국학술정보㈜
주　　소 | 경기도 파주시 교하읍 문발리 파주출판문화정보산업단지 513-5
전　　화 | 031) 908-3181(대표)
팩　　스 | 031) 908-3189
홈페이지 | http://ebook.kstudy.com
E-mail | 출판사업부 publish@kstudy.com
등　　록 | 제일산-115호(2000. 6. 19)

ISBN　　978-89-268-2462-7 93940 (Paper Book)
　　　　　978-89-268-2463-4 98940 (e-Book)

이담 Books 는 한국학술정보(주)의 지식실용서 브랜드입니다.